ŒUVRES COMPLÈTES

D'ALEXANDRE DUMAS

Paris. — Typ. Morris et Cie, rue Amelot, 64.

LE BATARD
DE MAULÉON

PAR

ALEXANDRE DUMAS

TOME I

PARIS.
MICHEL LÉVY FRÈRES, LIBRAIRES-ÉDITEURS,
RUE VIVIENNE, 2 BIS.

1854

LE BATARD
DE MAULÉON.

I.

COMMENT MESSIRE JEHAN FROISSARD FUT INSTRUIT DE L'HISTOIRE QUE NOUS ALLONS RACONTER.

Le voyageur qui parcourt aujourd'hui cette partie du Bigorre qui s'étend entre les sources du Gers et de l'Adour, et qui est devenue le département des Hautes-Pyrénées, a deux routes à prendre à son choix pour se rendre de Tournai à Tarbes : l'une, toute récente et qui traverse la plaine, le conduira en deux heures dans l'ancienne capitale des comtes de Bigorre ; l'autre, qui suit la montagne et qui est une ancienne voie romaine, lui offrira un parcours de neuf lieues. Mais aussi ce surcroît de chemin et de fatigue sera bien compensé pour lui par le charmant pays qu'il parcourra, et par la vue de ces premiers plans magnifiques qu'on appelle Bagnères, Montgaillard, Lourdes, et par cet horizon que forment comme une muraille bleue les vastes Pyrénées du milieu desquelles s'élance, tout blanc de neige, le gracieux Pic-du-Midi. Cette route, c'est celle des artistes, des poètes et des antiquaires. C'est donc sur celle-là que nous prierons le lecteur de jeter avec nous les yeux.

Dans les premiers jours du mois de mars 1388, vers le commencement du règne du roi Charles VI, c'est-à-dire quand tous ces châteaux, aujourd'hui au niveau de l'herbe, élevaient le faîte de leurs tours au-dessus de la cime des plus hauts chênes et des pins les plus fiers, — quand ces hommes à l'armure de fer et au cœur de bronze qu'on appelait Olivier de Clisson, Bertrand Duguesclin, le Captal de Buch, venaient à peine de se coucher dans leurs tombes homériques, après avoir commencé cette grande Iliade dont une bergère devait faire le dénoûment,— deux hommes chevauchaient suivant cette route étroite et raboteuse qui était alors la seule voie de communication qui existât entre les principales villes du Midi.

Ils étaient suivis de deux valets, à cheval comme eux.

Les deux maîtres paraissaient porter le même âge à peu près, c'est-à-dire cinquante-cinq à cinquante-huit ans. Mais là s'arrêtait la comparaison ; car la grande différence qui existait entre leurs deux costumes indiquait qu'ils suivaient chacun une profession différente.

L'un d'eux, qui, par habitude sans doute, marchait en avant d'une demi-longueur de cheval, était vêtu d'un surcot de velours qui avait été cramoisi, mais dont le soleil et la pluie, auxquels il s'était trouvé exposé bien des fois depuis le premier jour où son maître l'avait mis, en avaient altéré non seulement le lustre, mais encore la couleur. Par les ouvertures du surcot sortaient deux bras nerveux, couverts de deux manches de buffle, lesquelles faisaient partie d'un pourpoint qui avait été jaune autrefois, mais qui, pareil au surcot, avait perdu son état primitif non point par son contact avec les élémens, mais par son frottement avec la cuirasse à laquelle il était évidemment destiné à servir de doublure. Un casque, de l'espèce de ceux qu'on appelait bassinet, momentanément pendu, à cause de la chaleur sans doute, à l'arçon de la selle du cavalier, permettait de voir sa tête nue, chauve sur le haut, mais ombragée sur les tempes et par derrière de longs cheveux grisonnans, qui s'harmoniaient avec des moustaches un peu plus noires que les cheveux, comme cela arrive presque toujours chez les hommes qui ont supporté de grandes fatigues, et une barbe de même couleur que les moustaches, coupée carrément et retombant sur un gorgerin de fer, seule partie de l'armure défensive que le cavalier eût conservée. Quant aux armes offensives, elles se composaient d'une longue épée pendue à une large ceinture de cuir, et d'une petite hache terminée par une lame triangulaire, de manière à pouvoir frapper également de cette hache par le tranchant et par la pointe. Cette arme était accrochée à l'arçon de droite, et faisait pendant au casque accroché à l'arçon de gauche.

Le second maître, c'est-à-dire celui qui marchait un peu en arrière du premier, n'avait au contraire rien de guerrier, ni dans la tournure ni dans la mise. Il était vêtu d'une longue robe noire, à la ceinture de laquelle, au lieu d'épée ou de poignard, pendait un encrier de chagrin, comme en portaient les écoliers et les étudians ; sa tête aux yeux vifs et intelligens, aux sourcils épais, au nez arrondi par le bout, aux lèvres un peu grosses, aux cheveux rares et courts, dénuée de moustaches et de barbe, était coiffée d'un chaperon, comme en portaient les magistrats, les clercs, et en général les personnes graves. De ses poches sortaient des rouleaux de parchemin couverts de cette écriture fine et serrée, habituelle à ceux qui écrivent beaucoup. Son cheval lui-même semblait partager les inclinations pacifiques de son cavalier, et son allure modeste et assujettie à l'amble, sa tête inclinée vers la terre, contrastaient avec le pas relevé, les naseaux fumans et les hennissemens capricieux du cheval de bataille, qui, ainsi que nous l'avons dit, semblait, fier de sa supériorité, affecter de prendre le pas sur lui.

Les deux valets venaient derrière et conservaient entre eux le même caractère opposé qui distinguait les maîtres. L'un était vêtu de drap vert à peu près à la manière des archers anglais, dont il portait l'arc en bandoulière et la trousse au côté droit, tandis qu'au côté gauche descendait collé à sa cuisse une espèce de poignard à large lame qui tenait le milieu entre le couteau et cette arme terrible qu'on appelait une langue de bœuf.

Derrière lui résonnait, à chaque pas un peu relevé de son cheval, l'armure dont la sécurité des chemins avait permis à son maître de se débarrasser momentanément.

L'autre était, comme son maître, vêtu de noir, et semblait, par la façon dont ses cheveux étaient coupés et par la tonsure qu'on apercevait sur le haut de sa tête quand il soulevait sa calotte de drap noir à oreillettes, appartenir aux basses catégories du clergé. Cette opinion pouvait être encore confirmée par la vue du missel qu'il tenait sous son bras, et dont les coins et la fermeture d'argent, d'un assez beau travail d'orfévrerie, étaient restés brillans, malgré la fatigue de la reliure.

Tous quatre cheminaient donc, les maîtres rêvant, les valets bavardant, lorsqu'en arrivant près d'un carrefour où le chemin se divisait en trois branches, le chevalier arrêta son cheval, et faisant signe à son compagnon de faire comme lui :

— Or çà, dit-il, maître Jehan, regardez bien le pays d'alentour, et dites-moi ce que vous en pensez.

Celui auquel cette invitation était faite jeta un coup d'œil tout autour de lui, et comme le pays était tout à fait désert, et par la disposition du terrain paraissait propre à une embuscade :

— Sur ma foi! dit-il, sire Espaing, voilà un étrange lieu, et je déclare pour mon compte que je ne m'y arrêterais pas même le temps de dire trois *Pater* et trois *Ave*, si je n'étais dans la compagnie d'un chevalier renommé comme vous l'êtes.

— Merci du compliment, sire Jehan, dit le chevalier, et je reconnais là votre courtoisie habituelle; maintenant rappelez-vous ce que vous m'avez dit, il y a trois jours, en sortant de la ville de Pamiers, à propos de cette fameuse escarmouche entre le Mongat de Saint-Bazile et Ernauton-Bissette, au pas de Larre.

— Oh! oui, je me rappelle, répondit l'homme d'église, je vous dis, quand nous serions au pas de Larre, de m'avertir, car je voulais voir ce lieu illustré par la mort de tant de braves gens.

— Eh bien! vous le voyez, messire.

— Je croyais que le pas de Larre était en Bigorre.

— Aussi y est-il, et nous aussi, messire, et cela depuis que nous avons passé à gué la petite rivière de Lèze. Nous avons laissé à gauche, voici à peu près un quart d'heure, le chemin de Lourdes et le château de Montgaillard ; voici le petit village de la Civitat, voici le bois du seigneur de Barbezan, et enfin là-bas, à travers les arbres, voici le château de Marcheras.

— Ouais ! messire Espaing, dit l'homme d'église, vous savez ma curiosité pour les beaux faits d'armes et comment je les enregistre à mesure que je les vois ou qu'on me les raconte, afin que la mémoire n'en soit pas perdue ; dites-moi donc s'il vous plaît, en détail, ce qui arriva en ce lieu.

— C'est chose facile, dit le chevalier : Vers 1358 ou 1359, il y a trente ans de cela, toutes les garnisons du pays étaient françaises, excepté celle de Lourdes. Or, celle-ci faisait de fréquentes sorties pour ravitailler la ville, enlevant tout ce qu'elle rencontrait, et ramenant tout derrière les murailles, si bien que lorsqu'on la savait aux champs, toutes les autres garnisons envoyaient des détachemens en campagne et lui donnaient la chasse, et quand on se rencontrait, c'étaient de terribles combats où s'accomplissaient d'aussi beaux faits d'armes qu'en batailles rangées.

Un jour, le Mongat de Saint-Bazile, qu'on appelait ainsi parce qu'il avait l'habitude de se déguiser en moine pour tendre ses embûches, sortit de Lourdes avec le seigneur de Carnillac et cent vingt lances à peu près : la citadelle manquait de vivres, et une grande expédition avait été résolue. Ils chevauchèrent donc tant que, dans une prairie à une lieue de la ville de Toulouse, ils trouvèrent un troupeau de bœufs dont ils s'emparèrent ; puis s'en revinrent par le chemin le plus court ; mais, au lieu de suivre prudemment le chemin, ils se détournèrent à droite et à gauche, pour enlever encore un troupeau de porcs et un troupeau de moutons, ce qui donna le temps au bruit de l'expédition de se répandre dans le pays.

Le premier qui le sut fut un capitaine de Tarbes nommé Ernauton de Sainte-Colombe. Il laissa aussitôt son château à garder à un sien neveu, d'autres disaient son fils bâtard, lequel était un jeune damoiseau de quinze ou seize ans, qui n'avait encore assisté à aucun combat ni à aucune escarmouche. Il courut avertir le seigneur de Berrac, le seigneur de Barbezan, et tous les écuyers de Bigorre qu'il put rencontrer, de sorte que le même soir, il se trouvait à la tête d'une troupe à peu près pareille à celle que commandait le Mongat de Saint-Bazile, et dont on lui remit l'entier gouvernement.

Aussitôt, il répandit ses espions par le pays pour savoir le chemin que comptait prendre la garnison de Lourdes, et quand il sut qu'elle devait passer au pas de Larre, il résolut que ce serait là qu'il l'attendrait. En conséquence, comme il connaissait parfaitement le pays, et que ses chevaux n'étaient point fatigués, tandis que, au contraire, ceux de ses ennemis marchaient depuis quatre jours, il se hâta de venir prendre son poste, tandis que les maraudeurs faisaient une halte à trois lieues à peu près de l'endroit où il les attendait.

Comme vous l'avez dit vous-même, le terrain est propice à une embuscade. Les gens de Lourdes et le Mongat lui-même ne se doutèrent donc de rien, et comme les troupeaux marchaient devant, les troupeaux avaient déjà dépassé l'endroit où nous sommes, quand, par les deux chemins que vous voyez, l'un à notre droite, l'autre à notre gauche, la troupe d'Ernauton de Sainte-Colombe arriva au galop en poussant de grands cris; or, elle trouva à qui parler; le Mongat n'était pas homme à fuir, il fit faire halte à sa troupe et attendit le choc.

Il fut terrible et tel qu'on devait s'y attendre entre les premiers hommes d'armes du pays; mais ce qui, surtout, rendait furieux ceux de Lourdes, c'est qu'ils étaient séparés de ce troupeau pour lequel ils avaient essuyé tant de fatigues et affronté tant de dangers, et qu'ils l'entendaient s'éloigner beuglant, grognant et bêlant, sous la conduite des valets de leurs adversaires, qui, grâce à la barrière opposée par leurs maîtres, n'avaient eu à combattre que les bouviers qui n'avaient pas même combattu, car peu leur importait que leur bétail appartînt à l'un ou l'autre, du moment où il ne leur appartenait plus.

Ils avaient donc un double intérêt à défaire leurs ennemis, — d'abord celui de leur propre sûreté, puis celui de rentrer en propriété de leurs vivres, dont ils savaient que leurs camarades restés dans la citadelle avaient si grand besoin.

La première rencontre avait eu lieu à coups de lances; mais bientôt une partie des lances fut brisée, et ceux qui avaient encore les leurs, trouvant que dans un espace si resserré la lance était une mauvaise arme, les jetèrent et saisirent les uns leurs haches, les autres leurs épées, — ceux-ci des massues, ceux-là toute arme qui leur tomba sous la main, et la véritable mêlée commença si ardente, si cruelle, si acharnée, que personne ne voulait reculer d'un pas, et que ceux qui tombaient essayaient encore d'aller mourir en avant pour qu'on ne dît pas qu'ils avaient perdu le champ de bataille, et ils se battirent trois heures ainsi, de sorte que, comme d'un commun accord, ceux qui étaient trop fatigués se retiraient, allaient s'asseoir en arrière de leurs compagnons, soit dans le bois, soit dans la prairie, soit au bord du fossé, ôtaient leurs casques, essuyaient leur sang ou leur sueur, respiraient un instant, et revenaient au combat plus acharnés que jamais; si bien que je ne crois pas qu'il y ait eu jamais bataille si bien attaquée et si bien défendue depuis le fameux combat des Trente.

Pendant ces trois heures de mêlée, le hasard avait fait que les deux chefs, c'est-à-dire le Mongat de Saint-Bazile et Ernauton de Sainte-Colombe, avaient combattu, l'un à droite, l'autre à gauche. Mais tous deux frappaient si fort et si dru que la foule finit par s'ouvrir devant eux et qu'ils se trouvèrent enfin en face l'un de l'autre. Comme c'était cela que chacun d'eux désirait, et comme depuis le commencement de la rencontre ils n'avaient cessé de s'appeler, ils jetèrent un cri de joie en s'apercevant, et comme si les autres eussent compris que tout combat devait s'effacer devant le leur, on s'écarta, on céda le terrain, et l'action générale cessa pour faire place à cette lutte particulière.

— Ah! dit l'homme d'église, interrompant le chevalier avec un soupir, que n'étais-je là pour voir une pareille joûte, qui devait rappeler ces beaux temps de la chevalerie passés hélas! pour ne plus revenir.

— Le fait est, messire Jehan, reprit l'homme de guerre, que vous eussiez vu un beau et rare spectacle. Car les deux combattans étaient deux hommes d'armes, puissans de corps et savans dans le métier, montés sur de bons et fiers chevaux qui semblaient aussi acharnés que leurs maîtres à se déchirer; cependant le cheval du Mongat de Saint-Bazile tomba le premier frappé d'un coup de hache destiné par Ernauton à son maître, et qui l'étendit mort sur la place. Mais le Mongat était trop expert, si rapide que fût la chute, pour n'avoir pas eu le temps de dégager ses pieds des arçons, de sorte qu'il se trouva couché, non pas sous son cheval, mais à côté de lui, et qu'étendant le bras, il coupa le jarret au destrier d'Ernauton, lequel hennit de douleur, faiblit et tomba sur les deux genoux ; Ernauton perdit son avantage et fut à son tour forcé de sauter à terre. A peine y fut-il que le Mongat se redressa sur ses pieds, et le combat recommença, Ernauton frappant de sa hache et le Mongat de sa masse d'armes.

— Et c'était à cette même place que se passait ce beau fait d'armes ? dit l'homme d'église, l'œil étincelant d'ardeur, et comme s'il eût vu le combat qu'on lui décrivait.

— A cette même place, messire Jehan. Et dix fois des témoins oculaires m'ont raconté à moi ce que je vous raconte à vous. Ernauton était à la place où vous êtes et le Mongat à la place où je suis, et le Mongat pressa si bien Ernauton que celui-ci tout en se défendant fut cependant forcé de reculer, et tout en combattant recula, depuis cette pierre qui est entre les jambes de votre cheval, jusqu'à ce fossé où il s'en allait sans doute tomber en arrière, quand un jeune homme qui était arrivé tout hors d'haleine pendant le combat, et qui regardait de l'autre côté du fossé, voyant le bon chevalier poussé ainsi, et comprenant qu'il était au bout de sa force, ne fit qu'un bond de l'endroit où il était jusqu'à Ernauton, et lui prenant des mains la hache qu'il était prêt à laisser tomber :

« — Ah ! bel oncle, lui dit-il, donnez-moi un peu cette hache et laissez-moi faire. »

Ernauton ne demandait pas mieux, il lâcha la hache et s'étendit sur les bords du fossé où ses valets accoururent à son aide et le délacèrent, car il était prêt à s'évanouir.

— Mais le jeune homme, dit l'abbé, le jeune homme ?

— Eh bien ! le jeune homme prouva en cette occasion

que, tout bâtard qu'on le disait, il avait dans les veines du bon sang de race, et que son oncle avait eu tort de l'enfermer dans un vieux château au lieu de l'emmener avec lui; car à peine eut-il la hache en main que sans s'inquiéter de ce qu'il avait un simple pourpoint de drap et pour toute coiffure un bonnet de velours, tandis que son ennemi était tout couvert de fer, il lui porta un si rude coup du tranchant de son arme sur le haut de son casque que le bassinet en fut entamé, et que le Mongat tout étourdi chancela et tomba presque à terre. Mais c'était un trop rude homme d'armes pour choir ainsi sous une première atteinte. Il se redressa donc, il leva à son tour sa masse, et en porta au jeune homme un tel coup qu'il lui eût certainement écrasé la tête s'il l'eût atteint. Mais celui-ci, qu'aucune arme défensive n'alourdissait, évita le coup en faisant un bond de côté, et s'élançant aussitôt sur son adversaire, léger et bondissant comme un jeune tigre, enveloppa de ses deux bras le Mongat fatigué de la longue lutte, et le courbant comme le vent fait d'un arbre, finit par l'abattre sous lui en criant :

« Rendez-vous, Mongat de Saint-Bazile, secouru ou non secouru, sinon vous êtes mort. »

— Et donc se rendit? demanda l'homme d'église qui prenait à ce récit un si grand intérêt que tous ses membres en tressaillaient d'aise.

— Non pas, reprit messire Espaing, mais répondit bel et bien :

« — Me rendre à un enfant! j'aurais honte... frappe si tu peux.

» — Eh bien! rendez-vous non pas à moi, mais à mon oncle Ernauton de Sainte-Colombe, qui est un brave chevalier et non pas un enfant comme moi.

» — Pas plus à ton oncle qu'à toi, dit le Mongat d'une voix sourde, car si tu n'étais pas arrivé, c'est ton oncle qui en serait où j'en suis, frappe donc. Pour moi, sous aucun prétexte, je ne me rendrai.

» — En ce cas, dit le jeune homme, et puisque tu ne veux pas te rendre absolument, attends et tu vas voir.

» — Oui, voyons, dit le Mongat en faisant un effort comme en fait le géant Encelade lorsqu'il veut se débarrasser du mont Etna, voyons un peu. »

Mais ce fut inutilement qu'il rassembla toutes ses forces, qu'il enveloppa le jeune homme de ses bras et de ses jambes comme d'un double anneau de fer, il ne put lui faire perdre l'avantage. Celui-ci demeura vainqueur, le tenant sous lui d'une main, tandis que de l'autre il tirait de sa ceinture un petit coutelet long et mince dont la lame glissa sous le gorgerin. Au même instant, on entendit comme un râlement sourd. Le Mongat s'agita, se raidit, se souleva, mais sans pouvoir écarter le jeune homme cramponné à lui et poussant toujours son coutelet; tout à coup une écume de sang jaillit à travers la visière du casque du Mongat et vint marbrer le visage de son adversaire. A ces efforts presque surhumains, on devina les convulsions de l'agonie. Mais pas plus qu'il ne l'avait lâché, le jeune homme ne le lâcha; il semblait lié à tous ses mouvemens. Comme fait le serpent au corps de la victime qu'il étouffe, il se souleva, s'affaissa, se raidit, comme lui et avec lui, frissonna de tous ses frissonnemens, et demeura couché et étendu jusqu'à ce que le dernier tressaillement se fût éteint, et que le râle se fût changé en un soupir.

Alors il se releva, s'essuyant le visage avec la manche de son pourpoint, et de l'autre main secouant ce petit couteau qui semblait un jouet d'enfant, et qui cependant venait de mettre à mort si cruellement un homme.

— Vrai Dieu ! s'écria l'homme d'église, oubliant que son enthousiasme l'entraînait presque jusqu'au jurement, vous me direz le nom de ce jeune homme, n'est-ce pas, sire Espaing de Lyon, afin que je le consigne sur mes tablettes et que je tâche de le graver au livre de l'histoire?

— Il s'appelait le Bâtard Agénor de Mauléon, répondit le chevalier, et inscrivez tout au long ce nom sur vos tablettes, comme vous dites, messire Jehan ; car c'est le nom d'un rude homme d'armes, et qui mérite bien cet honneur.

— Mais, dit l'abbé, n'en est-il point resté-là, sans doute; et a-t-il fait dans sa vie quelques autres faits d'armes dignes de celui par lequel il a débuté.

— Oh ! bien certainement, car trois ou quatre ans après il partit pour l'Espagne, où il demeura pendant quatre ou cinq ans, se battant contre les Mores et les Sarrasins, et d'où il revint avec le poignet droit coupé.

— Oh ! fit l'homme d'église avec une exclamation qui indiquait la part qu'il prenait à l'accident du vainqueur du Mongat de Saint-Bazile ; voilà qui est malheureux tout à fait, car sans doute un si brave chevalier fut-il obligé de renoncer aux armes !

— Non pas, répondit messire Espaing de Lyon, non pas, et vous vous trompez fort, au contraire, sire Jehan ; car à la place de la main qu'il avait perdue, il se fit faire une main de fer avec laquelle il maintient la lance tout aussi bien qu'avec une véritable main ; sans compter qu'il y peut, quand cela lui convient, adapter une masse d'armes avec laquelle il frappe, à ce qu'il paraît, de telle façon que ceux qui sont frappés ne s'en relèvent guère.

— Et, demanda l'homme d'église, peut-on savoir dans quelle occasion il perdit cette main !

— Ah ! dit messire Espaing, voilà ce que je ne puis vous dire, quelque envie que j'aie de vous être agréable, car je ne connais point personnellement le brave chevalier dont il est question, et, même m'a-t-on assuré que ceux qui le connaissent l'ignorent comme moi ; jamais il n'a voulu raconter cette portion de sa vie à personne.

— Alors, dit l'homme d'église, je ne parlerai en aucune façon de votre bâtard, maître Espaing ; car je ne veux pas que ceux qui liront l'histoire que j'écris fassent la même demande que moi sans avoir de réponse.

— Dame ! dit messire Espaing, je demanderai, je m'informerai ; mais commencez toujours par en faire votre deuil, maître Jehan : car je doute que vous sachiez jamais rien de ce que vous désirez savoir, sinon par lui-même, si vous le rencontrez jamais.

— Vit-il donc encore !

— Certes, et guerroyant plus que jamais.

— Avec sa main de fer ?

— Avec sa main de fer.

— Ah ! dit messire Jehan, je crois que je donnerais mon abbaye pour rencontrer cet homme et pour qu'il consentît à me raconter son histoire ; mais tout au moins m'achèverez-vous la vôtre, messire Espaing, et me direz-vous ce qu'il advint des deux partis quand le Mongat fut mort.

— La mort du Mongat termina la bataille. Ce que voulaient les chevaliers, c'était les troupeaux enlevés, et ils les avaient. — D'ailleurs, le Mongat mort, ils savaient que cette fameuse garnison de Lourdes, si redoutée, était de moitié moins à craindre, car c'est souvent un seul homme qui fait la force d'une garnison ou d'une armée. Il fut donc convenu que chacun emporterait ses blessés et ses prisonniers, et qu'on enterrerait les morts.

On emporta donc Ernauton de Sainte-Colombe, qui était tout meurtri du combat, l'on enterra les morts où nous sommes, à l'endroit même que nos chevaux foulent aux pieds. Et pour qu'un si brave compagnon ne fût point confondu avec des cadavres vulgaires, l'on creusa une fosse de l'autre côté de cette grande roche que vous voyez à quatre pas de nous, avec une croix de pierre et son nom dessus, afin que les pèlerins, les voyageurs et les preux chevaliers, puissent, en passant, dire une prière pour le repos de son âme.

— Allons donc devers cette croix, messire Espaing, répondit l'abbé, car pour mon compte j'y dirai de grand cœur une patenôtre, un *Ave Maria*, un *De profundis*.

Alors donnant l'exemple au chevalier, l'abbé fit signe aux écuyers de venir, jeta la bride de son cheval aux mains de son valet, et mit pied à terre avec une impatience qui indiquait que, lorsqu'il s'agissait de pareilles matières, le bon chroniqueur était allégé de la moitié de son âge.

Messire Espaing de Lyon en fit autant, et tous deux s'acheminèrent à pied vers l'endroit indiqué. Mais au tournant du rocher, tous deux s'arrêtèrent.

Un chevalier, dont ils ignoraient la présence, était agenouillé devant la croix, enveloppé d'un large manteau, qui, à la raideur de ses plis, dénonçait sous sa draperie une armure complète. — Sa tête seule demeurait découverte, son casque déposé à terre, tandis qu'à dix pas en arrière, masqué aussi par le rocher, se tenait un écuyer armé en guerre, monté sur un cheval de bataille, et tenant en main le cheval de son maître, enharnaché comme pour le combat.

C'était un homme dans toute la force de l'âge, c'est-à-dire de quarante-six à quarante-huit ans, au teint bruni d'un More, aux cheveux épais et à la barbe fournie. Cheveux et barbe étaient de la couleur de l'aile d'un corbeau.

Les deux voyageurs s'arrêtèrent un instant à regarder cet homme qui, immobile et semblable à une statue, accomplissait sur la tombe du Mongat le pieux devoir qu'ils venaient y remplir eux-mêmes.

De son côté, le chevalier inconnu, tant que dura sa prière, ne parut faire aucune attention aux nouveaux venus; puis, lorsque sa prière fut terminée, il fit de la main gauche, au grand étonnement des deux assistans, le signe de la croix, les salua courtoisement de la tête, remit son casque sur son front bruni, toujours enveloppé de son manteau, remonta à cheval, tourna à son tour l'angle du rocher suivi de son écuyer, plus sec, plus raide et plus noir encore que lui, et s'éloigna.

Bien qu'on rencontrât à cette époque bon nombre de ces sortes de figures, celle-ci avait un caractère si particulier que les deux voyageurs la remarquèrent, mais chacun intérieurement; car le temps commençait à presser, l'on avait encore trois lieues à faire, et l'homme d'église avait pris l'engagement de dire sur la tombe du Mongat une patenôtre, un *Ave Maria*, un *De Profundis et Fidelium*.

La prière finie, messire Jehan regarda autour de lui. Le chevalier, qui sans doute n'en savait pas plus long que lui, l'avait laissé seul : il fit donc à son tour le signe de la croix, mais de la main droite, et alla rejoindre son compagnon.

— Eh ! dit-il aux deux valets, n'avez-vous pas vu un

chevalier armé en guerre suivi de son écuyer, le chevalier paraissant avoir quarante-six ans et l'écuyer cinquante-cinq ou soixante?

— Je m'en suis déjà enquis, messire, fit avec un signe de tête Espaing de Lyon, dont l'esprit avait subi la même préoccupation que celui de son compagnon de voyage. Il paraît suivre la même route que nous, et comme nous sans doute il va coucher à Tarbes.

— Mettons nos chevaux au trot pour le rejoindre, s'il vous plaît, messire Espaing, dit le chroniqueur, car peut-être, si nous le rejoignons, nous parlera-t-il, comme c'est l'habitude entre gens qui suivent la même route. Et il me semble qu'il y aurait beaucoup de choses à apprendre dans la compagnie d'un homme qui a vu un soleil assez chaud pour lui faire le teint qu'il a.

— Faisons donc selon votre désir, messire, dit le chevalier; car, je vous l'avoue, je me sens atteint d'une curiosité non moins vive que la vôtre; quoique de ces cantons, je ne me rappelle pas avoir vu jamais cette figure dans ce pays.

En conséquence de cette détermination, nos deux voyageurs, tout en marchant d'un pas plus rapide, continuèrent à garder la même distance, le cheval du chevalier devançant toujours quelque peu le cheval de l'homme d'église.

Mais ce fut inutilement qu'ils pressèrent la marche de leurs montures. Le chemin, qui était devenu plus large et plus beau en cotoyant la rivière de Lèze, avait donné même facilité de doubler le pas à l'inconnu et à son écuyer, et les curieux arrivèrent aux portes de Tarbes sans l'avoir rejoint.

Une fois arrivé là, une autre préoccupation parut agiter l'homme d'église.

— Messire, dit-il au chevalier, vous savez que le premier besoin en voyage est un bon gîte et un bon souper. Où logerons-nous, s'il vous plaît, en cette ville de Tarbes, où je ne connais personne, et où je viens pour la première fois, ayant été mandé, comme bien savez, par monseigneur Gaston Phœbus.

— Ne soyez pas inquiet, messire, dit le chevalier en souriant ; sauf votre bon plaisir, nous logerons à l'Étoile : c'est la meilleure hôtellerie de la ville. Sans compter que l'hôtelier est de mes amis.

— Bon, dit le chroniqueur, j'ai toujours remarqué qu'en voyage il y a deux sortes de gens qu'il faut avoir pour amis ; les détrousseurs de ville et les détrousseurs de bois, les aubergistes et les larrons. Allons donc chez votre ami l'hôtelier de l'Etoile, et vous me recommanderez à lui pour le temps de mon retour.

Tous deux s'acheminèrent alors vers l'hôtellerie indiquée, laquelle était sur la grande place de la ville, et jouissait, comme l'avait dit messire Espaing de Lyon, d'une grande renommée à dix lieues à la ronde.

L'hôte était sur le pas de sa porte, où, dérogeant à ses habitudes aristocratiques, il plumait lui-même un magnifique coq-faisan, auquel il laissait, avec ce scrupule gastronomique apprécié des seuls gourmands qui veulent jouir, non-seulement par le goût et l'odorat, mais encore par la vue, les plumes de la tête et de la queue ; cependant, avant qu'il fût plongé dans cette importante occupation, il aperçut messire Espaing de Lyon du moment où il apparut sur la place, et, plaçant son faisan sous le bras gauche, tandis qu'il ôtait son bonnet de la main droite, il fit quelques pas au devant de lui.

— Ah ! c'est vous, messire Espaing, dit-il, en manifestant

la joie la plus vive, soyez le bien-venu, vous et votre respectable compagnie ; il y a bien longtemps que je ne vous avais vu, et je me doutais bien que vous ne pouviez tarder longtemps à passer par notre ville. Eh! Brin-d'Avoine, viens prendre les chevaux de ces messieurs. Ho! Marion, prépare les chambres les meilleures. Messieurs, mettez pied à terre, s'il vous plaît, et honorez de votre présence ma pauvre hôtellerie.

— Eh bien, dit le chevalier à son compagnon, quand je vous disais, messire Jehan, que maître Barnabé était un homme précieux, et chez lequel on trouvait, à la minute, tout ce dont on avait besoin.

— Oui, dit l'homme d'église, et je n'ai rien à répondre jusqu'à présent qu'une seule chose, c'est que j'ai bien entendu parler de l'écurie et des chambres, mais pas du souper.

— Oh! quant au souper, que Votre Seigneurie se rassure, dit l'hôtelier. Messire Espaing vous dira qu'on ne me fait qu'un reproche, c'est de donner à mes voyageurs des repas trop copieux.

— Allons, allons, maître gascon, reprit messire Espaing, qui avait, ainsi que son compagnon, mis pied à terre, et avait jeté la bride de son cheval aux mains des valets, montrez-nous le chemin, donnez-nous seulement la moitié de ce que vous nous promettez, et nous serons contens.

— La moitié ? s'écria maître Barnabé, la moitié! mais je serais un homme perdu de réputation si j'agissais ainsi ; le double, messire Espaing, le double!

Le chevalier jeta un regard de satisfaction à l'homme d'église, et tous deux, suivant les pas de l'aubergiste, entrèrent derrière lui dans la cuisine.

En effet, tout, dans cette cuisine bienheureuse, donnai

un avant-goût de cette béatitude, qui, pour les vrais gourmands, résulte d'un repas bien ordonné et bien servi. La broche tournait, les casseroles chantaient, les grils friaient, et au milieu de tout ce bruit, comme un harmonieux appel à la table, l'horloge sonnait six heures.

Le chevalier se frotta les mains, et le chroniqueur passa le bout de sa langue sur ses lèvres. Les chroniqueurs sont en général très friands, et c'est bien pis, quand, en même temps qu'ils sont chroniqueurs, ils sont encore gens d'église.

Dans ce moment, et comme partis d'un même point, c'est-à-dire de la broche, les regards des deux derniers venus parcouraient en sens opposé une ligne circulaire, afin de s'assurer que les jouissances promises étaient bien réelles et ne leur échappaient point, comme ces repas fantastiques promis par de méchans enchanteurs aux anciens chevaliers errans. Une espèce de palefrenier entra à son tour dans la cuisine et dit un mot à l'oreille de l'aubergiste.

— Ah diable! fit celui-ci en se grattant l'oreille, et tu dis qu'il n'y a pas de place pour les chevaux de ces messieurs.

— Pas la plus petite, maître, le chevalier qui vient d'arriver a pris les deux dernières places, non pas de l'écurie, qui était déjà pleine, mais du hangard.

— Oh! oh! fit messire Espaing, nous aurions peine à nous séparer de nos chevaux, mais si cependant vous n'avez pas absolument de place ici, nous consentirions, pour ne pas perdre ces bonnes chambres dont vous nous avez parlé, qu'ils allassent, avec nos serviteurs, dans quelque maison de la ville.

— Dans ce cas, dit maître Barnabé, j'ai votre affaire, et

vos chevaux y gagneront, car ils seront logés dans des écuries que le comte de Foix n'en a pas de pareilles.

— Va donc pour ces magnifiques écuries, dit messire Espaing, mais demain matin qu'ils soient à votre porte à six heures, et tout appareillés, car nous allons, messire Jehan et moi, en la ville de Pau, où nous sommes attendus par monseigneur Gaston Phœbus.

— Soyez tranquilles, répondit maître Barnabé, et comptez sur ma parole.

En ce moment la chambrière entra à son tour, et vint parler bas à l'aubergiste, dont la figure prit soudain une expression de contrariété.

— Eh bien! qu'y a-t-il encore? demanda messire Espaing.

— Ce n'est pas possible, répondit l'aubergiste, et il tendit de nouveau l'oreille pour faire répéter la chambrière.

— Que dit-elle? reprit le chevalier.

— Elle dit une chose incroyable.

— Mais enfin.

— Qu'il n'y a plus de chambres.

— Bon, dit messire Jehan, nous voici condamnés à aller coucher avec nos chevaux.

— Oh! messieurs, messieurs, s'écria Barnabé, que d'excuses! mais le chevalier qui vient d'arriver un peu avant vous a pris pour lui et son écuyer les deux seules chambres qui restaient.

— Bah! dit messire Jehan qui paraissait assez habitué à ces déconvenues, une mauvaise nuit est bientôt passée, et pourvu que nous ayons un bon souper.

— Tenez, dit l'hôtelier, voici justement le chef que je viens de faire appeler.

Le chef tira l'aubergiste à l'écart et commença avec lui une conversation à voix basse.

— Oh! fit l'hôtelier en essayant de pâlir, impossible !

Le chef dessina de la tête et des deux mains un geste qui voulait dire : C'est comme cela.

L'homme d'église qui paraissait comprendre parfaitement le vocabulaire des signes, quand ce vocabulaire s'appliquait à la cuisine, pâlit véritablement.

— Ouais ! dit-il, qu'est-ce qui est comme cela ?

— Messieurs, reprit l'hôte, c'est Mariton qui se trompe.

— Et en quoi se trompe-t-il ?

— En ce qu'il vient m'annoncer qu'il n'y a pas de quoi vous donner à souper, attendu que le chevalier qui vient d'arriver avant vous a retenu le reste des provisions.

— Ah çà ! maître Barnabé, dit messire Espaing de Lyon en fronçant le sourcil, ne plaisantons pas s'il vous plaît.

— Hélas! messire, dit l'aubergiste, je vous prie de croire que je ne plaisante pas le moins du monde, et que je suis même on ne peut plus attristé de ce qui vous arrive.

— J'admets ce que vous nous avez dit à propos des écuries et des chambres, reprit le chevalier, mais quant au souper, c'est autre chose, et je vous déclare que je ne me tiens pas pour battu. Voici toute une rangée de casseroles...

— Messire, elle est destinée au châtelain de Marcheras, qui est ici avec la châtelaine.

— Et cette poularde qui tourne à la broche?

— Elle est retenue par un gros chanoine de Carcassonne, qui rejoint son chapitre, et qui ne fait gras qu'un jour de la semaine.

— Et ce gril qui est chargé de côtelettes qui ont si bonne odeur ?

— C'est, avec ce faisan que je plume, le souper du chevalier qui est arrivé un instant avant vous.

— Ah çà ! s'écria messire Espaing, il a donc tout pris ce diable de chevalier ; maître Barnabé, faites-moi le plaisir d'aller lui dire qu'un chevalier à jeun lui propose de rompre une lance, non pas pour les beaux yeux de sa belle, mais pour la bonne odeur de son souper, et vous ajouterez que messire Jehan Froissard le Chroniqueur sera juge du camp et enregistrera nos faits et gestes.

— Il n'est point besoin de cela, messire, dit une voix derrière maître Barnabé, et je viens de la part de mon maître vous inviter, vous messire Espaing de Lyon, et vous messire Jehan Froissard, à souper avec lui.

Messire Espaing se retourna en entendant cette voix, et reconnut l'écuyer du chevalier inconnu.

— Oh ! oh ! fit-il, voici une invitation qui me paraît des plus courtoises, qu'en dites-vous, messire Jehan ?

— Non-seulement je dis qu'elle est des plus courtoises, mais encore je dis qu'elle arrive fort à propos.

— Et comment s'appelle votre maître, mon ami, que nous sachions à qui nous sommes redevables d'une pareille politesse, demanda Espaing de Lyon.

— Il vous le dira lui-même, si vous voulez bien me suivre, répondit l'écuyer.

Les deux voyageurs se regardèrent, et comme, moitié faim, moitié curiosité, leur désir était le même :

— Allons, dirent-ils en même temps, montrez-nous le chemin, nous vous suivrons.

Tous deux montèrent l'escalier derrière l'écuyer, qui leur ouvrit une chambre au fond de laquelle le chevalier inconnu, dépouillé de son armure et revêtu d'une robe de velours noir à larges et longues manches, se tenait debout les mains derrière le dos.

En les apercevant, il fit quelques pas au-devant d'eux, et, les saluant avec courtoisie :

— Soyez les bienvenus, messeigneurs, dit-il en leur présentant la main gauche, et recevez tous les remercîmens que je vous dois pour avoir bien voulu accepter mon invitation.

Le chevalier avait l'air si loyal et si ouvert, la main qu'il leur présentait leur paraissait si franchement offerte, que tous deux la touchèrent, quoique ce fût une coutume presque absolue entre chevaliers de se présenter la main droite, et presque une injure d'en agir autrement.

Cependant les deux voyageurs, tout en rendant au chevalier inconnu cette singulière politesse, ne furent point assez maîtres de leur étonnement pour qu'il ne se peignît sur leur visage ; seulement le chevalier ne parut point y faire attention.

— C'est nous, messire, dit Froissard, qui vous devons des remercîmens ; car nous étions dans un grand embarras quand votre gracieuse invitation est venue nous en tirer : recevez donc toutes nos actions de grâces.

— Il y a plus, dit le chevalier, comme j'ai deux chambres, et que vous n'en avez pas, je vous donnerai celle qui était destinée à mon écuyer.

— En vérité, dit Espaing de Lyon, c'est trop de complaisance ; mais, où votre écuyer couchera-t-il ?

— Dans ma chambre, pardieu !

— Non pas, dit Froissard, ce serait abuser...

— Bah ! dit le chevalier inconnu, nous sommes habitués à cela : il y a plus de vingt-cinq ans que nous avons couché sous la même tente, et, depuis vingt-cinq ans, cela nous est arrivé si souvent que nous n'avons plus compté les fois. Mais asseyez-vous donc, messeigneurs.

Et le chevalier montra aux deux voyageurs des chaises placées à l'entour d'une table sur laquelle étaient posés des verres et un hanap, et leur donna l'exemple en s'asseyant lui-même.

Les deux voyageurs s'assirent à leur tour.

— Ainsi, c'est chose convenue, dit le chevalier inconnu, en emplissant trois verres d'hypocras, et en se servant, pour cette action, de la main gauche, comme il avait fait jusque-là.

— Ma foi ! oui, dit Espaing de Lyon, et nous croirions vous faire injure, chevalier, en refusant une offre aussi cordiale ; n'êtes-vous pas de mon avis, messire Jehan ?

— D'autant mieux, répondit le trésorier de Chimay, que le dérangement que nous vous causerons ne sera pas de longue durée.

— Comment cela ? demanda le chevalier inconnu.

— Nous partons demain pour Pau.

— Bon, dit le chevalier, on sait quand on arrive, on ne sait pas quand on part.

— Nous sommes attendus à la cour du comte Gaston Phœbus.

— Et rien ne vous paraîtrait assez intéressant pour vous faire perdre huit jours en route ? demanda le chevalier.

— Rien qu'une histoire bien curieuse et bien intéressante, dit Espaing de Lyon.

— Encore, dit le chroniqueur, je ne sais si je pourrais manquer ainsi de parole à monseigneur le comte de Foix.

— Messire Jehan Froissard, dit le chevalier inconnu, vous avez dit tantôt au pas de Larre, que vous donneriez volontiers votre abbaye de Chimay à celui qui vous raconterait les aventures du Bâtard de Mauléon.

— Oui-da! l'ai-je dit? mais comment le savez-vous?

— Vous oubliez que je disais un *Ave* sur la tombe du Mongat, et que d'où j'étais, j'ai pu entendre tout ce que vous disiez.

— Voici ce que c'est de parler en plein air, messire Jehan Froissard, dit en riant Espaing de Lyon, voilà des paroles qui vont vous coûter votre abbaye.

— Par la messe! sire chevalier, dit Froissard, m'est avis que je suis tombé à point et que vous connaissez cette histoire.

— Vous ne vous trompez pas, dit le chevalier, et nul ne la sait et ne peut la redire mieux que moi.

— Depuis le moment où il a tué le Mongat de Lourdes jusqu'à celui où il eut le poignet coupé? demanda sire Espaing.

— Oui.

— Et que m'en coûtera-t-il, dit Froissard, qui malgré la curiosité qu'il avait d'entendre cette histoire, commençait à regretter d'avoir engagé son abbaye.

— Il vous en coûtera huit jours, messire abbé, répondit le chevalier inconnu, et encore c'est à grand'peine si, pendant ces huit jours, vous aurez le temps de transcrire sur le parchemin tout ce que je vous dirai.

— Je croyais, dit Froissard, que le Bâtard de Mauléon avait juré de ne jamais faire connaître cette histoire.

— Jusqu'à ce qu'il ait trouvé un chroniqueur digne de l'écrire; et maintenant, messire Jehan, il n'a plus raison de la cacher.

— En ce cas, dit Froissard, pourquoi ne l'écrivez-vous point vous-même?

— Parce qu'il y a à ceci un grand empêchement, dit en souriant le chevalier.

— Et lequel? demanda messire Espaing de Lyon.

— Celui-ci, dit le chevalier, en relevant avec sa main gauche la manche de sa main droite, et en posant sur la table un bras mutilé, terminé par une tenaille de fer.

— Jésus! dit Froissard tremblant de joie, seriez-vous...

— Le Bâtard de Mauléon en personne, que quelques-uns appellent aussi Agénor à la main de fer.

— Et vous me raconterez votre histoire? demanda Froissard avec l'anxiété de l'espérance.

— Aussitôt que nous aurons soupé, dit le chevalier.

— Bon, dit Froissard en se frottant les mains; vous disiez vrai, messire Espaing de Lyon, monseigneur Gaston Phœbus attendra.

Et le même soir, après souper, le Bâtard de Mauléon tenant sa promesse, commença de raconter à messire Jehan Froissard l'histoire qu'on va lire, et que nous avons tirée d'un manuscrit inédit, sans nous donner, selon notre habitude, d'autre peine que celle de mettre à la troisième personne une narration qui était écrite à la première.

II.

COMMENT LE BATARD DE MAULÉON RENCONTRA ENTRE PINCHEL ET COÏMBRE UN MORE AUQUEL IL DEMANDA SON CHEMIN ET QUI PASSA SANS LUI RÉPONDRE.

Par une belle matinée du mois de juin 1361, celui qui n'eût pas craint de s'aventurer aux champs par une chaleur de quarante degrés eût pu voir s'avancer sur la route de Pinchel à Coïmbre en Portugal, une figure que les hommes d'aujourd'hui nous sauront gré de leur dépeindre.

C'était non pas un homme, mais une armure tout entière, composée d'un casque, d'une cuirasse, de brassards et de cuissarts, avec la lance au bras, la targe au cou, le tout surmonté d'un panache rouge au-dessus duquel montait le fer de la lance.

Cette armure était posée d'aplomb sur un cheval dont on n'apercevait que les jambes noires et l'œil enflammé; car, ainsi que son maître, il disparaissait sous son harnais de guerre, recouvert d'une housse blanche lamée de drap rouge. De temps en temps, le noble animal secouait la tête et hennissait avec plus de colère encore que de douleur : c'était quand quelque taon était parvenu à se glisser sous les plis du lourd caparaçon et lui faisait sentir son avide morsure.

Quant au chevalier, raide et ferme sur les arçons comme s'il était rivé à la selle, il semblait tenir à orgueil de braver l'ardente chaleur qui tombait de ce ciel de cuivre, embrasant l'air et desséchant l'herbe. Beaucoup, et que personne n'eût pour cela accusés de délicatesse, se fussent permis de lever la visière grillée qui changeait l'intérieur du casque en étuve, mais à l'impassible contenance et à la généreuse immobilité du chevalier, on voyait qu'il faisait parade, même dans le désert, de la vigueur de son tempérament et de son endurcissement aux souffrances de l'état militaire.

Nous avons dit le désert, et, en effet, le pays par lequel s'avançait le chevalier méritait bien ce nom. C'était une espèce de vallée justement assez profonde pour concentrer, sur le chemin que suivait le chevalier, les rayons les plus ardens du soleil. Depuis plus de deux heures déjà, la chaleur qu'on y ressentait était telle, qu'elle avait perdu ses habitans les plus assidus : les bergers et les troupeaux, qui le soir et le matin reparaissaient sur son double talus pour y chercher quelques brins d'herbe jaune et cassante, s'étaient réfugiés derrière les haies et les buissons et dormaient à l'ombre. Aussi loin que l'œil pouvait s'étendre, on eût cherché vainement un voyageur assez hardi ou plutôt assez insensible à la flamme pour fouler ce sol qui semblait composé de cendres des rocs calcinés par le soleil. Le seul animal vivant qui prouvait qu'une créature animée pouvait vivre dans une pareille fournaise, était la cigale, ou plutôt les milliers de cigales qui, fortifiées entre les cailloux, cramponnées aux brins d'herbe, ou s'épanouissant sur quelque rameau d'olivier blanc de poussière, formaient

2.

cette fanfare stridente et monotone; — c'était leur chant triomphal, et il annonçait la conquête du désert où elles régnaient en seules et uniques souveraines.

C'est à tort que nous avons avancé que l'œil eût cherché vainement à l'horizon un autre voyageur que celui que nous avons essayé de dépeindre, car à cent pas derrière lui marchait une seconde figure non moins curieuse que la première, quoique d'un type tout à fait différent: c'était un homme de trente ans à peu près, sec, courbé, bronzé, accroupi plutôt que monté sur un cheval aussi maigre que lui-même, et dormant sur la selle où il se tenait cramponné de ses mains, sans aucune de ces précautions qui tenaient son compagnon éveillé, pas même celle de reconnaître son chemin, soin duquel il se reposait évidemment sur plus savant et sur plus intéressé que lui à ne pas se perdre.

Cependant le chevalier, ennuyé sans doute à la fin de porter sa lance si haute et de se tenir si raide sur la selle, s'arrêta pour soulever sa visière et donner ainsi un passage à la vapeur bouillante qui commençait à monter de son enveloppe de fer à sa tête, mais avant d'exécuter ce mouvement, il jeta les yeux autour de lui en homme qui ne paraît pas le moins du monde penser que le courage soit moins estimable pour être accompagné d'une dose de prudence.

Ce fut dans ce mouvement de rotation qu'il vit son insoucieux compagnon, et qu'en le regardant avec attention il s'aperçut qu'il dormait.

— Musaron! cria le cavalier bardé de fer, après avoir préalablement levé la visière de son casque. — Musaron! réveille-toi, veillaque, ou par le sang précieux de Saint-Jacques, comme disent les Espagnols, tu n'arriveras pas à Coïmbre avec ma valise, soit que tu la perdes en route, soit que les larrons te la volent. — Musaron ! — Mais tu dormiras donc toujours, drôle.

Mais l'écuyer, car tel était le grade qu'occupait près du cavalier celui qu'il venait d'apostropher, l'écuyer, disons-nous, dormait trop profondément pour que le simple bruit de la voix le réveillât. Le chevalier s'aperçut donc qu'il fallait employer quelqu'autre moyen plus véhément, d'autant plus que le cheval du dormeur, voyant que son chef de file venait de s'arrêter, avait jugé à propos de s'arrêter aussi, de sorte que, passé du mouvement à l'immobilité, Musaron n'en avait que meilleure chance de jouir d'un plus profond sommeil ; il décrocha alors un petit cor d'ivoire incrusté d'argent accroché à sa ceinture, et l'approchant de sa bouche, il donna d'une haleine vigoureuse deux ou trois notes qui firent cabrer son cheval et hennir celui de son compagnon.

Cette fois Musaron s'éveilla en sursaut.

— Holà ! cria-t-il en tirant une espèce de coutelas pendu à sa ceinture ; — holà ! que voulez-vous, larrons, holà ! que demandez-vous, Bohêmes, arrière-fils du démon ; retirez-vous ou je fends et pourfends jusqu'à la ceinture : et le brave écuyer se mit à espadonner à droite et à gauche, jusqu'à ce que s'apercevant qu'il ne pourfendait que l'air, il s'arrêta, et regardant son maître d'un air étonné :

— Eh ! qu'y a-t-il donc, messire Agénor, demanda-t-il en ouvrant ses yeux étonnés, où sont donc les gens qui nous attaquent, se sont-ils évanouis comme une vapeur,—ou les ai-je anéantis avant de m'éveiller tout à fait.

— Il y a, veillaque, dit le chevalier, que tu rêves et qu'en rêvant tu laisses traîner mon écu au bout de sa courroie, ce qui est déshonorant pour les armes d'un honnête chevalier. Allons! allons! réveille-toi tout à fait ou je te brise ma lance sur les épaules.

Musaron hocha la tête d'un air assez impertinent.

— Sur ma foi! sire Agénor, dit-il, vous ferez bien, et ce sera au moins une lance rompue dans notre voyage. Au lieu de m'opposer à ce projet, je vous invite donc de tout mon cœur à le mettre à exécution.

— Qu'est-ce à dire, veillaque! s'écria le chevalier.

— C'est-à-dire, reprit l'écuyer en continuant de s'approcher avec son insouciance railleuse, que depuis seize grands jours que nous chevauchons en Espagne, ce pays tout plein d'aventures à ce que vous disiez en partant, nous n'avons encore rencontré pour tout ennemi que le soleil et les mouches, et pour tout profit que les ampoules et la poussière. —Mordieu! seigneur Agénor, j'ai faim; mordieu! seigneur Agénor, j'ai soif; mordieu! seigneur Agénor, j'ai la bourse vide; c'est-à-dire que je suis en proie aux trois grandes calamités de ce monde, et que je ne vois pas venir ces grands pillages de Mores infidèles dont vous me faisiez fête, qui devaient enrichir notre corps et sauver notre âme, et sur lesquels j'avais fait d'avance tant de doux rêves, là-bas dans notre beau pays de Bigorre, avant que je ne fusse votre écuyer, et surtout depuis que je le suis.

— Oserais-tu te plaindre, par hasard, lorsque moi je ne me plains pas?

— J'en aurais presque sujet, sire Agénor, et ce n'est en vérité que la hardiesse qui me manque.—Voici presque nos derniers francs dépensés pour ces armuriers de Pinchel, qui ont aiguisé votre hache, émoulu votre épée et fourbi votre armure, et en vérité il ne nous manque plus qu'une rencontre de brigands.

— Poltron!

— Un instant, entendons-nous, sire Agénor. Je ne dis pas que je la crains.

— Que dis-tu alors ?

— Je dis que je la désire.

— Pourquoi ?

— Parce que nous volerions les voleurs, — dit Musaron avec le sourire narquois qui faisait le caractère principal de sa physionomie.

Le chevalier leva sa lance avec l'intention bien visible de la laisser retomber sur les épaules de son écuyer, arrivé assez près de lui pour qu'il essayât fructueusement de ce genre de correction, mais celui-ci, avec un simple petit mouvement plein d'adresse, dont il semblait avoir la pratique, esquiva le coup, tandis que de sa main il soutenait la lance.

— Prenez garde, sire Agénor, dit-il, et ne plaisantons pas ainsi, j'ai les os durs et peu de chair dessus. Un malheur est bientôt arrivé, un coup à faux, vous casseriez votre lance, et nous serions obligés de lui refaire un bois nous-mêmes ou de nous présenter devant don Frédéric avec une armure incomplète, ce qui serait humiliant pour l'honneur de la chevalerie béarnaise.

— Tais-toi, bavard maudit, tu ferais bien mieux, s'il faut absolument que tu parles, de gravir cette colline et de me dire ce que tu vois d'en haut.

— Ah ! dit Musaron, si c'était celle où Satan transporta Notre-Seigneur, et si je trouvais quelqu'un, fût-ce le diable qui, pour baiser sa griffe, m'offrît tous les royaumes de la terre.

— Tu accepterais, renégat ?

— Avec reconnaissance, chevalier.

— Musaron, reprit gravement le chevalier, plaisantez

avec tout ce que vous voudrez, mais pas avec les choses saintes.

Musaron s'inclina.

— Monseigneur, dit-il, tient toujours à savoir ce que l'on voit du haut de cette colline.

— Plus que jamais, allez donc.

Musaron fit un léger circuit, juste ce qu'il en fallait pour se tenir hors de la portée de la lance de son maître, puis, gravissant le coteau :

— Ah! s'écria-t-il quand il eut gagné le sommet, ah! Jésus Dieu! qu'est-ce que je vois.

Et il se signa.

— Eh bien! que vois-tu? demanda le chevalier.

— Le paradis ou peu s'en faut, dit Musaron plongé dans l'admiration la plus profonde.

— Décris-moi ton paradis, répondit le chevalier qui craignait toujours d'être dupe de quelque facétie de son écuyer.

— Ah! monseigneur, comment voulez-vous! s'écria Musaron, des bois d'orangers à fruits d'or, une grande rivière à flots d'argent, et au-delà la mer resplendissante comme un miroir d'acier.

— Si tu vois la mer, dit le chevalier, ne se hâtant point encore de prendre sa part du tableau de peur qu'arrivé lui-même au sommet tout ce magnifique horizon n'allât se dissoudre en vapeur, comme ces mirages dont il avait entendu parler par les pèlerins d'Orient, si tu vois la mer, Musaron, tu dois encore mieux voir Coïmbre, qui est nécessairement entre nous et la mer, et si tu vois Coïmbre, nous sommes au bout de notre voyage, puisque c'est à Coïmbre que m'a donné rendez-vous mon ami, le grand-maître Frédéric.

— Oh! oui, s'écria Musaron, je vois une belle et grande ville, je vois un haut clocher.

— Bien, bien, dit le chevalier, commençant à croire à ce que lui disait son écuyer, et se promettant pour cette fois de punir sérieusement cette plaisanterie un peu trop prolongée si toutefois c'en était une. Bien, c'est la ville de Coïmbre, c'est le clocher de la cathédrale.

— Qu'est-ce que je dis, une ville! qu'est-ce que je dis, un clocher! je vois deux villes, je vois deux clochers.

— Deux villes, deux clochers, dit le chevalier en arrivant à son tour au sommet de la colline, tu vas voir que nous n'en avions pas assez tout à l'heure, et que maintenant nous allons en avoir trop.

— Trop, c'est la vérité, dit Musaron: voyez-vous, sire Agénor, l'une à droite, l'autre à gauche. Voyez-vous le chemin qui de l'autre côté de ce bois de citronniers se sépare en bifurquant: laquelle des deux villes est Coïmbre, lequel des deux chemins faut-il suivre?

— En effet, murmura le chevalier, voilà un embarras nouveau et auquel je n'avais pas songé.

— D'autant plus grand, dit Musaron, que si nous nous trompons, et que par malheur nous prenions le chemin du faux Coïmbre, nous sommes incapables de trouver au fond de notre bourse de quoi payer notre gîte.

Le chevalier jeta autour de lui un second regard circulaire, mais dans l'espérance, cette fois, d'apercevoir quelque passant près duquel il pût se renseigner.

— Maudit pays, dit-il, ou plutôt maudit désert. Car lorsque l'on dit pays, on suppose un lieu habité par d'autres créatures que les lézards et les cigales. — Oh! où est donc la France! continua le chevalier avec un de ces soupirs qui s'échappent parfois des cœurs les moins mélancoliques en songeant à la patrie, — la France, où l'on trouve toujours une voix encourageante pour vous indiquer votre chemin.

— Et un fromage de lait de brebis pour vous rafraîchir le gosier ; voilà ce que c'est que de quitter son pays. Ah ! sire Agénor, vous aviez bien raison de dire : la France ! la France !

— Tais-toi, brute, s'écria le chevalier, qui voulait bien penser tout bas ce que Musaron disait tout haut, mais qui ne voulait pas que Musaron dît tout haut ce que lui pensait tout bas. Tais-toi.

Musaron s'en garda bien, et le lecteur doit déjà connaître assez intimement le digne écuyer pour savoir que, sur ce point, ce n'était pas son habitude d'obéir aveuglément à son maître ; il continua donc, et comme répondant à sa propre pensée :

— Et d'ailleurs, dit-il, comment serions-nous secourus ou même salués, nous sommes seuls dans ce Portugal damné. Oh ! les Grandes compagnies, voilà qui est beau, voilà qui est agréable, voilà qui est imposant, et surtout voilà qui est commode pour vivre ; oh ! sire Agénor, que ne faisons-nous tout simplement partie, en ce moment de quelque Grande compagnie à cheval sur la route du Languedoc ou de la Guyenne.

— Vous raisonnez comme un Jacques, savez-vous cela ? maître Musaron, dit le chevalier.

— Aussi, en suis-je un, messire, ou du moins en étais-je un avant d'entrer au service de Votre Seigneurie.

— Vante-toi de cela, misérable !

— N'en dites point de mal, sire Agénor, car les Jacques ont trouvé moyen de manger en guerroyant, et c'est un avantage qu'ils ont sur nous ; nous, nous ne guerroyons pas, c'est vrai, mais aussi nous ne mangeons guère.

— Tout cela ne nous dit pas laquelle de ces deux villes est Coïmbre, murmura le chevalier.

— Non, dit Musaron, mais voilà peut-être qui nous le dira.

Et il montra du doigt à son maître un nuage de poussière soulevé par une petite caravane qui venait à une demi-lieue derrière eux, suivant le même chemin qu'eux, et au milieu duquel le soleil, de temps en temps, faisait reluire comme des paillettes d'or.

— Ah! dit le chevalier, voici enfin ce que nous cherchons.

— Oui, dit Musaron, ou ce qui nous cherche.

— Eh bien! tout à l'heure tu demandais des brigands.

— Mais je n'en demandais pas trop, dit Musaron. En vérité le ciel est en train de nous combler; je demandais trois ou quatre brigands, et voilà qu'il nous en envoie une troupe; nous demandions une ville, et voilà qu'il nous en envoie deux. — Voyons, sire chevalier, continua Musaron en se rapprochant de son maître, réunissons-nous en conseil et disons-nous nos avis, deux avis valent mieux qu'un, vous le savez; commencez par dire le vôtre.

— Mon avis, répondit le chevalier, est que nous gagnions le bois de citronniers au travers duquel passe la route, et qui nous offre à la fois de l'ombre et de la sécurité; de là nous attendrons prêts à l'attaque ou à la défense.

— Oh! avis plein de raison, s'écria l'écuyer de son ton moitié goguenard, moitié convaincu, et auquel je me range sans discussion : — de l'ombre et de la sécurité.—C'est tout ce que je demandais en ce moment. — De l'ombre, c'est la moitié de l'eau; la sécurité, c'est les trois quarts du courage. Gagnons donc le bois de citronniers, sire Agénor, et au plus vite.

Mais les deux voyageurs avaient compté sans leurs chevaux. — Les pauvres animaux étaient si fatigués, qu'en échange des nombreux coups d'éperon ils ne purent rendre que le pas. Heureusement cette lenteur n'avait d'autre inconvénient que de laisser plus longtemps les voyageurs exposés au soleil. La petite troupe contre laquelle ils prenaient ces précautions était encore trop éloignée pour avoir pu les apercevoir; une fois arrivés au bois, ils regagnèrent le temps perdu : en un instant, Musaron fut à bas de son cheval, qui était si fatigué qu'il se coucha presque aussitôt que lui; le chevalier ayant mis pied à terre, jeta la bride de son cheval aux mains de son écuyer, et s'assit au pied d'un palmier qui s'élevait comme le roi de cette petite forêt odorante.

Musaron attacha le cheval à un arbre, et se mit à chercher sa vie par le bois. Au bout d'un instant il revint avec une douzaine de glands doux et deux ou trois citrons dont il offrit la primeur au chevalier qui le remercia en secouant la tête.

— Ah! oui, dit Musaron, je sais bien que tout cela n'est pas bien restaurant pour des gens qui viennent de faire quatre cent lieues en seize jours, mais que voulez-vous, monseigneur, il n'y a plus que patience à prendre. Nous nous rendons près de l'illustre don Frédéric, grand-maître de Saint-Jacques, frère ou à peu près du seigneur don Pèdre, roi de Castille, et s'il tient seulement la moitié de ce que promet sa lettre, à notre prochain voyage nous aurons des chevaux frais, des mules avec des sonnettes qui attirent les passans, des pages avec des habits qui flattent les yeux, et nous verrons accourir autour de nous les filles de posadas, les muletiers et les mendians; ceux-là nous donneront du vin, les autres des fruits; les moins chiches nous offriront leurs maisons, rien que pour l'honneur de nous loger, et alors nous ne manquerons de rien, justement parce que nous n'aurons besoin de rien; en attendant, il nous faut croquer des glands et sucer des citrons.

— C'est bien, c'est bien, sire Musaron, dit le chevalier en souriant, dans deux jours vous aurez tout ce que vous avez dit, et ce repas est votre dernier jeûne.

— Dieu vous entende ! monseigneur, dit Musaron en levant au ciel son regard plein de doute, en même temps qu'il soulevait de sa tête son bicoquet surmonté d'une longue plume d'aigle des Pyrénées ; je m'efforcerai d'être à la hauteur de ma fortune, et pour cela je n'aurai qu'à monter sur nos misères passées.

— Bah ! dit le chevalier, ce sont les misères passées qui font le bonheur à venir.

— Amen ! dit Musaron.

Sans doute, malgré cette terminaison toute religieuse, Musaron allait attaquer la conversation sur quelque autre point, lorsque tout à coup le tintement des sonnettes, le trot d'une douzaine de chevaux ou de mules, et un certain cliquetis de fer commença de résonner dans le lointain.

— Alerte ! alerte ! dit le chevalier, voici la troupe en question. Diable ! elle a fait diligence, et il paraît que ceux qui la composent ont des chevaux moins fatigués que les nôtres.

Musaron posa dans une touffe d'herbe le reste de ses glands et son dernier citron, et s'élança vers l'étrier de son maître qui, en un instant, fut en selle et la lance au poing.

Alors, du milieu des arbres où ils avaient fait cette courte halte, ils virent apparaître au sommet de la colline une troupe de voyageurs montés sur de bonnes mules et vêtus richement, les uns à l'espagnole, les autres à la moresque. Après cette première troupe venait à son tour un homme qui en paraissait le chef et qui, enveloppé d'un long caban de fine laine blanche aux houppes soyeuses, ne livrait à l'impression de l'air que deux yeux étincelans derrière ce rempart.

Il y avait en tout, compris ce chef, douze hommes, bien forts et bien armés, et six mules de main, conduites par quatre valets ; ces douze hommes marchaient en tête, comme nous l'avons dit ; puis, comme nous l'avons dit encore, le chef venait ensuite, et derrière le chef, formant l'arrière-garde, les six mules et les quatre valets, au milieu desquels s'avançait une litière de bois peint et doré, hermétiquement fermée par des rideaux de soie, et qui recevait un courant d'air par des trous ménagés dans les ornemens d'une petite frise sculptée qui régnait tout autour. Deux mules, non comprises dans l'énumération que nous avons faite, portaient cette litière et marchaient au pas.

C'était toute cette troupe qui en s'approchant avait fait ce grand bruit de sonnettes et de grelots.

— Ah ! pour cette fois, dit Musaron, quelque peu étonné, voilà de véritables Mores, et je crois que j'ai parlé trop tôt, messire, voyez donc comme ils sont noirs. Jésus ! on dirait des gardes du corps du diable ! Et comme ils sont richement vêtus, ces mécréans ! Quel malheur, dites donc, sire Agénor, qu'ils soient si nombreux ou que nous ne soyons pas en plus grande compagnie ! Je crois qu'il aurait été bien agréable au ciel que toutes ces richesses passassent entre les mains de deux bons chrétiens comme nous. Je dis richesses, et c'est le mot, car les trésors de cet infidèle sont bien certainement dans cette boîte de bois peint et doré qui le suit, et vers laquelle il tourne à chaque instant la tête.

— Silence! dit le chevalier; ne vois-tu pas qu'ils se consultent, que deux pages armés ont pris les devans, et qu'ils semblent vouloir attaquer! Allons! allons! prépare-toi à me donner un coup de main, s'il est nécessaire, et passe moi mon écu, afin que si l'occasion s'en présente, on apprenne ici ce que c'est qu'un chevalier de France.

— Messire, répondit Musaron, qui paraissait moins décidé que son maître à prendre une attitude hostile, je crois que vous faites erreur : ces seigneurs mores ne peuvent songer à attaquer deux hommes inoffensifs ; voyez, un des deux pages a été consulter son maître, et la figure cachée n'a pas donné d'ordre, mais a seulement fait signe d'aller en avant... Eh! tenez, messire, les voilà qui continuent leur chemin, sans avoir apprêté leurs flèches, sans avoir bandé leurs arbalètes ; — ils mettent seulement la main à leur épée, et ce sont, tout au contraire, des amis que le ciel nous envoie.

— Des amis chez les Mores! — et la sainte religion qu'en faites-vous, païen maudit?

Musaron sentit qu'il avait donné prise à cette rebuffade, et baissa respectueusement la tête.

— Pardon, messire, dit-il, je me suis trompé quand j'ai dit des amis. Un chrétien, je le sais bien, ne peut-être ami d'un More, c'est des conseillers que j'ai voulu dire : il est permis de recevoir des conseils de tout le monde, quand ces conseils sont bons. — Je vais interroger ces honnêtes seigneurs, et ils nous indiqueront notre chemin.

— Eh bien! soit, je le veux ainsi, dit le chevalier, je le veux d'autant mieux qu'ils passent, à mon avis, un peu trop fièrement devant moi, et que le maître, à ce qu'il me semble, n'a pas répondu au salut courtois que je lui faisais du fer de ma lance, va-le donc trouver, et demande-lui civilement, de ma part, laquelle de ces deux villes est Coïmbre; — tu ajouteras que tu viens de la part de messire Agénor de Mauléon, et en échange de mon nom, tu lui demanderas son nom à ce chevalier more : — va.

Musaron, qui voulait se présenter devant le chef de la troupe avec tous ses avantages, essaya de faire lever son cheval; mais il y avait si longtemps que l'animal n'avait trouvé d'ombre et d'herbe, et il lui semblait si commode et surtout si agréable de brouter accroupi, que l'écuyer ne put obtenir qu'il se remît sur ses jambes, ne fût-ce que pour un instant; il en prit donc son parti et courut à pied après la troupe, qui, ayant continué de s'avancer pendant la délibération, allait disparaître dans la pente sinueuse au tournant de quelques oliviers.

Tandis que Musaron courait afin de s'acquitter de son message, Agénor de Mauléon, debout sur sa selle, ferme sur ses étriers, immobile comme une statue équestre, ne perdait pas de vue le More et ses compagnons ; bientôt il vit ce cavalier s'arrêter à la voix de l'écuyer ; son escorte fit halte comme lui ; tous ceux qui la composaient semblaient vivre de la vie du chef, comme s'ils eussent été avertis de ses désirs par une voix intérieure, et n'avoir pas même besoin d'un signe pour obéir à sa volonté.

Il faisait un temps si pur, il régnait un si profond silence dans toute cette nature qui reposait endormie sous la chaleur du ciel, la brise de la mer était si douce, qu'elle apportait sans obstacle aux oreilles du chevalier les paroles de Musaron, et Musaron s'acquittait de sa mission, non seulement en fidèle, mais encore en habile ambassadeur.

— Salut à Votre Seigneurie, dit-il, — salut d'abord de la

part de mon maître, l'honorable et valeureux sire Agénor de Mauléon qui attend là-bas sur ses étriers la réponse de Votre Seigneurie ; salut ensuite de la part de son indigne écuyer, qui se félicite bien sincèrement du hasard qui lui permet d'élever la parole jusqu'à vous.

Le More fit un salut grave et circonspect de la tête seulement, et attendit en silence la fin du discours.

— Plaise à Votre Seigneurie de nous indiquer, continua Musaron, lequel de ces deux clochers que l'on voit là-bas est celui de Coïmbre ! veuille aussi, si Votre Seigneurie le sait, m'indiquer, parmi tous ces beaux palais de l'une ou de l'autre ville dont les terrains dominent la mer, quel est le palais de l'illustre grand-maître de Saint-Jacques, l'ami et l'hôte impatient du preux chevalier qui a l'honneur de vous faire demander par moi ce double renseignement ?

Musaron, pour donner plus de relief à son maître et à lui-même, avait fait sonner plus que les autres les paroles relatives à don Frédéric. En effet, comme pour justifier son habileté, le More écouta fort attentivement la seconde partie du discours, et à cette seconde partie ses yeux étincelèrent de ce feu intelligent particulier à ceux de sa nation, et qui semble dérobé à un rayon du soleil.

Mais il ne répondit pas plus à la seconde partie qu'à la première, et après un moment de réflexion, saluant de la tête comme il avait déjà fait, il dit à ses gens un seul mot arabe prononcé d'une voix impérieuse et gutturale, puis l'avant-garde se remit en marche ; le cavalier more poussa sa mule, et l'arrière-garde, au milieu de laquelle marchait la litière fermée, le suivit à son tour.

Musaron demeura un instant à sa place, stupéfait et humilié. Quant au chevalier, il ne savait pas au juste si le mot arabe, qu'il n'avait pas plus compris que Musaron, avait été répondu à son écuyer ou dit par le More à sa suite.

— Ah! dit tout à coup Musaron, qui ne voulait pas convenir vis-à-vis de lui-même qu'une pareille injure lui avait été faite, il ne comprend pas le français ; voilà la cause de son silence. Pardieu! j'aurais dû lui parler en castillan.

Mais comme le More était déjà trop loin pour que Musaron, à pied comme il était, pût courir après lui, et que d'ailleurs l'écuyer prudent préférait peut-être un doute consolant à une humiliante certitude, il revint près de son maître.

III.

COMMENT, SANS LE SECOURS DU MORE, LE CHEVALIER AGÉNOR DE MAULÉON TROUVA COÏMBRE ET LE PALAIS DE DON FRÉDÉRIC, GRAND-MAÎTRE DE SAINT-JACQUES.

Agénor, furieux de ce qu'il avait entendu et de ce que lui répéta son écuyer, eut un instant l'idée d'obtenir par la force ce que le More avait refusé à sa courtoisie. Mais lorsqu'il fit sentir l'éperon à son cheval pour courir après l'impertinent Sarrazin, le pauvre animal montra si peu de disposition à seconder les désirs de son maître, que le chevalier dût s'arrêter sur la pente semée de cailloux qui formait le chemin à peine indiqué d'ailleurs. L'arrière-garde du More observait les démarches des deux Francs, et se retournait par intervalles pour n'être pas surprise.

— Messire Agénor, criait Musaron alarmé de cette démonstration à laquelle la lassitude du cheval ôtait cependant toute chance de danger, messire Agénor, ne vous ai-je point dit que ce More ne comprenait pas le français, et ne vous ai-je pas avoué que, scandalisé comme vous de son silence, l'idée de l'interroger en espagnol m'était venue, mais quand il se trouvait déjà trop loin pour que cette idée fût mise à exécution. Ce n'est donc pas à lui qu'il faut en vouloir, mais à moi qui n'ai pas eu cette bienheureuse idée plus tôt. D'ailleurs, ajouta-t-il en voyant que le chevalier avait été obligé de faire une halte, d'ailleurs, nous sommes seuls, et vous voyez que votre cheval est harrassé.

Mauléon secoua la tête.

— Tout cela est bel et bon, dit-il, mais ce More n'a pas agi naturellement; on peut ne pas entendre le français, mais dans tous les pays du monde, on comprend la langue universelle du geste. Or, en prononçant le mot *Coïmbre*, tu as montré alternativement les deux villes, et il a dû nécessairement deviner que tu demandais ton chemin. — Je ne puis point rejoindre à cette heure ce More insolent. Mais, par le sang de Notre-Seigneur qui crie vengeance contre ces infidèles! qu'il ne se retrouve jamais sur mon chemin.

— Au contraire, messire, dit Musaron, chez lequel la prudence n'excluait ni le courage ni la rancune. — Au contraire, rencontrez-le, mais dans d'autres conditions. Rencontrez-le seul à seul, avec les valets qui gardent sa litière, par exemple. Vous vous chargerez du maître et

3.

moi des valets; puis ensuite nous verrons ce qu'il garde dans cette boîte de bois doré.

— Quelque idole, sans doute, répondit le chevalier.

— Ou bien son trésor, dit Musaron, un grand coffre avec des diamans, des perles, des rubis à remuer à deux mains. Car ces infidèles maudits connaissent les conjurations à l'aide desquelles on retrouve les trésors cachés. Oh! si nous avions été six seulement, quatre même, nous vous en aurions fait voir, monsieur le More! O France! France! poursuivit Musaron, où es-tu? Vaillans gens d'armes, où êtes-vous? Respectables aventuriers, mes compagnons, que n'êtes-vous là?

— Ah! mais, dit tout à coup le chevalier, qui avait réfléchi pendant cette sortie de son écuyer; j'y songe...

— A quoi? demanda Musaron.

— A la lettre de don Frédéric.

— Eh bien?

— Eh bien! dans cette lettre, peut-être nous donne-t-il sur la route de Coïmbre quelque renseignement que j'ai oublié.

— Ah! vrai Dieu! voilà qui est parler juste et penser sainement. La lettre, sire Agénor, la lettre, quand elle ne servirait qu'à nous réconforter par les belles promesses qu'on vous y fait.

Le chevalier décrocha de l'arçon de sa selle un petit rouleau de cuir parfumé, et, de ce rouleau, tira un parchemin. C'était la lettre de don Frédéric, qu'il conservait à la fois comme un passeport et un talisman.

Voici ce qu'elle contenait :

« Noble et généreux chevalier don Agénor de Mauléon, te souvient-il du beau coup de lance que tu échangeas à

Narbonne avec don Frédéric, grand-maître de Saint-Jacques, alors que les Castillans venaient chercher en France dona Bianca de Bourbon ? »

— Il veut dire madame Blanche de Bourbon, interrompit l'écuyer, secouant la tête de haut en bas en homme qui a la prétention de comprendre l'espagnol, et qui ne veut pas laisser passer une occasion de faire connaître ce qu'il sait.

Le chevalier regarda Musaron de côté avec cette expression dont il avait l'habitude d'accueillir les fanfaronnades de tout genre que se permettait son écuyer ; puis, reportant ses yeux sur le parchemin :

« Je t'ai promis un bon souvenir, car tu fus noble et courtois envers moi. »

— Le fait est, interrompit une seconde fois Musaron, que Votre Seigneurie pouvait parfaitement bien lui introduire son poignard dans la gorge comme elle a fait si délicatement au Mongat de Lourdes dans le combat du pas de Larre, où elle a débuté. Car dans ce fameux tournoi où vous le désarçonnâtes et où, furieux d'être désarçonné, il demanda de continuer le combat à armes émoulues en place des armes courtoises dont vous vous étiez servi jusque-là, vous le teniez parfaitement sous votre genou. Et au lieu d'abuser de votre victoire, vous lui dites généreusement, j'entends encore ces belles paroles :

« Relevez-vous, grand-maître de Saint-Jacques, pour être l'honneur de la chevalerie castillane. »

Et Musaron accompagna ces dernières paroles d'un geste

plein de majesté, par lequel il parodiait sans s'en douter le geste qu'avait dû faire son maître en cette solennelle occasion.

— S'il fut désarçonné, dit Mauléon, ce fut la faute de son cheval qui ne put soutenir le coup. Ces chevaux demi-arabes, demi-castillans, valent mieux que les nôtres à la course, mais valent moins au combat. Et s'il tomba sous moi, c'est la faute de son éperon qui accrocha une racine d'arbre au moment où je lui portais un coup de hache sur la tête; car c'est un chevalier intrépide et adroit. N'importe, continua Agénor avec un sentiment d'orgueil que toute cette modestie dont il venait de faire preuve ne lui permettait point de réprimer tout à fait, le jour dans lequel eut lieu cette mémorable passe d'armes de Narbonne fut un beau jour pour moi.

— Sans compter que vous en reçûtes le prix de madame Blanche de Bourbon, qui même était devenue fort pâle et fort tremblante, la douce princesse, en voyant que le tournoi auquel elle croyait assister s'était changé en un véritable combat. Oui, seigneur, répliqua Musaron tout palpitant à l'idée des grandeurs qui attendaient à Coïmbre son maître et lui-même, vous avez raison de dire que ce fut un beau jour, car votre fortune en est née.

— Je l'espère, répondit modestement Agénor ; mais continuons.

Et il reprit sa lecture.

« Aujourd'hui, je te rappelle, moi, — la promesse que tu me fis de n'accorder qu'à moi la fraternité d'armes. — Nous sommes tous deux chrétiens, viens auprès de moi en Portugal, à Coïmbre, que je viens de conquérir sur les infidèles. — Je te procurerai l'occasion de faire contre les ennemis de notre sainte religion de beaux faits d'armes. — Tu vivras dans mon palais comme moi-même, et à ma cour comme mon frère. — Viens donc, mon frère, — car j'ai bien besoin d'un homme qui m'aime, moi qui vis entouré d'ennemis adroits et dangereux.

» Coïmbre est une ville que tu dois connaître de nom. sise, je te l'ai déjà dit, en Portugal, à deux lieues de la mer, sur le fleuve Mondego. — Tu n'auras à traverser que des pays amis. — D'abord, l'Aragon, qui est le domaine primitif laissé par don Sanche le Grand à Ramire, qui était un fils naturel comme toi, et qui fut un grand roi comme tu es un brave chevalier ; puis la Castille-Nouvelle, que le roi Alphonse VI a commencé de reconquérir sur les Mores, et que ses successeurs ont reconquise tout à fait après lui. Puis, Léon, théâtre des grands faits d'armes de l'illustre Pélage, ce preux chevalier dont je t'ai raconté l'histoire. Puis enfin tu traverseras l'Acqueda, et tu te trouveras dans le Portugal, où je t'attends. N'approche pas trop des montagnes que tu verras à ta gauche, si tu n'as pas une suite considérable, et ne te fie ni aux Juifs ni aux Mores que tu trouveras sur ton chemin.

» Adieu ! souviens-toi que je me suis appelé tout un jour Agénor en ton honneur, comme tu t'es appelé tout un jour Fédérigo pour m'honorer.

» J'ai marché sous tes couleurs ce jour aussi, et toi, tu as marché sous les miennes. C'est ainsi que nous allâmes, toi portant mon écharpe, moi portant la tienne, côte à côte, jusqu'à Urgel, escortant notre bien-aimée reine doña Bianca de Bourbon. Viens, don Agénor ; j'ai besoin d'un frère et d'un ami : viens. »

— Rien, dit Musaron, rien dans cette lettre qui puisse nous guider.

— Si fait ; tout, au contraire, tout, dit Agénor. N'as-tu pas entendu ! et c'est vrai, que tout un jour j'ai porté son écharpe ?

— Eh bien ?

— Eh bien ! ces couleurs étaient jaune et rouge. Cherche bien, Musaron ; toi dont la vue est si perçante, cherche bien, s'il n'y a pas dans les deux villes un édifice sur lequel flotte une bannière jaune comme l'or, rouge comme le sang, et cet édifice sera le palais de mon ami don Frédéric, et tout autour de ce palais la ville de Coïmbre.

Musaron appliqua une main sur ses yeux pour briser les rayons du soleil qui confondaient tous les objets dans des flots de lumière formant une mer embrasée, et après avoir laissé errer son regard de gauche à droite et de droite à gauche, il fixa définitivement ses yeux sur la ville située à droite du fleuve, dans une des sinuosités que dessinait son cours.

— Sire Agénor, dit Musaron, en ce cas, voici Coïmbre ici à droite au pied de ce coteau et derrière cette muraille de platanes et d'aloès, car sur l'édifice principal flotte la bannière que vous dites ; seulement elle est surmontée d'une croix rouge.

— La croix de Saint-Jacques ! s'écria le chevalier ; c'est bien cela. Mais ne fais-tu pas quelque erreur, Musaron ?

— Que Votre Seigneurie regarde elle-même.

— Le soleil est si ardent que je distingue mal ; guide un peu mon regard.

— Par là, messire, par là... suivez le chemin... là, entre ces deux bras du fleuve. Il se sépare en deux branches, n'est-ce pas ?

— Oui.

— Suivez la branche droite qui cotoie le fleuve ; voyez

la troupe du More entrer par l'une des portes... Tenez, tenez...

Juste en ce moment, le soleil, qui jusque là avait été un obstacle pour les deux voyageurs, vint au secours de Musaron en faisant jaillir un rayon de feu des armures moresques toutes damasquinées d'or.

— Bien! bien!... je vois, dit-il. Puis, après un moment de réflexion :

— Ah! le More allait à Coïmbre, et il n'a pas compris le mot Coïmbre ; à merveille ! Il faudra pour première courtoisie que don Frédéric me fasse avoir raison de cette insolence.

Mais comment se fait-il, continua le chevalier toujours se parlant à lui-même, que don Frédéric, ce prince si pieux, que son titre met au rang des premiers défenseurs de la religion, souffre des Mores dans sa ville nouvellement conquise, dans la ville d'où il les a chassés ?

— Que voulez-vous, messire ? répondit Musaron sans être interrogé. Don Frédéric n'est-il pas le frère naturel du seigneur don Pedro, roi de Castille ?

— Eh bien ? demanda Agénor.

— Eh bien ! ne savez-vous point, et cela m'étonnerait, car le bruit en est venu en France, ne savez-vous point que l'amour des Mores est inné dans cette famille. Le roi ne peut plus se passer d'eux, assure-t-on. Il a des Mores pour conseillers, il a des Mores pour médecins, il a des Mores pour gardes du corps, enfin il a des Moresques pour maîtresses...

— Taisez-vous, maître Musaron, dit le chevalier, et ne vous mêlez point des affaires du roi don Pedro, fort grand prince et frère de mon illustre ami.

— Frère! frère! murmura Musaron, j'ai encore entendu

dire que c'était là une de ces fraternités moresques, qui finissent un jour ou l'autre par le cordon ou le cimeterre. J'aime mieux avoir pour frère Guillonnet, qui garde les chèvres dans le val d'Andorre, en chantant :

> Là haut sur la montagne,
> Un berger malheureux.....

que d'avoir le roi don Pedro de Castille. C'est mon avis à moi.

— Il est possible que ce soit ton avis, dit le chevalier, mais le mien à moi est que tu n'ajoutes pas un mot sur cette matière. Quand on vient demander l'hospitalité aux gens, c'est bien le moins qu'on ne parle pas mal d'eux.

— Nous ne venons pas chez le roi don Pedro de Castille, dit l'intraitable Musaron, puisque nous venons chez don Frédéric, seigneur de Coïmbre en Portugal.

— Chez l'un ou chez l'autre, dit le chevalier, tais-toi, je le veux.

Musaron leva son béret blanc à gland rouge, et s'inclina avec un rire goguenard que dissimulèrent ses longs cheveux, noirs comme l'ébène, retombant sur ses joues maigres et bistrées.

— Quand Votre Seigneurie voudra partir, dit-il après un moment de silence, son très-humble serviteur est à ses ordres.

— C'est à ton cheval, dit Mauléon, qu'il faut demander cela. En tous cas, s'il ne veut partir, nous le laisserons où il est ; et quand viendra le soir, et qu'il entendra hurler les loups, il gagnera bien la ville tout seul.

Et en effet, comme si l'animal, qui devait le nom que lui donnait l'écuyer au val dans lequel il avait vu le jour, eût entendu la menace qui lui était faite, il se leva plus allègrement qu'on eût pu le croire, et vint présenter à son maître son garot encore tout ruisselant de sueur.

— Partons donc, dit Agénor.

Et il se mit en route, relevant pour la seconde fois la visière de son casque, qu'il avait baissée au passage du More.

Si le chef arabe eût été là, son regard perçant eût pu voir alors, par l'ouverture du casque, une belle et noble physionomie toute échauffée, toute poudreuse, mais pleine de caractère, un regard assuré, des lèvres fines et rusées, des dents blanches comme l'ivoire, un menton sans barbe encore, mais creusé avec cette vigueur qui annonce la plus opiniâtre volonté.

En somme, c'était donc un jeune et beau chevalier que messire Agénor de Mauléon, et c'est ce qu'il put se dire à lui-même, en se mirant dans la surface polie de son écu qu'il venait de reprendre aux mains de Musaron.

Cette halte d'un instant avait rendu quelque vigueur aux deux chevaux. Ce fut donc d'un pas assez rapide qu'ils reprirent leur chemin, indiqué désormais d'une manière infaillible par la bannière aux couleurs du grand-maître de Saint-Jacques flottant sur le palais.

A mesure qu'ils avançaient, on voyait les habitans sortir des portes malgré la chaleur du jour. On entendait les trompettes retentir, et le carillon des cloches épanouissait dans l'air ses grappes de notes joyeuses et vibrantes.

— Si j'eusse envoyé Musaron en avant, se dit Agénor, je pourrais croire en vérité que toute cette rumeur et cette cérémonie se font en mon honneur. Mais, si flatteuse que serait cette réception pour mon amour-propre, il faut bien que j'attribue tout ce bruit à une autre cause.

Quant à Musaron, qui voyait dans tout ce bruit des signes patens d'allégresse, il relevait gaîment la tête, aimant mieux en tout cas être reçu par des gens joyeux que par des gens attristés.

Les deux voyageurs ne s'étaient pas trompés. Une grande agitation remuait la ville, et si la figure des habitans ne portait pas précisément le masque souriant de la joie que semblaient leur commander le son des cloches et les fanfares des trompettes, leur physionomie était au moins celle de gens au milieu desquels vient de tomber une nouvelle importante et inattendue.

Quant à demander leur chemin, c'était chose inutile pour Agénor et son écuyer, car ils n'avaient besoin que de suivre la foule qui se précipitait vers la place principale de la ville.

Au moment où ils fendaient la presse pour arriver sur cette place, et où Musaron distribuait à droite et à gauche, pour ouvrir un chemin au noble seigneur qui le suivait, quelques coups du manche de son fouet, ils virent tout à coup se dresser devant eux, ombragé par de hauts palmiers et par des sycomores touffus et inclinés dans la direction que leur imprimait, dans les jours d'orage, le vent de la mer, le magnifique alcazar moresque bâti pour le roi Mohamed, et qui servait de demeure au jeune conquérant don Frédéric.

Si grande hâte qu'ils eussent d'arriver, Agénor et son écuyer demeurèrent un instant en admiration devant le vaste et capricieux monument tout brodé de la plus fine dentelle de pierre, et tout incrusté de mosaïques de marbre qui semblaient de larges plaques de topaze, de saphir et de lapis-lazuli, montées par quelque architecte de Bagdad pour un palais de fées ou de houris. L'Occident, ou même cette partie de l'Occident qu'on appelle, relativement à l'Espagne, le Midi de la France, ne connaissait encore que ses cathédrales romanes de Sainte-Trophime, ou ses ponts et ses arches antiques, mais n'avait aucune idée de ces ogives et de ces trèfles de granit que l'Orient devait venir dessiner, cent ans plus tard, au front des cathédrales et au sommet des tours. C'était donc une magnifique vue que l'alcazar de Coïmbre, même pour nos ignorans et barbares aïeux, qui méprisaient à cette époque la civilisation arabe et italienne qui devait les enrichir plus tard.

Pendant qu'ils demeuraient ainsi immobiles et en contemplation, ils virent sortir par les deux portes latérales du palais une troupe de gardes et de pages conduisant en main des mules et des chevaux.

Ces deux troupes, décrivant chacune un quart de cercle, vinrent se rejoindre en repoussant devant elles le peuple, et en ménageant, en face de la porte du milieu à laquelle on montait par un escalier de dix degrés, une large place vide en forme d'arc, dont la façade du palais formait la la corde. Le mélange du luxe éblouissant de l'Afrique avec l'élégance plus sévère du costume d'occident, donnait à ce spectacle un attrait irrésistible, et dont Agénor et son écuyer subissaient l'influence, en voyant d'un côté ruisseler l'or et la pourpre sur le caparaçon des chevaux arabes et les habits des cavaliers mores, et de l'autre la soie et les ciselures, et surtout cette fierté franque incrustée, pour ainsi dire, dans le maintien même des bêtes de somme.

Quand au peuple, en voyant se déployer tout ce spectacle, il criait : Viva! comme il fait à la vue de tous les spectacles.

Tout à coup la bannière du grand-maître de Saint-Jacques apparut sous la haute voûte découpée en trèfles qui formait la porte du milieu de l'alcazar ; cette bannière, accompagnée de six gardes, et portée par un puissant homme d'armes, vint se placer au centre de l'espace vide.

Agénor comprit que don Frédéric allait faire quelque procession par les rues, ou quelque voyage d'une ville à une autre, et il fut tenté, malgré la pénurie de sa bourse, d'aller chercher quelque hôtellerie où il pût attendre son retour : car il ne voulait pas troubler par sa présence inopportune l'ordonnance de cette sortie.

Mais au même instant, par une des voûtes latérales, il vit sortir l'avant-garde du chef more, puis cette fameuse litière de bois doré toujours fermée, toujours balancée sur le dos des mules blanches, et qui donnait des tentations si fortes et si religieuses à Musaron.

Enfin un plus grand bruit de buccins et de trompettes annonça que le grand-maître allait paraître, et vingt-quatre musiciens, sur huit de front, s'avancèrent à leur tour de la voûte jusqu'aux degrés, qu'ils descendirent toujours sonnant.

Derrière eux s'élança un chien bondissant : c'était un de ces vigoureux mais sveltes chiens de la Sierra, à la tête pointue comme celle de l'ours, à l'œil étincelant comme celui du lynx, aux jambes nerveuses comme celles du daim. Tout son corps était couvert de soies lisses et longues qui faisaient chatoyer au soleil leurs reflets d'argent ; il avait au cou un large collier d'or incrusté de rubis, avec une petite sonnette du même métal ; sa joie se trahissait par ses élans, et ses élans avaient un but visible et un but caché. Le but visible était un cheval blanc comme la neige, couvert d'une grande housse de pourpre et de brocard, qui recevait ses caresses en hennissant, comme pour répondre. Le but caché était sans doute quelque noble seigneur, retenu sous la voûte dans laquelle le chien s'enfonçait impatient, pour reparaître, bondissant et joyeux, quelques secondes après.

Enfin, celui pour lequel hennissait le cheval, celui pour lequel bondissait le chien, celui pour lequel le peuple criait : Viva! parut à son tour, et un seul cri retentit, répété par mille voix :

— Vive don Frédéric!

En effet, don Frédéric s'avançait, causant avec le chef arabe qui marchait à sa droite, tandis qu'un jeune page d'une charmante figure, bien que ses sourcils noirs et la légère contraction de ses lèvres vermeilles donnassent à ses traits l'expression de la fermeté, marchait à sa gauche, lui tenant toute ouverte une bourse pleine de pièces d'or, dans laquelle don Frédéric, en arrivant sur le premier degré, puisa à poignées, et que, de sa main blanche et délicate comme la main d'une femme, il envoya en pluie éblouissante sur les têtes agitées de la multitude, qui redoubla de cris à ces largesses inaccoutumées sous les prédécesseurs de son nouveau maître.

Ce nouveau maître était d'une taille qui même à cheval semblait majestueuse. Le mélange du sang de la Gaule avec le sang espagnol lui avait donné de longs cheveux noirs, des yeux bleus et un teint blanc ; et de ces yeux bleus sortaient des regards si doux et si bienveillans que beaucoup, pour ne pas le perdre de vue un instant, ne songèrent pas même à ramasser les sequins, et que l'air tout autour du palais retentit de bénédictions.

Tout à coup, au milieu de cette joie expansive, soit hasard, soit influence de quitter momentanément un si bon maître, les trompettes et les buccins, qui s'étaient interrompus un instant, reprirent leurs fanfares ; mais au lieu des sons gais et joyeux qu'ils avaient fait entendre, ne jetèrent plus au peuple qu'un air triste et mélancolique, tandis que les cloches, cette invention nouvelle pour servir d'intermédiaire entre l'homme et Dieu, firent entendre, au lieu de leur vif et brillant carillon, un tintement sourd, lugubre et prolongé, qui ressemblait au tocsin.

En même temps, le chien, se dressant devant son maître, appuya ses deux pattes sur sa poitrine, et fit entendre un hurlement si sombre, si prolongé, si lamentable, que les plus braves en frissonnèrent.

La foule resta muette ; et, du milieu de ce silence, une voix cria :

— Ne sortez pas, grand-maître ; restez avec nous, don Frédéric.

Mais personne ne put savoir qui avait donné ce conseil.

A ce cri, Agénor vit le More tressaillir, et son visage se couvrit d'une couleur terreuse, qui est la pâleur de ces enfans du soleil, tandis que son regard inquiet cherchait à lire jusqu'au fond du cœur de don Frédéric la réponse qu'il allait faire à cette stupeur si générale et à ce cri isolé.

Mais don Frédéric, flattant de la main son chien hurlant, faisant un doux signe à son page, et saluant avec un triste sourire la multitude qui le regardait les yeux supplians et les mains jointes :

— Mes bons amis, dit-il, le roi mon frère me mande à Séville, où les fêtes et les tournois m'attendent en réjouissance de notre réconciliation. Au lieu de vouloir m'empêcher de rejoindre mon frère et mon roi, bénissez bien plutôt l'accord de deux frères qui s'aiment.

Mais au lieu d'accueillir ces paroles avec joie, le peuple

les reçut dans son morne silence. Le page glissa quelques mots à son maître, et le chien continua ses hurlemens.

Pendant ce temps, le More ne perdait pas de vue ni le peuple, ni le page, ni le chien, ni don Frédéric lui-même.

Cependant, le front du grand-maître s'assombrit un instant. — Le More crut qu'il hésitait.

— Seigneur, dit-il, vous savez que tout homme a son destin écrit d'avance : les uns sur le livre d'or, les autres sur le livre d'airain. Le vôtre est écrit sur le livre d'or; accomplissez donc hardiment votre destin.

Don Frédéric leva les yeux, qu'il avait tenus baissés un instant, comme pour chercher dans toute cette multitude un visage ami, un regard encourageant.

Juste en ce moment, de son côté, Agénor se dressait sur ses arçons, pour ne pas perdre le moindre détail de la scène qui s'accomplissait devant lui. Comme s'il eût deviné ce que cherchait le grand-maître, il leva d'une main la visière de son casque et de l'autre agita sa lance.

Le grand-maître poussa un cri de joie, ses yeux étincelèrent, et un sourire d'allégresse, épanoui sur ses lèvres, roses comme celles d'une jeune fille, se répandit par tout son visage.

— Don Agénor ! s'écria-t-il en étendant la main vers le chevalier.

Comme si le page avait le privilége de lire dans son cœur, il n'eût point besoin d'en entendre davantage, et s'élança des côtés de don Frédéric, courant au chevalier en criant : Venez, don Agénor, venez !

La foule s'écartait, car elle aimait tout ce qu'aimait don Frédéric, et au même instant tous les yeux se fixèrent sur le chevalier, que le grand-maître accueillait avec autant de joie que le jeune Tobie accueillit le compagnon divin que lui envoyait le ciel.

Agénor mit pied à terre, jeta la bride de son cheval au bras de Musaron, lui donna sa lance, accrocha son écu à l'arçon de sa selle, et traversa la foule conduit par le page.

Le More pâlit de nouveau. Il venait de reconnaître à son tour ce même chevalier franc qu'il avait rencontré sur la route de Coïmbre, et à l'écuyer duquel il n'avait point répondu.

Cependant Frédéric avait tendu ses bras à Agénor, et celui-ci s'y était précipité avec l'effusion d'un cœur de vingt ans.

C'était merveille que de voir ces deux beaux jeunes gens dont le visage respirait tous les nobles sentimens qui font si rarement complète l'image de la beauté sur la terre.

— Me suis-tu? demanda don Frédéric à Agénor.

— Partout, répondit le chevalier.

— Mes amis, répondit le grand-maître de sa voix sonore et vibrante qui était l'amour de la multitude, je puis partir maintenant, et vous n'avez rien à craindre, don Agénor de Mauléon, mon frère, mon ami, la fleur des chevaliers francs, vient avec moi.

Et sur un signe du grand-maître, les tambours battirent une marche vive, les trompettes sonnèrent une fanfare joyeuse, l'écuyer amena à don Frédéric son beau cheval, blanc comme la neige, et tout le peuple cria d'une seule voix :

— Vive don Frédéric, grand-maître de Saint-Jacques! Vive don Agénor, le chevalier franc!

En ce moment le chien de don Frédéric vint regarder en face le chevalier et le More. — Au More, il montra ses dents blanches avec un grognement sournois et menaçant ; au chevalier il fit mille caresses.

Le page passa avec un sourire triste sa main sur le cou du chien.

— Seigneur, dit Agénor au jeune prince, quand vous m'avez prié de vous suivre et que je vous ai répondu que je vous suivrais, je n'ai consulté que mon zèle, ainsi que j'ai fait en venant de Tarbes ici. De Tarbes ici je suis venu en seize jours, c'est une rude marche ; aussi mes chevaux sont-ils morts de fatigue, et je ne pourrais accompagner Votre Seigneurie bien loin.

— Eh ! s'écria don Frédéric, ne t'ai-je pas dit que mon palais était le tien ? Mes armes et mes chevaux sont à toi comme tout ce qui est à Coïmbre. Va choisir dans mes écuries des chevaux pour toi, des mules pour ton écuyer, ou plutôt, non, non, ne me quitte pas même un instant, Fernand se chargera de tout. Va faire seller Antrim, mon cheval de bataille, et demande en passant à l'écuyer de don Agénor ce qu'il préfère d'un cheval ou d'une mule. Quant à tes montures fatiguées, tu y tiens, et tout bon chevalier tient à la sienne, elles suivront à l'arrière-garde et on les ménagera.

Le page ne fit qu'un bond et disparut.

Pendant ce temps, le More qui croyait qu'on allait partir, était descendu pour aller faire le tour de sa litière et donner quelques ordres à ceux qui la gardaient. Mais voyant que le départ tardait et que les deux amis restés seuls s'apprêtaient à échanger quelques paroles confidentielles, il remonta vivement près d'eux et revint prendre sa place aux côtés du grand-maître.

— Seigneur Mothril, dit celui-ci, le chevalier que vous voyez est un de mes amis. C'est plus qu'un de mes amis, c'est mon frère d'armes, je l'emmène avec moi à Séville, car je veux l'offrir à mon seigneur le roi de Castille pour capitaine, et si le roi consent à me le laisser après que je le lui aurai offert, je le bénirai. Car c'est une lame incomparable et un cœur plus vaillant encore que sa lame.

Le More répondit en excellent espagnol, quoique sa prononciation se ressentît de cet accent guttural qu'Agénor avait déjà remarqué quand, sur la route de Coïmbre, il avait prononcé ce seul mot arabe à la suite duquel il s'était remis en marche:

— Je remercie Votre Seigneurie de m'avoir appris le nom et la qualité du seigneur chevalier, — mais le hasard m'avait déjà présenté le noble Français. Malheureusement, un étranger, un voyageur, quand il est comme moi d'une race ennemie, doit souvent se défier du hasard, — aussi n'ai-je point accueilli avec la courtoisie que j'eusse dû y mettre le seigneur Agénor, que tantôt je rencontrai dans la montagne.

— Ah! ah! dit Frédéric avec curiosité, Vos Seigneuries se sont déjà rencontrées.

— Oui, seigneur, répliqua Agénor en français, et je l'avoue, la négligence du seigneur More à répondre à une simple question que je lui avais fait faire par mon écuyer pour lui demander mon chemin, m'a quelque peu blessé. Nous sommes plus civils de l'autre côté des Pyrénées avec les étrangers nos hôtes.

— Messire, répondit Mothril en espagnol, vous faites erreur sur un point. Les Mores sont encore en Espagne, c'est vrai, mais ils ne sont déjà plus chez eux, et de ce côté-ci des Pyrénées, excepté à Grenade, les Mores ne sont plus eux-mêmes que les hôtes des Espagnols.

— Tiens, fit tout bas Musaron, qui s'était insensiblement

approché des degrés, il comprend donc le français, maintenant?

— Que ce nuage se dissipe entre vous; le seigneur Mothril, ami, ministre de mon seigneur le roi de Castille, voudra bien, je l'espère, avoir quelque faveur pour le chevalier de Mauléon, ami et frère de son frère.

Le More s'inclina sans répondre, et comme Musaron, toujours curieux de savoir ce que renfermait la litière, s'en approchait plus près que Mothril ne désirait sans doute qu'on en approchât, il descendit les degrés; et, sous prétexte d'aller faire à l'un de ses valets quelque recommandation oubliée, il alla se placer entre la litière et l'écuyer.

Frédéric profita de ce moment pour se pencher vers Agénor.

— Tu vois, lui dit-il, dans ce More, celui qui gouverne mon frère, et, par conséquent, celui qui me gouverne.

— Ah! reprit Agénor, pourquoi cette parole amère? Un prince de votre race, un chevalier de votre valeur, souvenez-vous-en toujours, don Frédéric, ne doit être gouverné que par Dieu.

— Et pourtant je vais à Séville, répondit en soupirant le grand-maître.

— Et pourquoi y allez-vous?

— Le roi don Pedro m'en prie et les prières du roi don Pedro sont des ordres.

Le More paraissait partagé entre l'ennui de quitter sa litière et la crainte de laisser don Frédéric en dire trop au chevalier français. La crainte l'emporta, il revint près des deux amis.

— Seigneur, dit-il à don Frédéric, je viens annoncer à Votre Seigneurie une nouvelle qui contrariera ses projets. J'ai dû m'en éclaircir auprès de mon secrétaire, bien que j'en eusse déjà presque la certitude.—Le roi don Pedro a pour officier de ses gardes un capitaine de Tariffa, vaillant homme dans lequel il a mis toute sa confiance, quoiqu'il soit né ou plutôt quoique ses aïeux soient nés de l'autre côté du détroit.—Je craindrais donc que le seigneur français ne prît une peine inutile en venant à la cour du roi don Pedro.—Ce qui fait que je lui donnerai le conseil de rester à Coïmbre, d'autant plus que dona Padilla n'aime point les Français, la chose est sue.

— En vérité, dit Frédéric, c'est comme cela, seigneur Mothril? Eh bien! alors tant mieux, je garderai mon ami avec moi.

— Je ne suis pas venu en Espagne, mais en Portugal. Je ne suis pas venu pour servir le roi don Pedro, mais le grand-maître don Frédéric, dit Agénor avec fierté. Le service que je cherchais, je le tiens et n'en veux point d'autre. Voici mon maître.

Et il salua courtoisement son ami.

Le More sourit. Ses dents blanches étincelèrent sous sa barbe noire.

— Oh! les belles dents, dit Musaron. Comme il doit bien mordre.

En ce moment le page amena Antrim, le cheval de guerre du grand-maître, et la Coronella, la mule de Musaron. L'échange se fit aussitôt : Agénor de Mauléon monta sur le cheval frais, Musaron enfourcha la mule fraîche ; on remit les montures fatiguées aux mains des valets de suite, et, sur l'invitation du More, don Frédéric descendit les degrés et voulut monter à cheval à son tour.

Mais une seconde fois le beau chien aux longues soies blanches parut s'opposer à ce dessein. Il se plaça entre son maître et son cheval, repoussant son maître en hurlant.

Mais don Frédéric l'écarta du pied, et malgré toutes ces démonstrations de son chien fidèle, se mit en selle et donna l'ordre du départ. Alors, comme s'il eût compris cet ordre et que cet ordre l'eût désespéré, le chien sauta à la gorge du destrier et le mordit cruellement.

Le cheval se cabra en hennissant de douleur, et fit un bond de côté qui eût désarçonné tout autre qu'un cavalier aussi expérimenté que don Frédéric.

— Eh bien! Allan, s'écria-t-il,—donnant à son chien le nom sous lequel on désignait sa race.—Méchant animal, deviens-tu enragé?

Et il l'enveloppa avec la lanière du fouet qu'il tenait à la main d'un coup si violent que l'animal terrassé alla rouler à dix pas de là.

— Il faut tuer ce chien, dit Mothril.

Fernand regarda le More de travers.

Allan vint s'asseoir sur les degrés de l'alcazar, leva la tête, ouvrit la gueule, et hurla lamentablement une seconde fois.

Alors tout le peuple, qui avait assisté en silence à cette longue scène, éleva la voix, et le cri qui avait déjà retenti sortant d'une seule bouche devint un cri général.

— Ne partez pas, grand-maître don Frédéric, restez avec nous, grand-maître! Qu'avez-vous besoin d'un frère quand vous avez un peuple? Que vous promet donc Séville, que ne vous offre pas Coïmbre?

— Monseigneur, dit Mothril, faut-il que je retourne près du roi, mon maître, et que je lui dise que votre chien, votre page et votre peuple ne veulent pas que vous veniez?

— Non, seigneur Mothril, dit don Frédéric, nous partons; en route mes amis.

Et saluant de la main le peuple, il se plaça en tête de la

4.

cavalcade, fendant la multitude silencieuse qui s'ouvrait devant lui.

On ferma les grilles dorées de l'alcazar, qui grincèrent en se refermant comme les portes rouillées d'un sépulcre vide.

Le chien resta sur les degrés tant qu'il put voir son maître, tant qu'il put espérer qu'il changerait de résolution et qu'il reviendrait, mais lorsqu'il eut perdu cet espoir, lorsque don Frédéric eut disparu au tournant de la rue qui conduisait à la porte de Séville, il s'élança à sa poursuite et en quelques élans le rejoignit, comme si n'ayant pu l'empêcher de marcher au danger, il voulait au moins partager ce danger avec lui.

Dix minutes après on sortait de Coïmbre, et l'on reprenait la route par laquelle étaient venus le matin le More Mothril et Agénor de Mauléon.

IV.

COMMENT MUSARON S'APERÇUT QUE LE MORE PARLAIT A SA LITIÈRE, ET QUE LA LITIÈRE RÉPONDAIT.

La troupe du grand-maître se composait de trente-huit hommes en tout, y compris le chevalier franc et son écuyer, et sans compter le More et ses douze gardes, pages ou valets; des mules de charge portaient des bagages riches et nombreux ; car depuis huit jours déjà, don Frédéric était prévenu qu'il était attendu par son frère à Séville, lorsque Mothril arriva. Il avait alors donné l'ordre de partir à l'instant même, espérant que le More serait trop fatigué pour le suivre et demeurerait en arrière. Mais la fatigue semblait chose inconnue à ces fils du désert et à leurs chevaux qui semblaient descendre de ces cavales dont parle Virgile et que le vent fécondait.

On fit encore dix lieues le même jour, puis la nuit venue, on posa les tentes sur le versant des montagnes à l'extrémité desquelles s'élève Pombal.

Le More avait, durant cette première étape, exercé sur les deux amis une surveillance des plus assidues. Sous prétexte d'abord de faire ses excuses au chevalier français, et ensuite de racheter son impolitesse passée par sa courtoisie présente, il n'avait quitté Agénor que le temps nécessaire pour aller échanger quelques paroles avec les gardiens de la litière. Mais si courtes que fussent ces absences auxquelles semblait le condamner un sentiment plus fort que tous les autres, Agénor eut le temps de dire au grand-maître :

— Seigneur don Frédéric, daignez m'apprendre, je vous prie, d'où vient cette insistance du seigneur Mothril à nous suivre et à nous entretenir. Il vous aime donc bien, monseigneur, car pour moi je ne crois pas avoir reçu ses avances un peu tardives de façon à lui inspirer une grande affection pour moi.

— Je ne sais si Mothril m'aime beaucoup, dit don Frédéric, mais je sais qu'il hait fort dona Padilla, maîtresse du roi.

Agénor regarda le grand-maître en homme qui a entendu mais qui n'a pas compris. Mais le More aux écoutes arriva aussitôt, et don Frédéric n'eut que le temps de dire au chevalier :

— Parlez d'autre chose.

Agénor s'empressa d'obéir, et comme cette pensée se présentait naturellement à son esprit :

— A propos, seigneur don Frédéric, dit-il, veuillez m'apprendre comment s'est accoutumée à l'Espagne notre dame honorée Blanche de Bourbon, reine de Castille. Il y a bien des inquiétudes en France sur cette bonne princesse, que tant de vœux ont accompagnée à son départ de Narbonne, où vous l'étiez venu prendre de la part du roi son époux.

Agénor n'avait pas achevé qu'il se sentit vivement heurté au genou gauche par le genou droit du page, qui, comme entraîné par son cheval, vint passer entre don Frédéric et son ami, et tout en s'excusant auprès du chevalier, pour lui et sa monture, lui adressa un regard capable de faire rentrer les paroles dans la gorge du plus indiscret.

Cependant don Frédéric comprit qu'il fallait répondre, car dans la situation où il se trouvait, le silence devait être interprété plus mal encore que ses paroles.

— Mais, interrompit Mothril, qui paraissait avoir à soutenir la conversation un intérêt pareil à celui qu'avait Frédéric à la laisser tomber ; le seigneur Agénor n'a-t-il donc point reçu de nouvelles de dona Bianca depuis qu'elle est en Espagne?

— Seigneur More, répondit le chevalier tout surpris,— depuis deux ou trois ans je fais la guerre avec les Grandes compagnies contre l'Anglais, ennemi de mon maître le roi Jean, prisonnier à Londres, et de notre régent, le prince Charles,—qu'on appellera un jour Charles-le-Sage, tant il montre une précoce prudence et une haute vertu.

— Quelque part que vous fussiez, répondit Mothril, j'aurais cru cependant que l'affaire de Tolède avait fait assez de bruit pour que ce bruit fût parvenu jusqu'à vous.

Don Frédéric pâlit légèrement, et le page porta son doigt à ses lèvres pour faire signe à Agénor de se taire.

Agénor comprit parfaitement et se contenta de murmurer intérieurement : Espagne ! Espagne ! terre de mystères !

Mais ce n'était point là le compte de Mothril.

— Puisque vous n'êtes pas mieux renseigné que cela sur la belle-sœur de votre régent, seigneur chevalier, dit-il, c'est moi qui vais vous dire ce qu'elle est devenue.

— A quoi bon, seigneur Mothril, dit don Frédéric ; la question qu'a faite mon ami don Agénor est une de ces questions banales qui demandent une réponse par oui ou par non, et point un de ces longs récits qui n'auraient aucun intérêt pour un auditeur étranger à l'Espagne.

— Mais, dit Mothril, si le seigneur Agénor est étranger à l'Espagne, au moins n'est-il point étranger à la France, et la signora dona Bianca est française. D'ailleurs le récit ne sera pas long, et il est nécessaire qu'allant à la cour du roi de Castille, le seigneur Agénor sache ce qu'on y dit et ce qu'on n'y doit pas dire.

Don Frédéric poussa un soupir et rabattit son grand manteau blanc sur ses yeux, comme pour éviter les derniers rayons du soleil couchant.

— Vous avez accompagné dona Bianca de Narbonne à Urgel, reprit Mothril ; est-ce point la vérité, ou m'a-t-on trompé, seigneur Agénor ?

— C'est la vérité, dit le chevalier, devenu circonspect par l'avis du page et par la physionomie assombrie de don Frédéric, mais incapable cependant de dissimuler la vérité.

— Eh bien! elle continua son chemin vers Madrid, traversant l'Aragon et une partie de la Castille Nouvelle sous la garde du seigneur don Frédéric, qui la conduisit à Alcala, où les noces royales furent célébrées avec une magnificence digne des illustres époux ; mais dès le lendemain, le motif est resté un mystère, continua Mothril en lançant sur Frédéric un de ces regards acérés et brillans qui lui étaient habituels, dès le lendemain le roi revint à Madrid laissant sa jeune femme plutôt prisonnière que reine au château d'Alcala.

Mothril s'interrompit un instant pour voir si l'un ou l'autre des deux amis dirait quelque chose en faveur de dona Bianca ; mais tous deux se turent. Le More continua donc :

— A partir de ce moment, il y eut séparation complète entre les deux époux. Bien plus, un concile d'évêques prononça le divorce ; il fallait, vous en conviendrez, chevalier, qu'il y eût de bien graves motifs de plaintes contre la femme étrangère, continua le More avec son rire ironique, pour qu'une société aussi respectable et aussi sainte qu'un concile rompît le lien que la politique et que la religion avaient formé.

— Ou bien, reprit Frédéric incapable de cacher plus longtemps ses sentimens secrets, ou bien que ce concile fût tout dévoué au roi don Pedro.

— Oh! fit Mothril avec cette naïveté qui rend la plaisanterie plus aiguë et plus amère, comment supposer que quarante-deux saints personnages, dont la mission et de diriger la conscience des autres, auront ainsi manqué à la leur. C'est impossible, ou alors que penser d'une religion représentée par de pareils ministres.

Les deux amis gardèrent le silence.

— Vers ce temps, le roi tomba malade, et l'on crut qu'il

allait mourir. Alors les ambitions cachées commencèrent à se faire jour; le seigneur don Henry de Transtamare...

— Seigneur Mothril, dit Frédéric saisissant cette occasion de répondre au More. n'oubliez pas que don Henry de Transtamare est mon frère jumeau, et que je ne permettrai pas plus qu'on en dise du mal devant moi que de mon frère don Pedro, roi de Castille.

— C'est juste, répondit Mothril; excusez-moi, illustre grand-maître. J'avais oublié votre fraternité en voyant don Henry si rebelle et vous si affectionné au roi don Pedro. Je ne parlerai donc que de madame Blanche.

— More damné! murmura don Frédéric.

Agénor lança au grand-maître un regard qui voulait dire : Faut-il vous débarrasser de cet homme, monseigneur? ce sera bientôt fait.

Mothril fit semblant de ne pas entendre les paroles et de ne pas voir le regard.

— Je disais donc que les ambitions commencèrent à se faire jour, que les dévoûmens se relâchèrent, et qu'au moment où le roi don Pedro touchait presque à l'éternité, les portes du château d'Alcala s'ouvrirent, et qu'une nuit dona Bianca en sortit escortée d'un chevalier inconnu qui la conduisit jusqu'à Tolède où elle demeura cachée. Mais la Providence voulut que notre roi bien-aimé don Pedro, protégé par les prières de tous ses sujets et probablement par celles de sa famille, revînt à la force et à la santé. Ce fut alors qu'il apprit la fuite de dona Bianca, l'aide du chevalier inconnu et le lieu où la fugitive s'était retirée, les uns disent que c'était pour la reconduire en France, et moi je suis de l'avis de ceux-là, d'autres disent que c'était pour la renfermer dans une prison plus étroite que la première. Mais en tous cas, quelle que fût l'intention du roi son époux, dona Bianca, prévenue à temps des ordres qui venaient d'être donnés, se réfugia dans la cathédrale de Tolède, un dimanche, au milieu du service divin, et là elle déclara aux habitans qu'elle réclamait le droit d'asile e qu'elle se mettait sous la sauve-garde du Dieu des chrétiens. Il paraît que dona Bianca est belle, continua le More en jetant successivement les yeux sur le chevalier et sur le grand-maître comme pour les interroger, —trop belle même. Quant à moi, je ne l'ai jamais vue. Sa beauté, le mystère attaché à ses malheurs, puis, qui sait? peut-être des influences longuement préparées, émurent toutes les âmes en sa faveur. L'évêque, qui était un de ceux qui avaient déclaré le mariage nul, fut chassé de l'église, que l'on changea en une forteresse, et où l'on s'apprêta à défendre dona Bianca contre les gardes du roi qui s'approchaient.

— Comment, s'écria Agénor, les gardes comptaient enlever dona Bianca dans une église! des chrétiens consentaient à violer le droit d'asile!

— Eh! mon Dieu, oui! répondit Mothril. Le roi don Pedro s'était adressé d'abord à ses archers Mores mais ceux-ci le supplièrent de considérer que le sacrilége serait plus grand encore en employant des Infidèles à une telle profanation, et don Pedro comprit leur scrupule. Il s'adressa donc à des chrétiens qui acceptèrent. Que voulez-vous, seigneur chevalier, toutes les religions sont pleines de pareilles contradictions, et celles qui en ont le moins sont les meilleures.

— Voudrais-tu dire, Infidèle que tu es, s'écria le grand-maître, que la religion du Prophète vaut mieux que la religion du Christ!

— Non, illustre grand-maître, je ne veux rien dire de

pareil, et Dieu garde un pauvre atome de poussière comme je suis, d'avoir une opinion quelconque en une pareille matière ! Non. Dans ce moment je ne suis qu'un simple narrateur, et je raconte les aventures de madame Blanche de Bourbon, comme disent les Français, ou de dona Bianca de Bourbon, comme disent les Espagnols.

— Invulnérable ! murmura don Frédéric.

— Tant il y a, continua Mothril, que les gardes commirent cet affreux sacrilége de pénétrer dans l'église, et qu'ils allaient en arracher dona Bianca, quand tout à coup un chevalier tout couvert de fer, la visière baissée, sans doute le même chevalier inconnu qui avait aidé la prisonnière à fuir, s'élança à cheval dans l'église.

— A cheval ! s'écria Agénor.

— Oui, sans doute, reprit Mothril ; c'est une profanation, mais peut-être était-ce un chevalier à qui son nom, son rang, ou quelque ordre militaire donnait ce droit. Il existe plusieurs priviléges de ce genre en Espagne. Le grand-maître de Saint-Jacques, par exemple, a le droit d'entrer casqué et éperonné dans toutes les églises de la chrétienté. N'est-il pas vrai, seigneur don Frédéric ?

— Oui, répondit don Frédéric d'une voix sourde, c'est la vérité.

— Eh bien ! reprit le More, ce chevalier entra dans l'église, repoussa les gardes, appela toute la ville aux armes, et à sa voix la ville se révolta, chassa les soldats du roi don Pedro, et ferma ses portes.

— Mais depuis, le roi mon frère s'est bien vengé, dit don Frédéric, et les vingt-deux têtes qu'il a fait tomber, sur la place publique de Tolède, lui ont valu à juste titre le surnom de Justicier.

— Oui, mais dans ces vingt-deux têtes n'était point celle

du chevalier rebelle, car nul n'a jamais su quel était ce chevalier.

— Et qu'a fait le roi de dona Bianca? demanda Agénor.

— Dona Bianca a été envoyée au château de Xérès, où elle est retenue prisonnière, quoiqu'elle eût mérité un plus grand supplice peut-être que celui de la prison

— Seigneur More, dit don Frédéric ce n'est point à nous à décider quelle peine ou quelle récompense ont mérité ceux-là que Dieu a élus pour les mettre à la tête des nations. Il n'y a que Dieu au-dessus d'eux ; c'est à Dieu seul à les punir ou à les récompenser.

— Notre seigneur parle dignement, répondit Mothril en croisant ses deux mains sur sa poitrine et en inclinant la tête jusque sur le cou de son cheval, et son humble esclave avait tort de parler ainsi qu'il l'a fait.

Ce fut en ce moment que l'on arriva au lieu fixé pour la halte du soir et que l'on s'arrêta pour dresser les tentes.

Comme le More s'éloignait pour assister à la descente de sa litière, don Frédéric s'approcha du chevalier.

— Ne me parlez plus! dit-il vivement, de rien qui touche ni au roi ni à dona Bianca, ni à moi-même, devant ce More damné, qu'il me prend à chaque instant l'envie de faire étrangler par mon chien, ne m'en parlez plus jusqu'au repas du soir, car alors nous serons seuls et pourrons causer à loisir.

— Et Mothril le More sera forcé de nous laisser seuls, il ne mange pas avec les chrétiens;—d'ailleurs, il a sa litière à surveiller.

— C'est donc un trésor que renferme cette litière ?

— Oui, répondit Frédéric en souriant, vous ne vous trompez point, c'est son trésor.

En ce moment Fernand s'approcha ; Agénor avait déjà

commis dans cette journée assez d'indiscrétions pour craindre d'en commettre de nouvelles.—Mais sa curiosité, pour être comprimée, n'en fut que plus vive.

Fernand s'approchait pour prendre les ordres de son maître,—car la tente de don Frédéric venait d'être dressée au centre du camp.

— Fais-nous servir, mon bon Fernand, dit le prince au jeune homme,—le chevalier doit avoir faim et soif.

— Et je reviendrai, dit Fernand. Vous savez que j'ai promis de ne point vous quitter, et vous savez à qui je l'ai promis ?

Une rougeur fugitive monta aux joues du grand-maître.

— Reste donc avec nous, enfant, dit-il, car je n'ai pas de secret pour toi.

Le repas fut servi sous la tente du grand-maître. Mothril, en effet, n'y assista pas.

— Maintenant que nous sommes seuls, dit Agénor, car c'est comme si nous étions seuls, puisque, vous l'avez dit vous même, vous n'avez point de secrets pour ce jeune homme, dites-moi, cher seigneur, ce qui s'est passé, afin que je ne commette rien à l'avenir de semblable à ce que j'ai fait tout à l'heure.

Don Frédéric regarda avec inquiétude autour de lui.

— C'est un bien faible rempart pour garder un secret qu'une muraille de toile, dit-il. On peut voir par dessous, on peut entendre au travers.

— Alors, dit Mauléon, parlons d'autre chose ; malgré ma curiosité bien naturelle, j'attendrai. Et d'ailleurs, quand Satan prendrait à tâche de nous en empêcher, nous trouverons bien un moment d'ici à Séville pour échanger quelques paroles sans avoir rien à craindre.

— Si vous n'eussiez pas été si fatigué, dit don Frédéric,

je vous eusse invité à sortir avec moi de ma tente, et à pied, munis chacun de notre épée, enveloppés de nos manteaux, accompagnés de Fernand ; nous eussions été causer dans quelque endroit de la plaine assez découvert pour être certains qu'à cinquante pas de nous, le More, se changeât-il en serpent, sa première forme, ne pourrait nous écouter.

— Seigneur, répondit Agénor avec ce sourire que donnent la vigueur et l'inépuisable confiance de la jeunesse, je ne suis jamais fatigué. Souvent, après avoir chassé l'isard toute la journée sur les pics les plus élevés de nos montagnes, lorsque je rentrais le soir, mon noble tuteur Ernauton de Sainte-Colombe me disait : Agénor, on a reconnu le pied d'un ours dans la montagne, je connais sa passée ; voulez-vous venir l'attendre avec moi ? — Je ne prenais que le temps de déposer le gibier que je rapportais, et quelque heure qu'il fût, je repartais pour cette nouvelle course.

— Allons donc, dit Frédéric.

Ils quittèrent leurs casques et leurs cuirasses, et s'enveloppèrent de leur manteau, moins encore à cause des nuits toujours froides entre les montagnes, que pour rester inconnus, et sortant de leurs tentes, ils s'acheminèrent dans la direction qui devait plus vite les conduire hors du camp.

Le chien voulut les suivre, mais don Frédéric lui fit un geste, et l'intelligent animal se coucha à la porte de la tente ; il était si connu de tout le monde, qu'il eût bientôt trahi l'incognito des deux amis.

Dès les premiers pas ils furent arrêtés par une sentinelle.

— Quel est ce soldat? demanda don Frédéric à Fernand, en faisant un pas en arrière?

— C'est Ramon l'arbalestrier, monseigneur, répondit le

page; j'ai voulu qu'on fît bonne garde autour du lit de Votre Seigneurie, et j'ai placé moi-même une ligne de sentinelles; j'ai promis de veiller sur vous, vous le savez.

— Alors dis-lui qui nous sommes, dit le grand-maître, à celui-là il n'y a pas d'inconvénient de révéler notre nom.

Fernand s'approcha de la sentinelle et lui dit un mot tout bas. Le soldat releva son arbalète, et se rangeant respectueusement, laissa passer les promeneurs.

Mais à peine eurent-ils fait cinquante pas qu'une forme blanche et immobile se dessina dans l'osbcurité. Le grand-maître, ignorant qui ce pouvait être, marcha droit à l'espèce de fantôme. C'était une seconde sentinelle enveloppée d'un caban et qui abaissa sa lance en disant en espagnol, mais avec l'accent guttural des Arabes :

— On ne passe pas.

— Et celui-là, demanda don Frédéric à Fernand, qui est-il?

— Je ne le connais pas, répondit Fernand.

— Ce n'est donc pas toi qui l'as placé?

— Non, car c'est un More.

— Laisse-nous passer, dit don Frédéric en arabe.

Le More secoua la tête et continua de présenter à la poitrine du grand-maître la pointe large et acérée de sa hallebarde.

— Que signifie cela? suis-je donc prisonnier, moi, le grand-maître, moi, le prince? Holà! mes gardes, à moi!

De son côté, Fernand tira un sifflet d'or de sa poche et siffla.

Mais, avant les gardes, avant même la sentinelle espagnole, placée à cinquante pas derrière les promeneurs, apparut, rapide et bondissant, le chien de don Frédéric, qui, reconnaissant la voix de son maître et comprenant qu'il appelait du secours, accourait tout hérissé, et, d'un seul élan, d'un élan de tigre, s'élança sur le More et l'étreignit si rudement à la gorge à travers les plis de son caban, que le soldat tomba en poussant un cri d'alarme.

Au cri de détresse, Mores et Espagnols sortirent des tentes. Les Espagnols, tenant un flambeau d'une main et leur épée de l'autre ; les Mores, silencieusement et sans lumière, se glissant dans l'ombre pareils à des animaux de proie.

— Ici, Allan ! cria le grand-maître.

Le chien, à cette voix, lâcha lentement et comme à regret sa proie, et revint, à reculons et les yeux fixés sur le More qui se relevait sur un genou, s'acculer aux jambes de son maître, prêt à s'élancer de nouveau sur un signe de lui.

En ce moment Mothril arriva.

Le grand-maître se retourna vers lui, et avec cette double majesté qui le faisait à la fois prince de cœur et de naissance :

— Qui donc, dit-il, a placé des sentinelles dans mon camp, répondez, Mothril ? Cet homme est à vous. Qui l'a mis où il est ?

— Dans votre camp, seigneur, répondit Mothril avec la plus grande humilité, oh ! jamais je n'aurais eu une telle audace ; j'ai ordonné seulement au fidèle serviteur que voici, et il montrait le More agenouillé sur un genou et tenant sa gorge sanglante entre ses deux mains, de faire la garde, de peur des surprises nocturnes, et il aura outrepassé mes ordres, ou n'aura pas reconnu Votre Seigneurie ; mais en tout cas, s'il a offensé le frère de mon roi, et qu'on juge que l'offense soit digne de mort, il mourra.

— Non pas, dit don Frédéric. C'est la mauvaise intention qui fait le coupable, et du moment où vous me répondez que la sienne était bonne, seigneur Mothril, c'est moi qui lui dois un dédommagement pour la vivacité de mon chien. Fernand, donne ta bourse à cet homme.

Fernand s'approcha avec répugnance du blessé, et lui jeta sa bourse qu'il ramassa.

— Maintenant, seigneur Mothril, dit don Frédéric, en homme qui n'admettra pas la moindre contradiction à sa volonté, — merci de votre sollicitude, mais elle est inutile, — mes gardes et mon épée suffisent pour me défendre ; — employez donc votre épée à vous garder, vous et votre litière ; — et maintenant que vous savez que je n'ai plus besoin ni de vous ni des vôtres, retournez sous votre tente, seigneur Mothril, et dormez en paix.

Le More s'inclina, et don Frédéric passa outre.

Mothril le laissa s'éloigner, et quand il eût vu les trois formes du prince, du chevalier et du page, se perdre dans l'obscurité, il s'approcha de la sentinelle.

— Es-tu blessé? lui dit-il à voix basse.

— Oui, dit la sentinelle d'un air sombre.

— Gravement ?

— Les dents de l'animal maudit ont pénétré dans ma gorge de toute leur longeur.

— Souffres-tu ?

— Beaucoup.

— Trop pour que tu puisses te venger ?

— Qui se venge ne souffre plus ; ordonnez.

— J'ordonnerai quand il sera temps ; viens.

Et tous deux rentrèrent dans le camp.

Tandis que Mothril et le soldat blessé rentraient dans le camp, don Frédéric, accompagné d'Agénor et de Fernand, s'enfonçait dans la campagne sombre dont la sierra d'Estrella formait l'horizon ; de temps en temps il lançait, ou devant ou derrière lui, le chien au flair infaillible et qui s'ils eussent été suivis, eût certainement averti son maître de la présence d'un espion.

Dès qu'il se crut assez éloigné pour que l'accent de sa voix ne parvînt pas jusqu'au camp, don Frédéric s'arrêta et posa sa main sur l'épaule du chevalier.

— Écoute, Agénor, lui dit-il avec cet accent profond qui indique que la voix sort du cœur, ne me parle plus jamais de la personne dont tu as prononcé le nom ; car si tu en parles devant des étrangers, tu feras rougir mon front et trembler ma main ; si tu m'en parlais quand nous serions seuls, tu ferais défaillir mon âme : voilà tout ce que je puis te dire. La malheureuse dona Bianca n'a pas su gagner les bonnes grâces de son royal époux : à la Française si pure et si douce, il a préféré Maria Padilla, la hautaine et ardente Espagnole. Toute une lamentable histoire de soupçons, de guerre et de sang, est enfermée dans le peu de mots que je viens de te dire. Un jour, s'il en est besoin, je t'en dirai davantage ; mais d'ici là, observe-toi, Agénor, et ne me parle plus d'elle ; je n'y pense que trop sans qu'on m'en parle.

A ces mots, Frédéric s'enveloppa dans son manteau comme pour isoler et ensevelir avec lui une immense douleur.

Agénor resta pensif auprès du grand-maître ; il essayait, en rappelant ses souvenirs, de pénétrer les portions du secret de son ami où il pouvait lui être utile, et auquel il comprenait que l'appel qu'il lui avait fait n'était point étranger.

Le grand-maître comprit ce qui se passait dans le cœur d'Agénor.

— Voilà ce que je te voulais dire, ami, ajoutait-il. Tu

vivras désormais près de moi, et certes, comme je n'aurai pas de précautions à prendre contre mon frère, sans que je te parle d'elle, sans que tu m'en parles, tu finiras par sonder cet abîme qui m'épouvante moi-même ; mais pour le moment nous allons à Séville, les fêtes d'un tournoi m'y attendent ; le roi mon frère veut me faire honneur, dit-il, et en effet il m'a envoyé, comme tu l'as vu, don Mothril, son conseiller et son ami.

Fernand haussa les épaules en signe à la fois de haine et de mépris.

— J'obéis donc, reprit Frédéric, répondant à sa propre pensée ; mais en quittant Coïmbre j'avais déjà des soupçons ; ces soupçons, la surveillance qu'on exerce autour de moi les a confirmés. Je veillerai donc. Je n'ai pas seulement deux yeux, j'ai encore ceux de mon dévoué serviteur Fernand ; et si Fernand me quitte pour quelque mission secrète et indispensable, tu resteras, toi, car je vous aime tous deux d'une égale amitié.

Et don Frédéric tendit à chacun des deux jeunes gens une main qu'Agénor posa respectueusement sur son cœur et que Fernand couvrit de baisers.

— Seigneur, dit Mauléon, je suis heureux d'aimer et d'être aimé ainsi, mais j'arrive bien tard pour prendre ma part d'une si vive amitié.

— Tu seras notre frère, dit don Frédéric, tu entreras dans notre cœur comme nous dans le tien, et maintenant ne parlons plus que des fêtes et des beaux coups de lance qui nous attendent à Séville. Venez, et rentrons au camp.

Derrière la première tente qu'il dépassa, don Frédéric trouva Mothril debout et éveillé ; — il s'arrêta, et regarda le More sans pouvoir dissimuler l'ennui que lui causait cette espèce d'obsession.

5.

— Seigneur, dit-il à don Frédéric, voyant que personne ne dormait au camp, il m'est venu une pensée : puisqu les journées sont si brûlantes, ne plairait-il pas à Votre Altesse de se remettre en route? la lune se lève, la nuit est douce et superbe ; ce sera autant d'impatience abrégée au roi votre frère.

— Mais vous, dit Frédéric, mais votre litière ?

— Oh ! Seigneur, répondit le More, moi et tous les miens sommes aux ordres de Votre Seigneurie.

— Allons donc, je le veux bien, dit Frédéric, donnez les ordres pour le départ.

Pendant qu'on sellait les chevaux et les mules, pendant qu'on levait les tentes, Mothril s'approcha de la sentinelle blessée.

— Si nous faisons dix lieues cette nuit, lui demanda-t-il, aurons-nous traversé la première chaîne de montagnes?

— Oui, répondit le soldat.

— Et si nous partons demain vers sept heures du soir, à quelle heure serons-nous au gué de la Zezère?

— A onze heures.

A l'heure indiquée par le soldat, on était arrivé au campement. Cette manière de voyager, comme l'avait prévu le More, avait été agréable pour tout le monde, et lui particulièrement y avait gagné de soustraire plus facilement sa litière aux regards curieux de Musaron.

Car une seule préoccupation tenait le digne écuyer, c'était de savoir quelle espèce de trésor était renfermé dans la boîte dorée que Mothril gardait avec tant de soin.

Aussi, en véritable enfant de la France qu'il était, ne tint-il aucun compte des exigences du nouveau climat dans lequel il se trouvait, et par la plus grande chaleur du jour se mit-il à rôder autour des tentes.

Le soleil dardait d'aplomb : tout était désert dans le camp. Frédéric, pour se livrer tout entier à ses pensées, s'était retiré sous sa tente. Fernand et Agénor causaient sous la leur, quand ils virent paraître tout à coup Musaron sur le seuil. L'écuyer avait cette figure riante de l'homme qui est presque arrivé à un but longtemps cherché.

— Seigneur Agénor, dit-il, une grande découverte !

— Laquelle? demanda le chevalier, habitué aux facétieuses sorties de son écuyer.

— C'est que don Mothril parle à sa litière et que sa litière lui répond.

— Et que se disent-ils? demanda le chevalier.

— J'ai bien entendu la conversation, mais je n'ai pas pu la comprendre, dit Musaron, attendu que le More et sa litière parlaient arabe.

Le chevalier haussa les épaules.

— Que dites-vous de cela, Fernand? demanda-t-il. Voilà, si l'on en croit Musaron, le trésor de don Mothril qui parle.

— Il n'y a rien d'étonnant à cela, répondit le page, attendu que le trésor de don Mothril est une femme.

— Ah !... fit Musaron assez décontenancé.

— Jeune ? demanda vivement Agénor.

— C'est probable.

— Belle ?

— Ah ! vous m'en demandez trop, seigneur chevalier, et c'est une question, je crois, à laquelle peu de personnes, de la suite même de don Mothril, pourraient répondre.

— Eh bien ! je le saurai, moi, dit Agénor.

— Comment cela ?

— Puisque Musaron est bien parvenu jusqu'à la tente, j'y parviendrai bien moi-même. Nous sommes habitués, nous autres chasseurs de montagne, à nous glisser de rochers en rochers et à surprendre les isards au sommet de nos pics. Le seigneur don Mothril ne sera pas plus fin ni plus ombrageux qu'un isard.

— Soit! dit Fernand, emporté de son côté par un élan de folle jeunesse; mais à une condition, c'est que j'irai avec vous.

— Venez, et pendant ce temps Musaron veillera.

Agénor ne s'était pas trompé, et tant de précautions même n'étaient pas nécessaires. Il était onze heures du matin. Le soleil d'Afrique dardait ses plus chauds rayons, le camp semblait abandonné; les sentinelles espagnoles et mores avaient cherché l'ombre soit d'un rocher, soit d'un arbre solitaire, de sorte que, moins les tentes qui donnaient au paysage une apparence momentanée d'habitation, on se serait cru dans un désert.

La tente de don Mothril était la plus éloignée. Pour l'isoler encore, ou pour lui donner un peu de fraîcheur, il l'avait appuyée à un bouquet d'arbres. Dans cette tente, il avait introduit la litière, et devant la porte une grande pièce d'étoffe turque retombait qui empêchait le regard de pénétrer dans l'intérieur. Musaron leur désigna de la main cette tente comme étant celle qui renfermait le trésor. A l'instant même, tout en laissant Musaron à la place où il était, et d'où il pouvait voir tout ce qui se passait du côté de la tente qui regardait le camp, les deux jeunes gens firent un détour et gagnèrent l'extrémité du bois; une fois arrivés là, retenant leur haleine, suspendant leurs pas, écartant avec soin les branches dont le froissement eût révélé leur présence, ils s'avancèrent, et sans être entendus de don Mothril, ils parvinrent jusqu'à la toile circulaire au centre de laquelle se trouvaient le More et sa litière.

On ne pouvait pas voir, mais on pouvait entendre.

— Oh ! dit Agénor, la conversation ne nous apprendra pas grand'chose, car ils parlent arabe.

Fernand porta le doigt à ses lèvres. — J'entends l'arabe, dit-il, laissez-moi écouter.

Le page prêta l'oreille, et le chevalier demeura en silence.

— C'est étrange, dit Fernand après un instant d'attention, ils parlent de vous.

— De moi, dit Agénor, impossible !

— Si fait, je ne me trompe point.

— Et que disent-ils ?

— Don Mothril seul a parlé jusqu'ici. Il vient de demander : Est-ce le chevalier au panache rouge ?

Au moment même une voix mélodieuse et vibrante, une de ces voix qui semblent semer de l'ambre et des perles, et qui font écho dans le cœur, répondit :

— Oui, c'est le chevalier au panache rouge ; il est jeune et beau.

— Jeune, sans doute, répondit Mothril, car à peine il a vingt ans, mais beau, c'est ce que je nie.

— Il porte bien ses armes et semble vaillant.

— Vaillant ! un pillard ! un vautour des Pyrénées qui vient s'abattre encore sur le cadavre de notre Espagne !

— Que dit-il ? demanda Agénor.

Le page lui répéta en riant les paroles de Mothril.

Le rouge monta au front du chevalier ; il mit la main sur la poignée de son épée et la tira à moitié du fourreau. Fernand l'arrêta.

— Seigneur, dit-il, voilà le salaire des indiscrets ; mais sans doute j'aurai mon tour : écoutons.

La douce voix reprit, toujours en arabe :

— C'est le premier chevalier de France que je vois ; pardonnez-moi donc un peu de curiosité. Les chevaliers de France sont renommés pour leur courtoisie, à ce qu'on assure. Celui-là est-il au service du roi don Pedro ?

— Aïssa, dit Mothril avec un accent de rage concentrée, ne me parlez plus de ce jeune homme.

— C'est vous qui m'en avez parlé, répondit la voix, lorsque nous le rencontrâmes dans la montagne, et qui, après m'avoir promis de faire halte sous les arbres où il nous avait devancés, m'exhortâtes, toute fatiguée que étais, à supporter une fatigue de plus pour arriver à Coïmbre avant que le seigneur français eût pu parler à Frédéric.

Fernand appuya sa main sur le bras du chevalier ; il lui sembla que le voile se déchirait et mettait à nu le secret du More.

— Que dit-il donc ? demanda le chevalier.

Fernand lui répéta mot pour mot les paroles de Mothril.

Cependant la même voix continuait avec un accent qui allait jusqu'au cœur du chevalier, quoiqu'il ne comprît pas les paroles :

— S'il n'est pas vaillant, dit-elle, pourquoi donc paraissez-vous si fort le redouter ?

— Je me défie de tout le monde et ne redoute personne, répondit Mothril. Puis, je trouve inutile que vous vous occupiez d'un homme que bientôt vous ne devez plus voir.

Mothril avait prononcé ces derniers mots avec un accent qui ne laissait pas de doute sur leur signification ; aussi Agénor comprit-il au mouvement que fit le page qu'il venait de surprendre quelque chose d'important.

— Tenez-vous sur vos gardes, sire de Mauléon, dit-il.

Soit pour cause de politique, soit par haine jalouse, vous avez dans don Mothril un ennemi.

Agénor sourit dédaigneusement.

Tous deux se remirent à écouter, mais n'entendirent plus rien. Quelques secondes après, à travers les arbres, ils aperçurent Mothril qui s'éloignait et qui prenait le chemin de la tente de don Frédéric.

— Il me semble, dit Agénor, que ce serait le moment de la voir et de lui parler, à cette belle Aïssa, qui a tant de sympathie pour les chevaliers de France.

— La voir, oui, dit Fernand ; lui parler, non. Car croyez bien que Mothril ne s'est pas éloigné sans laisser ses gardes à la porte.

Et avec la pointe de son poignard, il fit dans la couture de la tente une étroite ouverture, mais qui, si étroite qu'elle fût, permettait au regard de pénétrer dans l'intérieur.

Aïssa était couchée sur une espèce de lit d'étoffe pourpre brodée d'or ; elle était plongée dans une de ces rêveries muettes et souriantes particulières aux femmes d'Orient, dont la vie tout entière appartient aux sensations physiques. Une de ses mains tenait cet instrument de musique qu'on appelle la guzla. L'autre était noyée dans ses cheveux noirs semés de perles, qui faisaient ressortir d'autant mieux ses doigts fins et effilés à ongles rougis par le carmin. Un regard long et humide, qui semblait chercher, pour se fixer sur lui, l'objet qu'elle voyait dans sa pensée, jaillissait de sa paupière aux cils soyeux.

— Qu'elle est belle ! murmura Agénor.

— Seigneur, — dit Fernand, — songez-y ; c'est une Moresque, et par conséquent une ennemie de notre sainte religion.

— Bah! dit Agénor, je la convertirai.

En ce moment on entendit tousser Musaron. C'était le signal convenu si quelqu'un s'approchait du bois; et les deux jeunes gens reprirent, avec les mêmes précautions qu'ils avaient employées, le même chemin qu'ils avaient fait. Arrivés à la lisière, ils aperçurent, venant par la route de Séville, une petite troupe composée d'une douzaine de cavaliers arabes et castillans. Ils allèrent droit à Mothril qui, les ayant aperçus, s'était arrêté à quelques pas de la tente du grand-maître. Ces cavaliers venaient de la part du roi don Pedro, et apportaient une nouvelle dépêche à son frère. Cette dépêche était accompagnée d'une lettre pour Mothril. Le More lut la lettre qui lui était destinée, et entra dans la tente de don Frédéric, en invitant les nouveaux venus à attendre un instant, dans le cas où il plairait au grand-maître de leur demander quelque explication.

— Encore! dit don Frédéric en apercevant Mothril sur le seuil de sa porte.

— Seigneur, dit le More, ce qui me donne cette hardiesse de pénétrer jusqu'à vous, c'est un message de notre honoré roi, qui vous est adressé, et que je n'ai pas voulu tarder à vous remettre.

Et il tendit la lettre à don Frédéric, qui la prit avec une certaine hésitation. Mais, aux premières lignes qu'il lut, le front du grand-maître s'éclaircit.

La dépêche disait :

« Mon frère bien-aimé, hâte-toi, car déjà ma cour est remplie de chevaliers de toute nation. Séville est en joie dans l'attente de l'arrivée du vaillant grand-maître de Saint-Jacques. Ceux que tu amèneras avec toi seront les bienvenus; mais n'embarrasse pas ta marche d'un long cortége. Ma gloire sera de te voir, mon bonheur de te voir vite. »

En ce moment, Fernand et Agénor, à qui cette nouvelle troupe se dirigeant vers la tente de don Frédéric causait quelque inquiétude, entrèrent à leur tour.

— Tenez, dit don Frédéric en tendant à Agénor la lettre du roi ; lisez, et voyez quelle réception nous aurons.

— Votre Altesse ne dit-elle point quelques mots de bienvenue à ceux qui lui ont apporté cette lettre? demanda Mothril.

Don Frédéric fit un signe de la tête et sortit; puis, quand il les eût remerciés de la promptitude qu'ils avaient mise, car il venait d'apprendre qu'ils étaient venus de Séville en cinq jours, — Mothril s'adressant au chef :

— Je garde tes soldats, dit-il, pour faire plus d'honneur au grand-maître. Quant à toi, retourne vers le roi don Pedro avec la vitesse de l'hirondelle, et annonce-lui que le prince est en marche pour Séville.

Puis, tout bas :

— Va, dit-il, et dis au roi que je ne reviendrai pas sans la preuve que je lui ai promise.

Le cavalier arabe s'inclina, et sans répondre un mot, sans faire rafraîchir ni lui ni son cheval, il repartit comme une flèche.

Cette recommandation à voix basse n'échappa point à Fernand, et quoiqu'en ignorant le sujet, puisqu'il n'avait pu entendre les paroles de Mothril, il crut devoir dire à son maître que ce départ du chef à peine arrivé lui était d'autant plus suspect que ce chef était un More et non pas un Castillan.

— Écoute, lui dit Frédéric lorsqu'ils furent seuls. Le danger, s'il y en a, peut ne menacer ni moi, ni toi, ni Agénor ; nous sommes des hommes forts qui ne craignons pas le danger. Mais il y a au château de Medina Sidonia un être faible et sans défense, une femme qui n'a déjà que trop souffert pour moi et à cause de moi. Il faut que tu partes, il faut que tu me quittes ; il faut, par un moyen quelconque, dont je laisse le choix à ton adresse, que tu arrives jusqu'à elle et que tu la préviennes de se tenir sur ses gardes. Tout ce que je ne pourrais pas dire dans une lettre tu le diras de vive voix.

— Je partirai quand vous voudrez, répondit Fernand ; vous savez que je suis à vos ordres.

Frédéric s'assit sur une table et écrivit sur un parchemin quelques lignes qu'il scella de son sceau ; comme il achevait, l'inévitable Mothril rentra dans sa tente.

— Vous le voyez, dit don Frédéric, moi aussi j'écris de mon côté au roi don Pedro. Il m'a semblé que c'était accueillir bien froidement sa lettre, que de laisser votre messager se charger d'une réponse verbale. Demain au matin, Fernand partira.

Le More s'inclina pour toute réponse ; devant lui le grand-maître enferma le parchemin dans un petit sachet brodé de perles fines qu'il remit au page.

— Tu sais ce qu'il y a à faire? lui dit-il.

— Oui, monseigneur, je le sais.

— Mais, dit Mothril, puisque Votre Altesse voulait du bien à ce chevalier français, que ne l'envoie-t-elle au lieu de son page qui lui était nécessaire. Je le ferais escorter par quatre de mes gens, et en remettant au roi la lettre, — une lettre de son frère, — il aurait mérité du premier coup les bonnes grâces que vous comptez solliciter pour lui.

L'astuce du More embarrassa un instant don Frédéric, mais Fernand vint à son aide.

— Il me semble, dit-il à don Frédéric, il me semble qu'au roi de Castille il faut envoyer un Espagnol. D'ailleurs, c'est moi que Votre Altesse a choisi le premier, et, à moins d'un ordre absolu d'elle, je désire conserver l'honneur de cette mission.

— C'est bien, répondit don Frédéric, nous ne changerons rien à ce que nous avons décidé.

— Monseigneur est le maître, répondit Mothril, et tous, tant que nous sommes, nous n'avons d'autre devoir que d'exécuter ses ordres, et je venais prendre les siens.

— Pourquoi faire?

— Pour le départ. N'est-il pas convenu que nous voyagerons de nuit, comme hier? Votre Altesse s'est-elle mal trouvée de cette marche nocturne?

— Non pas, au contraire.

— Eh bien! nous n'avons plus qu'une heure ou deux de jour, reprit Mothril, il serait donc temps de partir.

— Donnez les ordres, et je serai prêt.

Mothril sortit.

— Écoute, dit don Frédéric à Fernand : nous avons à traverser la rivière qui descend de la sierra de Strella et qui se jette dans le Tage. Il y aura toujours, au moment du passage, un instant de confusion : tu en profiteras, une fois arrivé sur l'autre bord, pour t'éloigner immédiatement; car je ne crois pas que tu te soucies plus que moi de l'escorte que nous a offerte le More. Seulement, sois bien prudent pendant le voyage, sois plus prudent encore quand tu seras arrivé, car tu sais qu'*elle* est surveillée avec rigueur.

— Oui, monseigneur, je le sais.

Mothril ne perdit pas un instant pour donner les ordres nécessaires. La caravane se mit en marche dans l'ordre accoutumé, c'est-à-dire qu'une avant-garde de cavaliers mores sondait le chemin ; que don Frédéric venait ensuite, surveillé par Mothril ; puis venaient la litière et l'arrière-garde.

Vers dix heures, on avait traversé la sierra et l'on redescendait dans la vallée. Une heure après, à travers les arbres qui poussaient au versant de la montagne, on aperçut une bande bleuâtre pareille à un long et sinueux ruban duquel la lune faisait, à différens endroits, jaillir des millions d'étincelles.

— Voici la Zezère, dit Mothril ; avec la permission de Votre Altesse, je vais faire sonder le gué.

C'était une occasion pour don Frédéric de rester seul un instant avec Agénor et avec Fernand. Aussi s'empressa-t-il de donner congé au More d'un signe de tête.

Mothril, on le sait, ne marchait pas sans la litière ; aussi fit-il un crochet vers l'arrière-garde, et le vit-on s'avancer accompagnant ce trésor qui avait si fort préoccupé Musaron tant qu'il n'avait pas su de quelle nature il était.

— A mon tour de demander une permission à Votre Altesse, dit Agénor. Nous autres Français, nous avons l'habitude de passer les rivières où nous nous trouvons ; — je voudrais arriver de l'autre côté de la rivière en même temps que le More. — C'était encore un moyen pour don Frédéric de pouvoir donner à Fernand ses dernières instructions sans que personne les entendît.

— Faites comme vous l'entendrez, dit-il au chevalier, mais ne vous exposez pas inutilement, — vous savez que j'ai besoin de vous.

— Monseigneur, dit Agénor, nous retrouvera sur l'autre rive.

Et faisant en sens opposé le même circuit qu'avaient fait le More et la litière, le chevalier disparut dans les sinuosités de la montagne accompagné de Musaron.

V.

LE PASSAGE DE LA RIVIÈRE.

Le More, parti le premier, fut le premier au bord de la rivière.

Sans doute, soit en venant, soit pendant un autre voyage, il avait sondé le gué qu'il venait reconnaître, car sans hésitation aucune il descendit jusqu'au bord de la rivière, perdu jusqu'à la moitié du corps parmi les lauriers-roses qui, dans la partie méridionale de l'Espagne et du Portugal, accompagnent presque toujours les fleuves. Sur un signe de lui, les conducteurs de la litière prirent les mules par la bride, et après avoir reçu de Mothri l'indication du chemin qu'ils devaient suivre, et que rendait facile un petit bois d'orangers placé dans cette direction, ils descendirent dans la rivière et se mirent en devoir de la traverser, opération qu'ils exécutèrent sans que l'eau atteignît plus haut que le ventre des mules. Malgré la certitude où paraissait être Mothril de la sûreté du gué, il n'en suivit pas moins des yeux le trajet jusqu'à ce qu'il eût vu la précieuse litière en sûreté sur l'autre bord.

Alors seulement il regarda autour de lui, et se baissant au niveau des lauriers-roses :

— Es-tu là ? demanda-t-il.

— Oui, répondit une voix.

— Tu reconnaîtras bien le page, n'est-ce pas ?

— C'est celui qui a sifflé le chien.

— La lettre est dans un sachet qu'il porte pendu à son côté dans une petite gibecière. C'est cette gibecière qu'il me faut.

— Vous l'aurez, répondit le More.

— Alors je puis l'appeler ? Tu es à ton poste ?

— J'y serai quand il sera temps.

Mothril remonta sur le rivage et alla rejoindre don Frédéric et Fernand.

Pendant ce temps Agénor et Musaron étaient arrivés de leur côté sur le talus de la rivière, et comme il l'avait dit, sans s'inquiéter de la profondeur de l'eau, le chevalier avait bravement poussé son cheval dans le courant.

La rivière était peu profonde sur les bords. Le chevalier et son écuyer s'enfoncèrent donc lentement et progressivement. Vers les trois quarts du trajet, le cheval perdit pied ; mais soutenu par la bride et les caresses de son cavalier, il nagea vigoureusement, et il prit pied à une vingtaine de pas de l'endroit où il l'avait perdu. Musaron suivait son maître comme une ombre ; et, après avoir opéré à peu près la même manœuvre, était, comme lui, arrivé sain et sauf de l'autre côté du courant. Selon son habitude, il voulut se féliciter tout haut de cette prouesse, mais son maître, en appuyant un doigt sur ses lèvres, lui fit signe de garder le silence. Tous deux gagnèrent donc le rivage sans qu'on entendît autre chose que le léger clapotement de l'eau, et sans qu'aucun signe eût révélé à Motbril le passage du chevalier.

Arrivé là, Agénor s'arrêta, mit pied à terre et jeta la bride de son cheval aux mains de Musaron, puis décrivant un cercle, il gagna l'autre extrémité du bois d'orangers, en face duquel il voyait un rayon de la lune se jouer sur la frise dorée de la litière ; d'ailleurs, n'eût-il pas su où elle était, qu'il l'eût facilement trouvée. Les sons vibrans de la guzla retentissaient dans la nuit, et indiquaient qu'Aïssa, pour se distraire en attendant que son gardien fût passé à son tour, en avait appelé à cet instrument. D'abord, ce n'étaient que des accords sans suite, une espèce de vague harmonie jetée au vent et à la nuit par les doigts distraits de la musicienne. Mais à ces accords succédèrent des paroles, qui quoique traduites de l'arabe, étaient chantées dans le plus pur castillan. La belle Aïssa savait donc l'espagnol. Le chevalier pourrait donc lui parler ; il continua de s'approcher, guidé cette fois par la musique et par la voix.

Aïssa avait tiré les rideaux de sa litière du côté opposé au fleuve, et pour obéir aux ordres du maître, sans doute, les deux conducteurs s'étaient retirés à une vingtaine de pas en arrière. La jeune fille était couchée dans le palanquin éclairé par le plus pur rayon de la lune dont elle suivait la marche dans un ciel sans nuage. Sa pose, comme celle de toutes ces filles de l'Orient, était pleine de grâce naturelle et de profonde volupté. Elle semblait aspirer par tous les pores ces parfums de la nuit qu'une chaude brise du Midi poussait de la Ceuta vers le Portugal. Quant à sa chanson, c'était une de ces compositions orientales :

C'était l'heure du soir, c'était l'heure voilée,
 Où suspendant son vol,
Sur la branche déserte, au fond de la vallée,
 Chante le rossignol.

C'était l'heure du soir, c'était l'heure tardive
 Où s'efface tout bruit,
Où la rose inclinée offre, ainsi qu'à la rive,
 Son parfum à la nuit.

L'air cessait tous ses chants, l'eau cessait son murmure,
 Toute chose écoutait,
Et l'étoile elle-même écoutait la voix pure
 De l'oiseau qui chantait.

Il disait à la rose : Oh ! pourquoi, fleur des femmes,
 Ne t'ouvres-tu qu'au soir !
Elle, disait : Pourquoi n'offrir ton chant aux âmes
 Que quand le ciel est noir !

Il répondait : Mon chant est à la fleur des rives
 Qui s'ouvre pour la nuit.
— Mon parfum à l'oiseau dont les notes craintives
 Naissent quand meurt le bruit.

Et la nuit confondait avec un doux mystère,
 Parfums et chants du cœur.
Et le matin trouva descendu sur la terre
 L'oiseau près de la fleur.

Comme elle achevait le dernier mot et comme les derniers accords vibraient harmonieusement dans les airs, le chevalier, incapable de maîtriser plus longtemps son impatience, apparut dans l'espace vide et éclairé par les rayons de la lune entre le petit bois et la litière. En voyant un homme surgir ainsi tout à coup, une femme d'Occident eût jeté un cri et eût appelé au secours. La belle Moresque ne fit ni l'un ni l'autre ; elle se souleva sur la main gauche, tira de la droite un petit poignard qu'elle portait à sa ceinture ; mais presqu'aussitôt, reconnaissant le chevalier, elle repoussa le poignard dans son fourreau, laissa retomber sa tête sur une de ses mains mollement arrondie, et, rapprochant l'autre de ses lèvres, elle lui fit signe de s'avancer sans bruit. Agénor obéit. Les longues draperies de la litière, les caparaçons qui couvraient les mules formaient une espèce de muraille qui le rendait invisible aux yeux des deux gardiens occupés d'ailleurs à regarder vers l'autre rive les préparatifs du passage de Fernand et de don Frédéric ; il s'approcha donc hardiment de la main de la jeune fille en dehors de la litière ; il la prit, et y appuyant ses lèvres :

— Aïssa m'aime, et j'aime Aïssa, dit-il.

— Ceux de ton pays sont-ils donc nécromans, dit-elle, pour lire dans le cœur des femmes les secrets qu'elles n'ont dit qu'à la nuit et à la solitude ?

— Non, dit le chevalier ; mais ils savent que l'amour appelle l'amour. Aurais-je le malheur de m'être trompé ?

— Tu sais bien que non, dit la jeune fille. Depuis que don Mothril me conduit à sa suite et me garde comme si j'étais sa femme et non sa fille, j'ai vu passer les plus beaux chevaliers mores et castillans, sans que mes yeux se détournassent des perles de mon bracelet, et sans que ma pensée se détachât de ma prière. Mais il n'en a pas été de toi comme des autres hommes : du moment où je t'ai rencontré dans la montagne, j'eusse voulu descendre de mon palanquin et te suivre. Cela t'étonne que je te parle ainsi, mais je ne suis pas une femme des villes. Je suis une fleur de la solitude, et comme la fleur donne son parfum à celui qui la cueille et meurt, moi je te donnerai mon amour si tu en veux et je mourrai si tu n'en veux pas.

De même qu'Agénor était le premier homme sur lequel la belle Moresque eût arrêté ses yeux, de même elle était la première femme qui, par l'harmonie de la voix, du geste et du regard, eût si doucement parlé à son cœur. Il s'apprêtait donc à répondre à cet étrange aveu qui, au lieu de se défendre, venait pour ainsi dire au-devant de lui, quand tout à coup un cri douloureux, profond, suprême, retentit et fit tressaillir Agénor et la jeune fille. En même temps on entendit la voix du grand-maître qui, de l'autre rive, criait :

— Au secours ! Agénor ! au secours ! Fernand se noie !

La jeune fille, par un mouvement rapide, sortit presque de son palanquin, effleura le front du jeune homme de ses lèvres, et lui dit ces seuls mots :

— Je te reverrai, n'est-ce pas ?

— Oh ! sur mon âme, dit Agénor.

— Va donc au secours du page, dit-elle, et elle le repoussa d'une main tandis que de l'autre elle referma ses rideaux.

En deux élans, et grâce à un léger détour, le chevalier se retrouva au bord de la rivière. En un instant il se débarrassa de son épée et de ses éperons. Comme heureusement il était sans armure, il s'élança vers le point où l'agitation de l'eau indiquait la disparition du page.

Voici ce qui s'était passé :

Comme nous l'avons indiqué, après avoir fait passer sa litière et donné ses instructions au More caché dans les lauriers-roses, Mothril était revenu trouver le grand-maître et Fernand qui attendaient à une centaine de pas du rivage avec le reste de la suite.

— Seigneur, avait dit le More, le gué est trouvé, et comme peut le voir Son Altesse, la litière est arrivée à l'autre bord sans accident. Cependant, pour plus grande précaution, je guiderai moi-même d'abord votre page, puis vous, mes hommes passeront ensuite.

Cette offre correspondait si bien avec les désirs du grand-maître qu'il n'eut point l'idée d'y faire la moindre objection. En effet, rien ne pouvait mieux faciliter l'exécution du projet convenu entre Fernand et don Frédéric.

— C'est bien, dit-il à Mothril. Fernand passera d'abord, et comme il doit nous précéder sur la route de Séville, il continuera son chemin, tandis que nous achèverons, nous, de passer la rivière.

Mothril s'inclina en signe qu'il ne voyait aucun empêchement à ce désir du grand-maître.

— Avez-vous quelque chose à faire dire au roi don Pèdre, mon frère, par la même occasion ? demanda don Frédéric.

— Non, monseigneur, répondit le More ; mon messager à moi est parti et arrivera avant le vôtre.

— C'est bien, dit don Frédéric, marchez devant.

Le grand-maître consacra le court espace qui lui restait jusqu'à la rivière à une exhortation tendre et prudente à Fernand ; il aimait beaucoup ce page qu'il avait pris près de lui tout enfant, et le jeune homme lui était profondément attaché. Aussi don Frédéric n'avait-il pas hésité à en faire, tout jeune qu'il était, le confident de ses secrets les plus intimes.

Mothril attendait au bord de la rivière. Tout était calme. Le paysage éclairé par la lune, accidenté des grandes ombres de la montagne, illuminé de place en place par les reflets éclatans de la rivière, semblait appartenir à un de ces royaumes de fées que l'on voit en rêve. L'homme le plus défiant, rassuré par ce silence et par cette limpidité nocturne, n'aurait pas, fût-il prévenu, voulu croire à la présence d'un danger.

Aussi, Fernand, naturellement brave et aventureux, comme on l'est à son âge, n'éprouva-t-il pas la moindre crainte, et poussa-t-il son cheval à la rivière à la suite de la mule du More.

Mothril marchait devant. Pendant l'espace d'une quinzaine de pas, le cheval et la mule eurent pied ; mais insensiblement le More appuya vers la droite.

— Vous vous écartez du chemin, Mothril ! cria don Frédéric du bord. Prends garde, Fernand, prends garde !

— Ne craignez rien, monseigneur, répondit Mothril, puisque je marche devant. S'il y avait un danger, je serais le premier à le reconnaître.

La réponse était plausible. Aussi, quoique le More s'écartât de plus en plus de la ligne droite, Fernand ne conçut-il aucun soupçon. Peut-être d'ailleurs était-ce un moyen employé par son guide pour couper le courant avec moins de difficulté.

La mule du More perdit pied, et le cheval de Fernand commença de nager ; mais peu importait au page, car il nageait lui-même de manière à traverser la rivière, dans le cas où il eût été forcé d'en appeler à ses propres forces.

Le grand-maître continuait d'observer le passage avec une inquiétude croissante.

— Vous obliquez, Mothril ! cria-t-il ; vous obliquez. Tiens ta gauche, Fernand.

Mais Fernand, qui sentait sa monture nager vigoureusement, et qui d'ailleurs était toujours précédé par le More, ne conçut aucune crainte dans cette traversée, où il ne voyait qu'un jeu, et se retournant sur sa selle, il répondit à son maître :

— Ne craignez rien, monseigneur, je suis le bon chemin, puisque le seigneur don Mothril est avant moi.

Mais en faisant ce mouvement, une singulière vision lui était apparue ; — il avait cru, dans l'espèce de sillage que laissait après elle sa monture, apercevoir la tête d'un homme qui avait plongé aussitôt qu'il s'était retourné, mais pas assez vite cependant pour échapper à sa vue.

— Seigneur Mothril, — dit-il au More, — il me semble en effet que nous nous trompons. Ce n'est point ici qu'est passé votre litière, et si je ne me trompe, je la vois là-bas aux rayons de la lune contre ce bois d'orangers, et tout à fait à notre gauche

— Ce n'est qu'un petit espace plus profond, répliqua le More, et dans un instant nous allons reprendre terre.

— Mais tu t'écartes, tu t'écartes, cria encore don Frédéric, mais si éloigné déjà, que sa voix arrivait à peine jusqu'à l'enfant.

— En effet, dit Fernand, commençant à prendre quelque inquiétude en voyant les vains efforts que faisait son cheval entraîné comme par une force inconnue dans le courant, tandis que Mothril, maître de sa mule, demeurait à sa gauche assez éloigné de lui.

— Seigneur Mothril, s'écria le page, il y a là quelque trahison.

A peine avait-il prononcé ces paroles, que le cheval poussa un gémissement subit, et fléchissant d'un côté, battit l'eau avec violence, mais sans nager comme auparavant de la jambe droite. Presque aussitôt il hennit encore douloureusement et cessa de nager de la jambe gauche.

Alors, ne se soutenant plus qu'avec ses deux pieds de devant, l'animal enfonça insensiblement sa croupe sous l'eau.

Fernand vit que le moment était venu de s'élancer à la rivière, mais il voulut vainement quitter les étriers, il se sentait attaché au cheval.

— Au secours ! au secours ! cria Fernand.

C'était ce cri douloureux qu'avait entendu Agénor et qui l'avait tiré de l'extase où le plongeait l'aspect et la voix de la belle Moresque.

En effet, le cheval continuait de s'enfoncer ; ses naseaux seuls dépassaient la surface de la rivière et soufflaient bruyamment, tandis que ses pieds de devant faisaient jaillir l'eau tout autour de lui.

Fernand voulut crier une seconde fois au secours, mais arraché par cette force secrète à laquelle il avait déjà inutilement tenté de résister, il suivit le cheval dans l'abîme ; seulement sa main élevée au ciel comme pour demander vengeance ou secours, s'agita encore un instant au-dessus du gouffre, mais comme le reste du corps elle disparut bientôt. Et l'on ne vit plus qu'un tourbillonnement, qui du fond de la rivière montait à sa surface, où allèrent éclater des bulles nombreuses et sanglantes.

Deux amis s'étaient élancés au secours de Fernand, d'un côté Agénor, comme nous l'avons dit, de l'autre le chien des montagnes habitué à obéir à la voix du page presqu'aussi fidèlement qu'à celle de son maître.

Tous deux cherchèrent inutilement, quoique deux ou trois fois Agénor eût vu plonger le chien dans une même direction ; à la troisième fois même, l'animal reparut tenant un lambeau d'étoffe dans sa gueule haletante. Mais comme si, en arrachant ce lambeau, il avait fait tout ce qu'il avait pu faire, il nagea vers le bord, et se couchant aux pieds de son maître, il fit entendre un de ces hurlemens lugubres et désespérés qui font, lorsqu'ils passent dans la nuit, défaillir les cœurs les plus fermes. Ce lambeau d'étoffe, c'était tout ce qui restait du malheureux Fernand.

La nuit se passa en recherches inutiles. Don Frédéric, qui avait à son tour traversé le fleuve sans accident, demeura toute la nuit sur la rive. Il ne pouvait se décider à quitter cette tombe mouvante dont à chaque instant il espérait voir sortir son ami.

Son chien hurlait à ses pieds.

Agénor, rêveur et sombre, tenait à la main le lambeau d'étoffe rapporté par le chien, et semblait avec impatience attendre le jour.

Mothril, qui de son côté était longtemps demeuré courbé dans les lauriers-roses comme s'il cherchait le jeune homme, était revenu le visage désespéré, en répétant Allah! Allah! et cherchait à consoler le grand-maître avec ces phrases banales qui sont une douleur de plus pour celui qui souffre.

Le jour vint; ses premiers rayons éclairèrent Agénor assis aux pieds de don Frédéric. Il était évident que le chevalier attendait ce moment avec impatience, car à peine les premiers rayons glissèrent-ils à travers l'ouverture de la tente, qu'il s'approcha de cette ouverture et regarda avec une attention profonde le lambeau d'étoffe arraché au pourpoint du malheureux page.

Cet examen le confirma sans doute dans ses soupçons, car secouant douloureusement la tête :

— Seigneur, dit-il au grand-maître, voilà un événement bien lamentable, et bien étrange surtout.

— Oui, reprit Frédéric, bien lamentable et bien étrange ! Pourquoi la Providence m'a-t-elle fait une semblable douleur ?

— Monseigneur, dit Agénor, je crois que ce n'est pas la Providence qu'il faut accuser dans tout ceci. Regardez cette dernière relique de l'ami que vous pleurez.

— Mes yeux s'useraient à la regarder, dit don Frédéric et à pleurer en la regardant.

— Mais n'y voyez-vous rien, seigneur.

— Que voulez-vous dire ?

— Je veux dire que le pourpoint du malheureux Fernand était blanc comme la robe d'un ange — Je veux dire que l'eau de la rivière est limpide et claire comme le cristal, et cependant, regardez, monseigneur, la teinte de ce lambeau est rougeâtre. Il y a eu du sang sur cette étoffe.

— Du sang !

— Oui, monseigneur.

— Allan se sera blessé en cherchant à retenir celui qu'il aimait ; car, vous le voyez, il a sur sa tête ce même reflet de sang.

— Je l'ai d'abord pensé comme vous, monseigneur, mais j'ai eu beau regarder je n'ai vu aucune blessure. Le sang ne vient pas du chien.

— Mais ne serait-ce point que Fernand lui-même se serait heurté à quelque rocher !

— Monseigneur, j'ai plongé à l'endroit où il a disparu et tout autour il y avait plus de vingt pieds d'eau. Mais voilà qui va nous guider peut-être. Voyez cette déchirure dans le morceau d'étoffe.

— C'est la dent du chien.

— Non pas, monseigneur ! car voici l'endroit bien visible

où le chien a mordu. Ceci est le trou fait par un instrument tranchant, par la lame d'un poignard.

— Oh ! quelle sombre idée ! s'écria don Frédéric en se levant pâle, les cheveux hérissés, la fureur et l'épouvante dans le regard ; tu as raison ! tu as raison ! Fernand était un excellent nageur ; son cheval, élevé dans mes haras, a cent fois traversé des cours d'eau bien autrement rapides que celui-ci. Il y a un crime, Agénor, il y a un crime !...

— Je n'en douterais pas, seigneur, si j'y voyais une cause.

— Ah ! c'est vrai... Tu ne sais pas, toi, qu'en touchant cette rive, Fernand allait me quitter, non pas pour rejoindre le roi don Pèdre, comme je l'avais dit au More, qui ne l'aura pas cru, mais pour accomplir une mission dont je l'avais chargé. Mon pauvre ami ! Mon confident si fidèle et si sûr que son cœur ne s'ouvrait que pour moi. Hélas ! c'est pour moi et par moi qu'il meurt.

— Cela fût-il, monseigneur, c'est notre devoir à tous de mourir pour Votre Altesse.

— Oh ! qui peut savoir, murmura don Frédéric répondant à sa propre pensée, les conséquences terribles que doit avoir cette mort !

— Que ne suis-je votre ami au même degré que Fernand, dit tristement le chevalier, j'hériterais de votre confiance et je vous servirais comme il vous a servi.

— Tu es juste, Agénor, dit le prince en lui tendant la main, et en le regardant avec cette douceur infinie qu'on s'étonnait toujours de trouver dans le regard d'un tel homme. J'avais fait deux parts de mon cœur, une pour toi, l'autre pour Fernand. Fernand mort, tu es désormais mon seul ami, et je vais te le prouver en te disant quelle mission Fernand avait reçue de moi. Il devait porter une lettre à ta compatriote, à la reine dona Bianca.

— Ah! voilà la cause, dit Agénor, et où était cette lettre?

— Cette lettre était dans la gibecière qu'il portait pendue à sa ceinture. Si Fernand a été réellement assassiné, et je crois maintenant comme toi qu'il l'a été; si les assassins ont traîné le cadavre qui n'a pas reparu sur quelque rive déserte, écartée, du fleuve, mon secret est découvert et nous sommes perdus.

— Mais s'il en est ainsi, monseigneur, s'écria Agénor, n'allez pas à Séville. Fuyez! Vous êtes encore assez près du Portugal pour rejoindre sans accident votre bonne ville de Coïmbre, et pour vous mettre en sûreté derrière ses remparts.

— Ne pas aller à Séville, c'est l'abandonner, *elle*; fuir, c'est donner des soupçons qui n'existent pas, si la mort de Fernand n'est qu'un accident ordinaire. D'ailleurs don Pèdre retient dona Bianca et me tient par elle. J'irai à Séville.

— Mais en quoi puis-je vous servir alors, demanda le chevalier : ne puis-je remplacer Fernand? Cette lettre que vous lui aviez donnée, pouvez-vous m'en donner une pareille, un gage qui me fasse reconnaître? Je ne suis pas un enfant de seize ans, moi; je n'ai pas un pourpoint de drap léger doublé de soie, j'ai une bonne cuirasse, et elle a émoussé des poignards plus dangereux que tous les caujards et tous les yatagans de vos Mores. Donnez, j'arriverai, moi, et s'il faut à tout homme huit jours pour aller à elle, elle aura, je vous le promets, votre lettre dans quatre jours.

— Merci! mon brave Français. Mais si le roi est prévenu

ce serait doubler le danger. Le moyen que j'avais employé n'est pas bon, puisque Dieu n'a pas voulu qu'il réussît. Maintenant nous prendrons conseil des circonstances. Nous allons continuer notre route comme si rien n'était arrivé. A deux journées de Séville, et au moment où l'on n'aura plus aucun souvenir, tu me quitteras, tu feras un détour, et tandis que j'entrerai à Séville par une porte, tu entreras par l'autre. Puis le soir, tu te glisseras dans l'alcazar du roi, où tu demeureras caché dans la première cour, celle qu'ombragent de majestueux platanes, celle au milieu de laquelle il y a un bassin de marbre avec des têtes de lion : — tu verras des fenêtres avec des rideaux de pourpre, c'est mon logement habituel quand je vais visiter mon frère. — A minuit, viens sous ces fenêtres, — je saurai alors, d'après l'accueil du roi don Pedro, ce que nous avons à craindre ou à espérer. Je te parlerai, et si je ne puis te parler, je te jetterai un billet qui te dira ce qu'il faut que tu fasses. Jure-moi seulement d'exécuter à l'instant même soit ce que je te dirai, soit ce que je t'écrirai.

— Sur mon âme, monseigneur, je vous jure, dit Agénor, que votre volonté sera accomplie de point en point.

— C'est bien ! dit don Frédéric, — me voici un peu plus tranquille. Pauvre Fernand !

— Monseigneur, dit Mothril en apparaissant sur le seuil de la tente, Votre Altesse voudra-t-elle bien se rappeler que nous n'avons fait cette nuit que la moitié de notre course ? S'il lui plaisait d'ordonner le départ, nous arriverions dans trois ou quatre heures sous l'ombre d'une forêt que je connais pour y avoir déjà fait une halte en venant, et nous y laisserions passer la chaleur du jour.

— Partons, dit don Frédéric, — rien ne me retient plus ici, maintenant que j'ai perdu tout espoir de revoir Fernand.

Et la caravane se remit en route, mais non pas sans que le grand-maître et le chevalier ne tournassent bien des fois les yeux vers la rivière, et ne répétassent bien des fois aussi, comme une exclamation douloureuse échappée à leur poitrine : — Pauvre Fernand ! pauvre Fernand !

Ainsi se continua le voyage de don Frédéric vers Séville.

VI.

COMMENT MOTHRIL DEVANÇA LE GRAND-MAITRE PRÈS DU ROI DON PEDRO DE CASTILLE.

Il y a des villes qui par la situation que leur a donnée la nature, qui par les trésors de beauté dont elles sont enrichies par les hommes, semblent être non seulement par le fait, mais encore par le droit, reines des pays qui les entourent : telle est Séville, cette reine de la belle Andalousie, qui est elle-même une des contrées royales de l'Espagne. Aussi les Mores, qui l'avaient conquise avec joie, qui l'avaient gardée avec amour, la quittèrent-ils avec douleur, en lui laissant la couronne d'Orient qu'ils avaient posée pendant trois siècles sur sa tête. Un des palais dont ils avaient pendant leur séjour doté cette sultane favorite était celui qu'habitait don Pedro, et dans lequel nous allons transporter nos lecteurs.

Sur une terrasse de marbre où les orangers et les citronniers odorans forment, avec des grenadiers et des myrthes, une voûte si épaisse que les feux du soleil ne la peuvent percer, des esclaves Mores attendent que les rayons ardens du jour aient éteint leur flamme dans la mer. Alors le vent du soir se lève ; des esclaves arrosent la dalle de marbre d'eau de rose et de benjoin, et la brise qui passe emporte dans les airs les parfums naturels et les parfums factices mêlés ensemble comme la parure et la beauté. Sous le couvert que forment les jardins suspendus de cette autre Babylone, des esclaves mores apportent alors des lits de soie et des coussins moelleux, car avec la nuit, l'Espagne va revivre, car avec la fraîcheur du soir, les rues, les promenades et les terrasses vont se repeupler.

Bientôt la tapisserie qui sépare la terrasse d'un vaste appartement se soulève, et un homme paraît, au bras duquel s'appuie une belle femme de vingt-quatre à vingt-cinq ans, aux cheveux noirs et lisses, aux yeux noirs et veloutés, à la peau mate et bistrée, qui est la fraîcheur des femmes du Midi ; l'homme, au contraire, a vingt-huit ans, il est blond, il est de haute taille, et il porte dans ses yeux bleus et sur son teint, que n'a pu brunir le soleil d'Espagne, tous les caractères indélébiles des races du nord de l'Europe.

Cette femme, c'est dona Maria Padilla ; cet homme c'est le roi don Pedro.

Tous deux s'avancent silencieusement sous la voûte de verdure, mais il est facile de voir que chez eux le silence ne tient pas à l'absence, mais au contraire au trop plein de leurs pensées.

La belle Espagnole, au reste, n'a de regards ni pour les Mores qui attendent ses ordres ni pour toutes ces richesses qui l'entourent. Quoique née dans la médiocrité, et presque dans la misère, elle s'est familiarisée avec tout ce que le luxe royal a de plus éclatant, depuis qu'elle a joué, comme un enfant joue avec un hochet, avec le sceptre du roi de Castille.

— Pedro, dit-elle enfin, rompant la première ce silence que chacun d'eux semblait hésiter à rompre, vous avez tort de prétendre que je suis votre amie et votre maîtresse honorée; je suis esclave et humiliée, voilà tout, monseigneur.

Pedro sourit et fit un imperceptible mouvement d'épaule.

— Oui, sans doute, reprit Maria, esclave et humiliée. Je l'ai dit et je le répète.

— Comment cela? Expliquez-vous, demanda le roi.

— Oh! c'est bien facile, monseigneur. Voici que le grand-maître de Saint-Jacques arrive, dit-on, à Séville, pour un tournoi que vous préparez. Son appartement, agrandi aux dépens du mien, est orné des tapisseries les plus précieuses et des meubles les plus beaux qu'on y a fait transporter des différentes chambres du palais,

— C'est mon frère, dit don Pedro. Puis il ajouta avec un accent donc lui seul comprenait l'expression : mon frère bien-aimé.

— Votre frère, reprit-elle ; je croyais moi que c'était le frère de Henri de Transtamare.

— Oui, madame ; mais ils sont tous deux les fils du roi don Alphonse, mon père.

— Et vous le traitez en roi ; je le comprends, il a presque droit à cet honneur, en effet, puisqu'il est aimé d'une reine.

— Je ne vous comprends pas, dit don Pedro, pâlissant malgré lui, mais sans qu'aucun autre signe que cette pâleur involontaire indiquât que le coup avait porté au cœur.

— Ah! don Pedro, don Pedro! dit Maria Padilla, vous êtes bien aveugle ou bien philosophe.

Le roi ne répondit point; seulement, il se tourna avec affectation du côté de l'Orient.

— Eh bien! que regardez-vous? reprit l'impatiente Espagnole : est-ce si votre frère bien-aimé arrive?

— Non, madame, répondit don Pedro. Je regarde si de cette terrasse royale où nous sommes on peut voir les tours de Medina-Sidonia.

— Oui, reprit Maria Padilla, je sais bien que vous allez me répondre ce que vous me répondez toujours, c'est-à-dire que l'infidèle reine est prisonnière; et comment se fait-il que vous, qu'on nomme le Justicier, vous punissiez l'un sans punir l'autre? comment se fait-il que la reine soit prisonnière et que son complice soit comblé d'honneurs?

— Que vous a donc fait mon frère don Frédéric, madame? demanda don Pedro.

— Si vous m'aimiez, vous ne demanderiez pas ce qu'il m'a fait, et vous m'auriez déjà vengée : ce qu'il m'a fait? il m'a poursuivie, non pas de sa haine, ce ne serait rien, la haine honore, mais de son mépris; et vous devriez punir quiconque méprise la femme que vous n'aimez pas, c'est vrai, mais que vous avez admise à votre couche, et qui est la seule qui vous ait donné des fils.

Le roi ne répondit pas; c'était une âme impénétrable dans laquelle il était impossible de lire sous la couche de bronze qui la recouvrait,

— Oh! qu'il fait beau se parer des vertus qu'on n'a point, reprit dédaigneusement Maria Padilla; qu'il est facile aux femmes rusées de voiler leurs passions honteuses sous un regard timide, d'abriter leur scandale sous le préjugé qui dit que les filles de la Gaule sont froides et insensibles à côté des femmes Espagnoles.

Don Pedro continua de garder le silence.

— Pedro, Pedro, reprit de nouveau la maîtresse irritée de voir que le sarcasme glissait sur l'invulnérable souverain, Pedro, je crois que vous ferez bien d'écouter la voix de votre peuple. L'entendez-vous qui crie :—Ah ! Maria Padilla, la courtisane royale, la honte du royaume ; voyez-la, la coupable et la criminelle qu'elle est, elle a osé aimer son prince, non pas pour son rang, car il était marié, mais pour lui-même ! Quand les autres femmes conspirèrent contre son honneur, elle lui a livré le sien, comptant sur sa protection et sur sa reconnaissance. Quand ses épouses,— car le chrétien Pedro a des femmes comme un sultan More, —quand ses épouses, même infidèles, restaient infécondes, elle lui a donné deux fils, qu'elle aime, quelle honte!—Maudissons la Maria Padilla comme on a maudit la Cava ; ces femmes perdent toujours et les peuples et les rois ! Telle est la voix de l'Espagne. Ecoutez-la donc, don Pedro !

Mais si j'étais reine, on dirait : Pauvre Maria Padilla, tu étais bien heureuse lorsque tu étais vierge et que tu jouais sur la rive de la Guadalopa avec les vierges tes compagnes ! —Pauvre Maria Padilla, tu étais bien heureuse quand le roi vint prendre ton bonheur en faisant semblant de t'aimer ! — Ta famille était si illustre que les premiers seigneurs de Castille t'ambitionnaient pour épouse ; mais tu as fait la faute de préférer un roi.—Pauvre jeune fille sans expérience qui ignorais encore que les rois ne sont pas des hommes ; il te trompe cependant, toi qui ne l'as jamai trompé, même en pensée, même en rêve ! Il donne son cœur à d'autres maîtresses, oubliant ta fidélité, ton dévoûment, ta fécondité.—Si j'étais reine, on dirait tout cela et on me ferait passer pour une sainte,—oui, pour une sainte.—N'est-ce pas le titre qu'on donne à une femme que je connais et qui a trahi son mari avec son frère?

Don Pedro, dont le front s'était insensiblement couvert de nuages, passa sa main sur son front, et son front parut calme et presque souriant.

— En somme, madame, que voulez-vous, dit-il, être reine? Vous savez bien que cela ne se peut pas, puisque je suis déjà marié, et même deux fois. Demandez-moi des choses possibles et je vous les accorderai.

— Je croyais pouvoir demander ce que Juana de Castro demanda et obtint.

— Juana de Castro ne demanda rien, madame. Ce fut la nécessité, cette inexorable reine des rois, qui demanda pour elle. Elle avait une famille puissante, et au moment où je me faisais un ennemi au dehors en répudiant Blanche, il fallait me faire des alliés au dedans. Maintenant, voulez-vous que je livre mon frère Frédéric à des geôliers, au moment où la guerre me menace, où mon autre frère Henri de Transtamare soulève contre moi l'Aragon, me prend Tolède, m'escalade Toro, que je suis forcé de reconquérir sur mes proches avec plus de peine que je n'en aurais eu à reconquérir Grenade sur les Mores. Oubliez-vous qu'un instant, moi qui tient prisonniers les autres, j'ai été prisonnier moi-même, obligé de dissimuler, de courber la tête, de sourire à qui je voulais mordre; de ramper comme un enfant sous l'ambitieuse volonté de ma mère; qu'il m'a fallu six mois de dissimulation pour trouver un jour la porte de mon propre palais ouverte pendant une minute; qu'il m'a fallu fuir à Ségovie, arracher pièce à pièce aux mains de ceux qui s'en étaient emparés l'héritage que m'a laissé mon père; faire poignarder Garcilaso à

Burgos, faire empoisonner Albuquerque à Toro, faire tomber vingt-deux têtes à Tolède, et changer mon surnom de Justicier en celui de Cruel, sans savoir lequel des deux la postérité me conservera ? Et pour un crime supposé de l'avoir reléguée à Medina-Sidonia presque seule, presque pauvre, tout-à-fait méprisée, parce qu'il vous a plu de la voir ainsi ?

— Ah ! ce n'est pas parce qu'il m'a plu de la voir ainsi, s'écria Maria Padilla, les yeux flamboyans ; c'est parce que vous avez été déshonoré par elle.

— Non, madame, dit don Pedro, non, je n'ai pas été déshonoré, parce que je ne suis pas de ceux qui font reposer l'honneur ou le déshonneur d'un roi sur quelque chose d'aussi fragile que la vertu d'une femme. Tout ce qui, pour les autres hommes, est un motif de joie ou de douleur, n'est pour nous autres rois qu'un moyen politique d'arriver à un but tout opposé. Non, je n'ai pas été déshonoré par la reine Blanche ; mais on m'avait forcé de l'épouser malgré moi, et j'ai saisi cette occasion qu'elle et mon frère ont eu l'imprudence de me fournir. J'ai feint d'avoir conçu sur eux de terribles soupçons. Je l'ai humiliée, je l'ai dégradée, elle, fille de la première maison du monde chrétien. Donc, si vous m'aimez comme vous le dites, vous devez prier Dieu qu'il ne m'arrive pas malheur, car le régent ou plutôt le roi de France est son beau-frère. C'est un grand prince, madame, qui a de puissantes armées, commandées par le premier général du temps, par messire Bertrand Duguesclin.

— Ah ! roi, tu as peur, dit Maria Padilla, préférant la colère du roi à cette froide impassibilité qui faisait de don Pedro, maître de lui-même, le prince le plus dangereux de la terre.

— J'ai peur de vous, oui, madame, dit le roi ; car vous seule avez eu jusqu'ici la puissance de me faire faire les seules fautes que j'aie faites.

— Il me semble qu'un roi qui va chercher ses conseillers et ses agens parmi les Mores et parmi les Juifs, devrait rejeter ses fautes sur d'autres que sur la femme qu'il aime.

— Ah ! vous voilà, vous aussi, retombée dans l'erreur commune, dit don Pedro en haussant les épaules ; mes conseillers mores ! mes agens juifs ! Eh ! madame, je prends mes conseils à l'intelligence et puise mes ressources où est l'argent. Si vous et ceux qui m'accusent vous vous donniez la peine de jeter les yeux sur l'Europe, vous verriez que chez ces Mores est la civilisation, que chez ces Juifs sont les richesses. Qui a bâti la mosquée de Cordoue, l'alhambra de Grenade, tous ces alcazars qui font l'ornement de nos villes, le palais même où nous sommes ? qui a fait tout cela ? les Mores. Entre les mains de qui est le commerce ? entre les mains de qui est l'industrie ? entre les mains de qui va s'amasser l'or des nations insouciantes ? entre les mains des Juifs ! Qu'attendre de nos chrétiens demi-barbares ? de grands coups de lance inutiles, de grands combats qui font saigner les nations. Mais qui les regarde faire, ces nations insensées ? Qui florit, qui chante, qui aime, qui jouit de la vie enfin auprès d'elles pendant leurs convulsions ? les Mores. Qui s'abat sur leurs cadavres pour les dépouiller ? les Juifs. Vous voyez donc bien que les Mores et les Juifs sont les véritables ministres et les véritables agens d'un roi qui veut être libre et indépendant des rois ses voisins. Eh bien ! voilà ce que j'essaie, voilà ce que je tente depuis six ans ; voilà ce qui a soulevé contre moi tant d'inimitiés ; voilà ce qui a fait éclore tant de calomnies. Ceux qui voulaient être mes ministres, ceux qui voulaient devenir mes agens, sont devenus mes ennemis implacables ; et c'est tout simple : je n'avais rien fait pour eux, je ne voulais rien d'eux, je les éloignais de moi. Mais vous, tout au contraire, Maria : je vous ai prise où vous étiez, je vous ai rapprochée de mon trône autant que j'ai pu ; je vous ai donné la portion de mon cœur dont peut disposer un roi ; je vous ai aimée enfin, moi qu'on accuse de n'avoir rien aimé.

— Ah ! si vous m'aviez aimée, répondit Maria avec cette persistance des femmes qui ne répond jamais aux argumens avec lesquels on réfute leurs folles accusations, mais seulement à leurs propres pensées ; si vous m'aviez aimée, je ne serais pas condamnée aux larmes et à la honte pour avoir été dévouée à mon roi ; si vous m'aimiez, je serais vengée.

— Eh mon Dieu ! dit don Pedro, attendez, vous le serez, vengée, s'il y a lieu que vous le soyez. Croyez-vous que je porte don Frédéric dans mon cœur ? Croyez-vous que je ne serais pas heureux de trouver l'occasion d'en finir avec toute cette race de bâtards ?... Eh bien ! si don Frédéric vous a réellement outragée, ce dont je doute...

— Et n'est-ce pas m'outrager, reprit Maria Padilla pâle de colère, n'est-ce pas m'outrager que de vous conseiller, comme il l'a fait, de ne pas me garder pour maîtresse et de reprendre la reine Blanche pour femme ?

— Et vous êtes sûre qu'il m'a donné ce conseil, Maria ?

— Oh ! oui, j'en suis sûre, dit l'Espagnole en faisant un geste de menace, sûre comme de ma vie.

— Donc, ma chère Maria, reprit don Pedro avec ce flegme si désespérant pour les gens qui se laissent emporter à leur colère, si don Frédéric m'a conseillé de ne pas vous garder pour maîtresse et de reprendre la reine

Blanche pour femme, vous faites erreur en l'accusant d'être l'amant de cette même reine Blanche, autrement, comprenez donc cela, jalouse que vous êtes, ils se fussent trouvés heureux de pouvoir jouir d'une liberté aussi grande que celle qu'on laisse à une femme dédaignée.

— Vous êtes un trop grand orateur pour moi, sire Pedro, répondit Maria en se levant, dans l'impossibilité de contenir plus longtemps sa fureur. Je salue Votre Majesté et tâcherai de me venger seule.

Don Pedro la suivit du regard sans dire un seul mot, la vit s'éloigner sans la rappeler d'un seul geste; et cependant cette femme était la seule qui lui eût fait éprouver parfois un autre sentiment que celui de la passion matérielle satisfaite. Mais justement à cause de cela, il craignait sa maîtresse comme il eût craint un ennemi. Il comprima donc ce faible sentiment de pitié qu'il sentait remuer au fond de son cœur, et s'étendit sur les coussins que venait de quitter Maria Padilla, l'œil fixé vers la route du Portugal, car du balcon où le roi reposait, on pouvait voir à travers la plaine, les bois ou les montagnes, les différentes routes qui conduisaient aux différens points du royaume.

— Horrible condition des rois! murmura don Pedro. J'aime cette femme, et cependant je ne dois laisser voir ni à elle, ni aux autres, ni à personne, que je l'aime; car si elle s'apercevait de cet amour, elle en abuserait; car il ne faut pas que personne se puisse croire assez d'empire sur le roi pour lui arracher une satisfaction d'injures ou un avantage quelconque. Il ne faut pas que personne puisse dire : La reine a outragé le roi; le roi le sait, et il n'est pas vengé! — Oh! continua don Pedro après un instant de silence durant lequel sa physionomie indiqua tout ce qui se passait dans son cœur, ce n'est pas l'envie de me venger qui me manque, Dieu merci! mais si j'agissais trop violemment, mon royaume se perdrait peut-être par cette imprudente justice. Quant à don Frédéric, il ne relève que de moi, et le roi de France n'a rien à voir à sa vie ou à sa mort. Seulement, viendra-t-il? ou s'il vient, n'aura-t-il pas eu le temps de prévenir sa complice?

Comme il disait ces mots, le roi aperçut sur la route de la sierra d'Aracena comme un nuage de poussière. Ce nuage grossit. Bientôt, à travers son voile devenu plus transparent, il aperçut les blanches robes des cavaliers mores ; puis, à sa haute taille, au palanquin doré près duquel il marchait, le roi reconnut Mothril.

La troupe avançait rapidement.

— Seul! murmura le roi.

Quand il eut pu embrasser du regard depuis le premier jusqu'au dernier des hommes qui la composaient :

— Seul! Qu'est donc devenu le grand-maître? Aurait-il, par hasard, refusé de venir à Séville, ou faudra-t-il l'aller chercher à Coïmbre ?

Cependant la troupe avançait toujours.

Au bout d'un instant, elle disparut sous les portes de la ville. Le roi la suivait des yeux, et de temps en temps la voyait reparaître et reluire dans les rues tortueuses de la ville : enfin, il la vit entrer à l'alcazar ; en se penchant sur la balustrade, il put la suivre dans les cours : il était évident que dans un instant il serait fixé.

Le More avait ses entrées libres et absolues près du roi. Au bout d'un instant il parut donc sur la terrasse et trouva don Pedro debout, les yeux attachés sur l'endroit par lequel il savait qu'il devait arriver. Son visage était sombre et ne cherchait aucunement à dissimuler son inquiétude.

Le More croisa ses mains sur sa poitrine et toucha presque la terre de son front. Mais don Pedro ne répondit à ce salut que par un geste d'impatience.

— Le grand-maître ? dit-il.

— Sire, répondit Mothril, j'ai dû me hâter de revenir vers vous. Les grands intérêts dont j'ai à vous entretenir feront que Votre Altesse écoutera, je l'espère, la voix de son fidèle serviteur.

Don Pedro, tout accoutumé qu'il fût à lire au fond du cœur, était trop préoccupé des passions qui l'agitaient en ce moment pour voir tout ce que contenaient de précautions astucieuses les paroles du More, embarrassées à dessein.

— Le grand-maître ? répéta-t-il en frappant du pied.

— Seigneur, répondit Mothril, il viendra.

— Pourquoi l'avez-vous quitté ? Pourquoi, s'il n'est pas coupable, ne vient-il pas librement, et s'il l'est, pourquoi ne vient-il pas de force ?

— Seigneur, le grand-maître n'est pas innocent, et cependant il viendra, soyez tranquille ; peut-être voudrait-il fuir, mais il est surveillé par mes gens : ils l'amènent plutôt qu'ils ne l'escortent. Si j'ai pris les devans, c'est pour parler au roi, non pas des choses faites, mais des choses qui lui restent à faire.

— Ainsi donc, il vient, tu en es sûr ? répéta don Pedro.

— Demain soir il sera aux portes de Séville. J'ai fait diligence, comme vous voyez.

— Personne n'est instruit de son voyage ?

— Personne.

— Vous comprenez l'importance de ma demande et la gravité de votre réponse ?

— Oui, sire.

— Eh bien ! qu'y a-t-il encore de nouveau ? demanda

don Pedro, avec un horrible serrement de cœur dont son visage ne trahit pas la présence, car son visage avait eu le temps de redevenir indifférent.

— Le roi sait combien je suis jaloux de son honneur, dit le More.

— Oui, mais vous savez aussi, Mothril, dit don Pedro en fronçant le sourcil, que les insinuations sur ce sujet sont bonnes de Maria Padilla à moi, c'est-à-dire d'une femme jalouse à un amant trop patient peut-être ; mais de vous à don Pedro, mais du ministre au roi, tout blâme sur l'irréprochable conduite de la reine Blanche vous est interdit vous le savez, et si vous l'avez oublié, je vous le répète.

— Sire Pedro, dit le More, un roi puissant, heureux, aimé, aimant comme vous l'êtes, ne trouve place en son cœur ni pour l'envie, ni pour la jalousie ; je comprends cela : votre bonheur est grand, seigneur ; mais il ne faut pas que votre bonheur vous aveugle.

— Cette fois tu sais quelque chose ! s'écria don Pedro, en fixant son regard profond sur le More.

— Seigneur, répondit froidement celui-ci, Votre Seigneurie a réfléchi plus d'une fois sans doute aux embûches dont elle est entourée. Elle s'est demandé en sa sagesse où va la monarchie de Castille, puisque le roi n'a pas d'héritiers.

— Pas d'héritiers ? répéta don Pedro.

— Du moins pas d'héritiers légitimes, continua le More ; en sorte que le royaume appartiendrait, s'il vous arrivait malheur, au plus hardi ou au plus heureux de tous les bâtards, soit à Henri, soit à don Frédéric, soit à Tello.

— Pourquoi toutes ces paroles, Mothril ? demanda don Pedro. Voudrais-tu par hasard me conseiller un troisième mariage ? Les deux premiers n'ont point eu d'assez heureux résultats pour que je suive ton conseil. Je t'en avertis, Mothril.

Ces paroles, arrachées au fond de l'âme du roi par un violent chagrin, firent étinceler l'œil du More.

C'était la révélation de tous les tourmens endurés par don Pedro dans son intérieur si agité ; Mothril savait la moitié de ce qu'il voulait savoir ; un mot allait lui apprendre le reste.

— Seigneur, dit-il, pourquoi cette troisième femme ne serait-elle point une femme dont le caractère serait éprouvé et la fécondité certaine? Epousez dona Maria Padilla, par exemple, puisque vous l'aimez à ne pouvoir vous séparer d'elle, et qu'elle est d'assez bonne maison pour devenir reine. De cette façon, vos fils seront légitimés, et nul n'aura plus le droit de leur disputer le trône de Castille.

Mothril avait rassemblé toutes les forces de son intelligence afin de mesurer la portée d'une attaque qui pour lui était sans seconde. Alors, avec une volupté inconnue au reste des hommes, et connue de ces seuls ambitieux à vaste envergure qui jouent au jeu les royaumes, il vit un sombre nuage d'ennui passer sur le front de son souverain.

— J'ai déjà rompu sans résultat un mariage qui me liait au roi de France, dit don Pedro ; je ne puis rompre maintenant celui qui me lie à la maison de Castro...

— Bon ! murmura Mothril ; plus d'amour réel dans le cœur, plus d'influence à craindre ; il y a une place à prendre, sinon sur le trône, du moins dans le lit du roi de Castille.

— Voyons, dit don Pedro, finissons-en. Tu avais, disais-tu quelque chose d'important à m'apprendre.

— Oh ! ce que j'avais à vous dire était simplement une

nouvelle qui vous délie de tout égard envers la France.

— Cette nouvelle, alors... parle vite !

— Seigneur, dit Mothril, permettez-moi de descendre pour donner quelques ordres aux gardiens de cette litière qui est en bas. Je suis inquiet, car j'y ai laissé seule une personne qui m'est bien chère.

Don Pedro le regarda avec étonnement.

— Va, dit-il, et reviens vite.

Le More descendit et fit avancer la litière jusque dans la première cour.

Don Pedro, du haut de la terrasse, suivait vaguement les démarches de son ministre. Mothril reparut quelques instans après.

— Seigneur, dit-il, Votre Altesse, cette fois encore, m'accordera-t-elle, comme d'habitude, un logement dans l'alcazar ?

— Oui, certes.

— Permettez donc alors que j'y fasse entrer la personne qui est dans cette litière.

— Une femme ? demanda don Pedro.

— Oui, seigneur.

— Une esclave que tu aimes ?

— Sire, ma fille.

— Je ne savais pas que tu eusses une fille, Mothril.

Mothril ne répondit rien : le doute et la curiosité entrèrent ensemble dans l'esprit du roi. C'est ce que demandait le More.

— Maintenant, dit don Pedro, ramené par l'importance de la situation aux choses qu'il voulait apprendre, dis-moi ce que tu sais sur la reine Blanche.

VII.

COMMENT LE MORE RACONTA AU ROI DON PEDRO CE QUI S'ÉTAIT PASSÉ.

Le More s'approcha du roi, et donnant à ses traits l'expression d'une compassion profonde, c'est-à-dire du sentiment qui devait le plus blesser don Pedro de la part d'un inférieur :

— Sire, lui dit-il, j'ai besoin, avant de commencer ce récit, que Votre Altesse se rappelle de point en point les ordres qu'elle-même m'a donnés.

— Va, dit don Pedro, je n'oublie jamais rien de ce que j'ai dit une fois.

— Le roi m'avait ordonné de me rendre à Coïmbre, je m'y suis rendu ; — de dire au grand-maître que Son Altesse l'attendait, je le lui ai dit ; — de hâter son départ, je n'ai pris qu'une heure de repos, et le jour même de notre arrivée nous nous sommes mis en route.

— Bien, bien, dit don Pedro, je sais que tu es un serviteur fidèle, Mothril.

— Votre Altesse a ajouté : Tu veilleras à ce que pendant le voyage le grand-maître ne donne avis à personne de son départ. Eh bien ! le lendemain de notre départ, le grand-maître... Mais, en vérité, je ne sais si, malgré les ordres de Votre Altesse, je dois lui dire ce qui s'est passé.

— Dis... le lendemain de votre départ !...

— Le grand-maître a écrit une lettre...

— A qui ?

— Juste à la personne à laquelle Votre Altesse craignait qu'il n'écrivît.

— A la reine Blanche ! s'écria don Pedro en pâlissant.

— A la reine Blanche, sire.

— More ! dit don Pedro, songe à la gravité d'une pareille accusation.

— Je ne songe qu'à servir mon roi.

— Tu peux encore dire que tu t'étais trompé.

Mothril secoua la tête.

— Je ne m'étais pas trompé, dit-il.

— Prends garde ! cette lettre, il me la faudra ! s'écria don Pedro menaçant.

— Je l'ai ! répondit froidement le More.

Don Pedro qui s'était avancé d'un pas, frissonna et fi un pas en arrière.

— Oh ! dit-il, tu l'as ?

— Oui.

— Cette lettre écrite par don Frédéric ?

— Oui.

— A Blanche de Bourbon ?

— Oui.

— Et cette lettre ?...

— Je la donnerai à monseigneur lorsqu'il ne sera plus courroucé comme il l'est en ce moment.

— Moi, dit don Pedro avec un sourire nerveux, moi courroucé ! je n'ai jamais été plus calme.

— Non, monseigneur, vous n'êtes pas calme, car votre

œil est indigné, car vos lèvres blêmissent, car votre main tremble et caresse un poignard. Pourquoi vous en cacher, monseigneur ? c'est bien naturel, et la vengeance est légitime en pareil cas. Voilà pourquoi, devinant que la vengeance de monseigneur sera terrible, j'essaie d'avance de la fléchir.

— Donnez cette lettre, Mothril, s'écria le roi.

— Cependant, monseigneur...

— Donnez cette lettre, sans retard, à l'instant même ; je le veux !

Le More tira lentement de dessous sa robe rouge la gibecière du malheureux Fernand.

— Mon premier devoir, dit-il, est d'obéir à mon maître, quelque chose qui puisse en arriver.

Le roi examina la gibecière, en tira le sachet brodé de perles, l'ouvrit et saisit vivement la lettre qu'il renfermait. Le sceau de cette lettre avait visiblement été levé ; une nouvelle contraction altéra les traits de don Pedro à cette vue ; cependant, sans faire aucune observation, il lut :

» Madame, — ma reine, — le roi me mande à Séville. Je
» vous ai promis de vous avertir des grands événemens de
» ma vie ; celui-là me paraît décisif.

» Quoi qu'il en soit, dame illustre et sœur chérie, je
» craindrai peu la vengeance de doña Padilla, qui sans doute
» me fait appeler, si je sais votre personne si chère à l'abri
» de ses atteintes. J'ignore ce qui m'attend ; peut-être la
» prison, peut-être la mort. — Prisonnier, je ne pourrais
» plus vous défendre, et si je dois mourir je profite du mo-
» ment où mon bras est libre pour vous dire que mon bras

» serait à vous s'il n'était pas enchaîné, — que mon cœur
» est à vous jusqu'à la mort.

» Fernand vous porte cet avis, cet adieu peut-être. Au re
» voir, ma douce reine et amie, dans ce monde peut-être, —
au ciel certainement.

» DON FRÉDÉRIC. »

— Ce Fernand, qui est il ? où est-il ? s'écria don Pedro, si pâle qu'il était effrayant à voir.

— Seigneur, répondit Mothril d'un ton parfaitement naturel, — ce Fernand, c'était le page du grand-maître. Il est parti avec nous ; dans la soirée du lendemain de notre départ, il a reçu ce message. La nuit même, en traversant la Zezère, le hasard a fait qu'il s'est noyé et que j'ai trouvé cet écrit sur son cadavre.

Don Pedro n'avait pas eu besoin d'explications pour comprendre Mothril.

— Ah ! dit-il, vous avez retrouvé le cadavre, vous !
— Oui.
— Avant tout le monde ?
— Oui.
— Ainsi, personne ne sait ce que contient cette lettre?
— Seigneur, dit Mothril, pardonnez à mon audace ; les intérêts de mon roi l'ont emporté sur la discrétion qui m'était commandée ; j'ai ouvert la gibecière, et j'ai lu la lettre.

— Mais vous seul ? Alors, c'est comme si personne ne l'avait lue.

— Sans doute, seigneur, depuis que la lettre est entre mes mains.

— Mais auparavant ?

— Ah ! seigneur, auparavant je ne réponds de rien, d'autant plus que le page n'était pas seul auprès de son maître : il y avait un maudit... un giaour... un chien... un chrétien... Pardon, sire.

— Et quel était ce chrétien

— Un chevalier de France qu'il appelle son frère.

— Ah ! dit don Pedro souriant, j'aurais cru qu'il eût donné un autre nom à ses amis.

— Eh bien ! il n'a pas de secrets pour ce chrétien, et il n'y aurait rien d'étonnant qu'il fût de moitié dans la confidence du page, et dans ce cas le crime serait public.

— Le grand-maître arrive ? demanda don Pedro.

— Il me suit, seigneur.

Don Pedro se promena quelque temps le sourcil froncé, les bras croisés, la tête inclinée sur la poitrine, il était facile de voir qu'un orage terrible grondait autour de son cœur.

— Il faut donc commencer par lui, dit-il enfin d'une voix sombre, c'est le seul moyen d'excuse d'ailleurs que j'aie près de la France. Quand le roi Charles V verra que je n'ai pas épargné mon frère, il ne doutera plus du crime, et me pardonnera de n'avoir pas épargné sa belle-sœur.

— Mais ne craignez-vous pas, seigneur, dit Mothril, qu'on ne se trompe à la vengeance, et qu'on ne pense que vous avez frappé dans le grand-maître, non pas l'amant de la reine Blanche, mais le frère de Henri de Transtamare votre compétiteur au trône?

— Je rendrai la lettre publique, dit le roi, le sang couvrira la tache ; allez, vous m'avez fidèlement servi.

— Maintenant, qu'ordonne le roi?

— Qu'on prépare l'appartement du grand-maître.

Mothril sortit, don Pedro demeura seul, et ses pensées s'assombrirent encore ; il vit la raillerie s'attacher à son nom, l'homme jaloux et orgueilleux reparut sous le roi impassible, il lui sembla entendre déjà le bruit des amours de Blanche et du grand-maître courir parmi les peuples avec toutes les exagérations qu'ils attachent aux fautes des rois. Puis, comme il fixait ses yeux sur les appartemens de dona Padilla, il crut la voir debout derrière le rideau de sa fenêtre, et surprendre sur son visage le sourire et l'orgueil satisfait.

— Ce n'est pas elle qui me fait faire ce que je vais accomplir, dit-il, et cependant on dira que c'est elle, et cependant elle le croira.

Impatient, il détourna la tête, et ses yeux se portèrent vaguement tout autour de lui.

En ce moment, sur une terrasse inférieure à la terrasse royale, deux esclaves Mores passaient portant des cassolettes d'où s'exhalait une vapeur bleuâtre et parfumée. La brise des montagnes fit monter jusqu'au roi cet enivrant parfum.

Derrière les esclaves venait une femme voilée, à la taille souple et grande, à la ceinture fine, à la tête penchée. Elle était couverte de ce voile arabe qui ne laisse une ouverture que pour faire jaillir le rayon des yeux. Mothril la suivait avec une sorte de respect, et quand ils furent à la porte de la chambre où l'étrangère devait entrer, le More se prosterna en quelque sorte aux pieds de la jeune fille.

Ces parfums, ce regard voluptueux, ce respect du More, faisaient un contraste si puissant avec les passions qui étreignaient le cœur de don Pèdre, qu'il se trouva un moment rafraîchi et régénéré, comme si la jeunesse et le plaisir lui eussent été inspirés par cette apparition.

Aussi attendait-il impatiemment le soir.

Et quand le soir fut venu, il descendit de son appartement et vint, se fiant à la nuit, par les jardins où seul il avait le droit d'entrer, devant le kiosque habité par Mothril; alors soulevant avec précaution les épaisses guirlandes de lierre et les branches d'un immense laurier-rose qui mieux qu'une tapisserie dérobait l'intérieur de l'appartement aux yeux indiscrets, il put voir sur un large coussin de soie broché d'argent, à peine voilée d'une longue robe transparente, les pieds nus et ornés de bagues et de colliers selon la mode orientale, le front calme, les yeux perdus dans une vague rêverie, Aïssa souriant et découvrant sous le vermillon de ses lèvres ses dents fines, blanches et égales comme les perles.

Mothril avait compté sur la curiosité du roi; depuis que la nuit était venue, il écoutait et regardait, il entendait le bruit des branches soulevées; il distingua, dans la calme fraîcheur de la nuit, la respiration ardente du roi, mais il ne parut, en aucune façon, s'apercevoir que son souverain fût là. Seulement, comme la nonchalante jeune fille venait de laisser glisser de ses doigts distraits son combolio de corail, il se précipita pour le ramasser et le lui rendit en se tenant presque agenouillé devant elle.

Aïssa sourit.

— Pourquoi tant d'honneurs depuis deux ou trois jours, dit-elle. Un père ne doit que de la tendresse à son enfant, et c'est l'enfant qui doit le respect au père.

— Ce que Mothril fait, il doit le faire, répondit le More.

— Mon père, pourquoi donc me rendre plus de devoirs qu'à vous-même?

— Parce que plus de devoirs vous sont dus qu'à moi, répliqua-t-il; car le jour viendra bientôt où tout vous sera révélé; et ce jour venu, peut-être ce sera-t-il vous qui ne daignerez plus m'appeler votre père, dona Aïssa.

Ces paroles mystérieuses frappèrent à la fois la jeune fille et le roi d'une indéfinissable impression; mais quelques instances que fît Aïssa, Mothril n'en voulut pas dire davantage et se retira.

Derrière lui, les femmes d'Aïssa entrèrent, elles venaient avec de grands éventails de plumes d'autruche agiter l'air autour du sopha de leur maîtresse, tandis qu'une douce musique, que l'on entendait sans voir ni l'instrument ni le musicien, faisait vibrer dans l'air comme un parfum mélodieux. Aïssa ferma ses grands yeux tout embrasés de flammes secrètes.

— A quoi peut-elle songer? dit le roi, en voyant comme l'ombre d'un rêve passer sur son visage.

Elle rêvait au beau chevalier français.

Les femmes s'approchèrent pour baisser les stores.

— C'est étrange, dit le roi, forcé de quitter cette contemplation dangereuse, on dirait qu'elle a prononcé un nom.

Le roi ne se trompait pas, elle avait prononcé le nom d'Agénor.

Mais quoique les stores se fussent refermés, don Pedro n'était pas dans une disposition d'esprit qui lui permît de rentrer dans ses appartemens.

Le cœur du prince réunissait à cette heure les sentimens les plus opposés.

Ces sentimens formaient entre eux un combat qui excluait tout espoir de repos et de sommeil; demandant la fraîcheur à l'air de la nuit, le calme au silence, il demeura errant dans les jardins, revenant toujours, comme vers un but irrésistible, à ce kiosque où la belle Moresque dormait du plus profond sommeil; parfois aussi le roi passait devant les fenêtres de dona Padilla, et fixait ses yeux sur les vitraux sombres, puis croyant que la hautaine Espagnole dormait, il continuait son chemin qui, par un détour plus ou moins long, le ramenait toujours au kiosque.

Le roi se trompait, Maria Padilla ne dormait point ; il y avait absence de lumières, mais plein de flamme comme celui de don Pedro, son cœur brûlait et bondissait dans sa poitrine, car immobile derrière sa fenêtre, enveloppée dans une robe de couleur sombre, elle regardait le roi sans perdre un seul de ses mouvemens, et nous dirons presque sans laisser échapper une seule de ses pensées.

Il y avait encore, outre les yeux de Maria Padilla, deux yeux qui plongeaient dans le cœur du roi don Pedro, c'étaient ceux du More, placé en sentinelle aussi pour apprécier le résultat de son intrigue. Quand le roi s'approcha des fenêtres d'Aïssa, il tressaillit de joie. Quand don Pedro leva son regard vers l'appartement de Maria Padilla, et sembla hésiter de monter chez la favorite, sa bouche proférait tout bas des menaces que sa main, en cherchant instinctivement son poignard, semblait prête à exécuter. Ce fut sous l'influence de ces deux regards si perçans et si venimeux que don Pedro passa toute la nuit, se croyant seul et oublié ; enfin, écrasé de fatigue, une heure avant le jour, il s'étendit sur un banc et s'endormit de ce sommeil fiévreux et agité qui n'est qu'une souffrance ajoutée aux autres souffrances.

— Tu n'es pas encore comme je te veux, dit Mothril en voyant le roi succomber sous le poids de la fatigue, il faut que je te débarrasse de cette dona Padilla que tu n'aimes plus, à ce que tu prétends, et que cependant tu ne peux pas quitter.

Et il laissa retomber le rideau qu'il avait soulevé, pour regarder dans le jardin.

— Allons, se dit Maria Padilla, une dernière tentative à

faire, mais prompte, mais décisive, et avant que cette femme, car c'est une femme sans doute qu'il regardait à travers la jalousie, n'ait pris de l'influence sur son cœur.

Et elle donna ses ordres à ses gens qui, dès le matin, menèrent grand bruit dans le palais.

Quand le roi s'éveilla et remonta chez lui, il entendit dans les cours les piétinemens des mules et des chevaux, et dans les corridors les pas pressés des femmes et des pages.

Il allait s'enquérir des causes de ce mouvement, lorsque sa porte s'ouvrit, et Maria Padilla parut sur le seuil.

— Qu'attendent ces chevaux et que veulent tous ces serviteurs affairés, madame? demanda don Pedro.

— C'est mon départ qu'ils attendent, sire, mon départ que j'ai fait préparer le plus tôt que j'ai pu, pour épargner à Votre Altesse la présence d'une femme qui ne peut plus rien pour son bonheur. D'ailleurs, c'est aujourd'hui que mon ennemi arrive, et comme votre intention serait sans doute, dans l'épanchement de la tendresse fraternelle, de me sacrifier à lui, je lui cède la place, car je me dois à mes enfans, qui, puisque leur père les oublie, ont besoin deux fois de leur mère.

Maria Padilla passait pour la plus belle femme de l'Espagne; telle était son influence sur don Pedro, que les chroniqueurs contemporains, convaincus que la beauté, si parfaite qu'elle soit, ne peut atteindre à une telle puissance, ont préféré attribuer cette influence à la magie, au lieu d'en chercher les causes dans les charmes naturels de la magicienne.

Telle qu'elle était, belle de ses vingt-cinq ans, riche de son titre de mère, avec ses longs cheveux noirs retombant sur la simple robe de laine qui, selon la mode du quatorzième siècle, modelait ses bras, ses épaules et son sein, elle résumait pour don Pedro, non pas tout ce qu'il avait rêvé, mais tout ce qu'il avait ressenti d'amour réel et de douces pensées ; c'était la fée de la maison, la fleur de l'âme, l'écrin des souvenirs heureux. Le roi la regarda tristement.

— Cela m'étonnait, dit-il, que vous ne m'eussiez pas déjà quitté, Maria ; il est vrai que vous avez bien choisi votre moment, celui où mon frère Henri se révolte, celui où mon frère Frédéric me trahit, celui où le roi de France me va sans doute faire la guerre. Il est vrai que les femmes n'aiment pas le malheur.

— Etes-vous malheureux ? s'écria dona Padilla, en faisant trois pas et en tendant ses deux mains vers don Pedro, en ce cas, je reste, cela me suffit, autrefois j'eusse demandé : Pedro, si je reste, seras-tu heureux ?

De son côté, le roi avait penché son corps en avant, de sorte qu'une des deux belles mains de Maria tomba dans les siennes. Il était dans un de ces moments où le cœur profondément blessé éprouve le besoin de se cicatriser par un peu d'amour. Il porta cette main à ses lèvres.

— Vous avez tort, Maria, dit-il, je vous aime ; seulement, pour que vous trouvassiez un amour qui correspondît au vôtre, il vous eût fallu aimer un autre homme qu'un roi.

— Vous ne voulez donc pas que je parte ? demanda Maria Padilla avec cet adorable sourire qui faisait oublier à don Pedro le reste de l'univers.

— Non, dit le roi, si toutefois vous consentez à partager ma fortune à venir, comme vous avez partagé ma fortune passée.

Alors, de la place même où elle était, et par la fenêtre ouverte, d'un de ces gestes de reine qui eussent fait croire que Maria était née au pied d'un trône, la belle statue fit signe à cette nuée de serviteurs prêts à partir de rentrer dans les appartemens.

En ce moment Mothril entra. Cette conférence trop prolongée de don Pedro avec sa maîtresse l'inquiétait.

— Qu'y a-t-il ? demanda don Pedro impatient.

— Il y a, sire, répondit le More, que votre frère don Frédéric arrive, et que l'on aperçoit son escorte sur la route de Portugal.

A cette nouvelle, une telle expression de haine jaillit en éclairs des yeux du roi, que Maria Padilla vit bien qu'elle n'avait rien à craindre de ce côté, et après avoir tendu son front à don Pedro, qui y posa ses lèvres pâles, elle rentra chez elle en souriant.

VIII.

COMMENT LE GRAND-MAITRE ENTRA DANS L'ALCAZAR DE SÉVILLE, OU L'ATTENDAIT LE ROI DON PEDRO.

En effet, comme venait de le dire Mothril, le grand-maître s'avançait vers Séville ; il atteignit les portes vers midi, c'est-à-dire vers le milieu de la plus forte chaleur du jour.

Les cavaliers qui formaient son escorte, mores et chrétiens, étaient couverts de poussière, et la sueur baignait le flanc des mules et des chevaux. Le grand-maître jeta un regard sur les murailles de la ville qu'il croyait voir couvertes de soldats et de peuple, comme c'est l'habitude dans les jours de fêtes, mais il n'y vit que des sentinelles qu'on avait coutume d'y voir dans les temps ordinaires.

— Faut-il prévenir le roi? demanda un des officiers de don Frédéric, en s'apprêtant à prendre les devans si le prince l'ordonnait.

— Ne vous inquiétez pas, dit don Frédéric avec un triste sourire, le More est parti devant, et mon frère est prévenu. D'ailleurs, ajouta-t-il avec un accent amer, ne savez-vous pas qu'il y a des tournois et des fêtes à Séville à l'occasion de mon arrivée?

Les Espagnols regardaient avec étonnement autour d'eux, car rien n'indiquait ces tournois promis et ces fêtes commandées. Tout était triste et sombre au contraire; ils interrogèrent les Mores, mais les Mores ne répondirent point.

Ils entrèrent dans la ville; portes et fenêtres étaient fermées, comme c'est l'habitude en Espagne au moment des grandes chaleurs; on ne voyait dans les rues, ni peuple, ni apprêts, et l'on n'entendait d'autre bruit que celui des portes qui s'ouvraient pour donner passage à quelque dormeur en retard, curieux de savoir, avant de faire sa sieste, quelle était cette troupe de cavaliers qui entraient dans la ville, à cette heure où, en Espagne, les Mores eux-mêmes, ces enfans du soleil, cherchaient l'ombre des bois ou la fraîcheur de la rivière.

Les cavaliers chrétiens marchaient les premiers; les Mores, plus nombreux du double, car plusieurs troupes s'étaient successivement jointes à la première, formaient l'arrière-garde.

Don Frédéric examinait toutes ces manœuvres; cette ville, qu'il s'attendait à voir vivante et joyeuse, et qu'il trouvait au contraire morne et silencieuse comme un tombeau, avait déjà donné à son cœur de terribles soupçons. Un officier s'approcha de lui, et se penchant à son oreille :

— Seigneur, dit-il, avez-vous remarqué que derrière nous on a fermé la porte par laquelle nous sommes entrés?

Le grand-maître ne répondit rien, on continua d'avancer, et bientôt on découvrit l'alcazar. Mothril attendait à la porte avec quelques officiers de don Pedro. Ils avaient le visage bienveillant.

La troupe si impatiemment attendue entra aussitôt dans les cours de l'alcazar, dont les portes, comme celles de la ville, se refermèrent sur elle.

Mothril avait suivi le prince avec tous les signes du plus profond respect.

Au moment où il mit pied à terre, il s'approcha de lui et lui dit :

— Vous savez, monseigneur, qu'il n'est point d'usage qu'on entre dans le palais avec des armes. Voulez-vous que je fasse porter votre épée dans votre appartement ?

La colère de don Frédéric, si longtemps contenue, semblait n'attendre que cette occasion pour éclater.

— Esclave, dit-il, la servilité t'a-t-elle si fort abruti que tu ne saches plus reconnaître tes princes et respecter tes maîtres ? Depuis quand le grand-maître de Saint-Jacques de Calatrava, qui a le droit d'entrer casqué et éperonné dans les églises et de parler tout armé à Dieu, n'a-t-il donc plus le droit d'entrer armé au palais, et de parler l'épée au fourreau à son frère?

Mothril écouta avec respect et courba la tête avec humilité.

— Monseigneur a dit la vérité, répondit-il, et son très humble serviteur avait oublié, non pas qu'il fût prince, mais qu'il fût grand-maître de l'ordre de Calatrava. Tous ces priviléges sont coutumes chrétiennes, et il n'est pas étonnant qu'un pauvre mécréant comme moi les ignore ou les oublie.

En ce moment un autre officier s'approcha de don Frédéric.

— Est-il vrai, seigneur, dit-il, que vous ordonniez que nous vous quittions !

— Qui a dit cela ? demanda le grand-maître.

— Un des gardes de la porte.

— Et vous lui avez répondu ?

— Que nous n'avions d'ordres à recevoir que de notre seigneur don Frédéric.

Le prince hésita un instant : il se voyait jeune, il se sentait vigoureux, il se savait brave ; enfin, il était assez bien entouré pour faire une longue défense.

— Seigneur, continua l'officier, voyant que son maître se consultait, dites un mot, faites un signe, et nous vous tirerons de cette embûche où vous êtes tombé ; nous sommes ici trente qui portons la lance, le poignard et l'épée.

Don Frédéric regarda Mothril, — il surprit un sourire sur ses lèvres et suivit la direction de son regard. Sur les terrasses qui entouraient la cour, on voyait des archers, des arbalétriers, leurs arcs et leurs arbalètes à la main.

— Je ferais égorger ces braves gens, se dit à lui-même don Frédéric, — non, puisque c'est à moi seul qu'on en veut, entrons seul.

Le grand-maître se tourna calme et assuré vers ses compagnons :

— Retirez-vous, mes amis, dit-il ; je suis dans le palais de mon frère et de mon roi ; — la trahison n'habite pas

8.

de pareilles demeures, — et, si je me trompe, rappelez-vous que j'ai été prévenu qu'on me trahissait et que je n'ai pas voulu le croire.

Les soldats de don Frédéric s'inclinèrent et sortirent un à un. Don Frédéric se trouva seul alors avec les Mores et les gardes du roi don Pedro.

— Et maintenant, dit-il en se tournant vers Mothril, je veux voir mon frère.

— Seigneur, votre désir va être accompli, répondit le More, car le roi vous attend avec impatience.

Il s'effaça pour que le prince pût monter l'escalier de l'alcazar.

— Où est mon frère ? demanda le grand-maître.

— Dans l'appartement de la terrasse.

C'était un appartement voisin de celui qu'habitait ordinairement don Frédéric. En passant devant la porte du sien, le grand-maître s'arrêta un instant.

— Ne puis-je entrer chez moi, dit-il, et me reposer un instant avant de paraître devant mon frère ?

— Monseigneur, répondit Mothril, quand Votre Altesse aura vu le roi, elle se reposera alors tout à son aise et tant que bon lui semblera.

Il se fit alors un mouvement parmi les Mores qui suivaient le prince. Frédéric se retourna.

— Le chien... murmurèrent les Mores.

En effet, le fidèle Allan, au lieu de suivre le cheval à l'écurie, avait suivi son maître, comme s'il eût pu deviner le danger qui le menaçait.

— Le chien est à moi, dit don Frédéric.

Les Mores s'écartèrent, moins encore par respect que par crainte, et le chien, joyeux, vint appuyer ses deux pattes contre la poitrine de son maître.

— Oui, dit-il, je te comprends, et tu as raison. Fernand est mort, Agénor est loin d'ici, et tu es le seul ami qui me reste.

— Monseigneur, dit Mothril avec son sourire ironique, est-il aussi dans les priviléges du grand-maître de Saint-Jacques d'entrer dans les appartemens du roi suivi de son chien ?

Un flot sombre passa sur le front de don Frédéric. Le More était près de lui ; don Frédéric avait la main sur son poignard ; une décision prompte, un mouvement rapide, et il était vengé de cet esclave railleur et insolent.

— Non, dit-il en lui-même, la majesté du roi est dans tous ceux qui l'entourent : n'attentons point à la majesté du roi.

Il ouvrit froidement la porte de son appartement, et il fit signe à son chien d'y entrer.

Le chien obéit.

— Attends-moi, Allan, dit-il.

Le chien se coucha sur une peau de lion. Le grand-maître ferma la porte. En ce moment, on entendit une voix qui criait :

— Mon frère ! où est donc mon frère ?

Don Frédéric reconnut la voix du roi, et s'avança vers le point de l'appartement d'où venait cette voix.

Don Pedro sortant du bain, pâle encore de sa nuit sans sommeil, grondant d'une sourde colère, fixa un regard sévère sur le jeune homme qui se prosternait devant lui.

— Me voici, mon roi et mon frère, dit-il ; vous m'avez appelé, et me voici. Je suis venu en toute hâte pour vous voir, et pour vous souhaiter toute prospérité.

— Comment cela est-il possible, grand-maître, répondit don Pedro, et ne dois-je pas m'étonner que vos paroles soient si peu d'accord avec vos actions? Vous me souhaitez toutes sortes de prospérités, dites-vous, et vous conspirez avec mes ennemis?

— Seigneur, je ne vous comprends pas, dit don Frédéric en se relevant, car du moment où on l'accusait, il ne voulait pas rester une seconde de plus à genoux. — Est-ce bien à moi que s'adressent ces paroles?

— Oui, à vous-même, don Frédéric, grand-maître de Saint-Jacques.

— Sire, vous m'appelez donc traître, alors?

— Oui? car traître vous êtes, répondit don Pedro.

Le jeune homme pâlit, mais se contint.

— Pourquoi cela, mon roi? dit-il avec un accent de douceur infinie. Je ne vous ai jamais offensé, volontairement du moins; tout au contraire, dans plusieurs rencontres, et particulièrement dans la guerre contre les Mores, aujourd'hui vos amis, j'ai manié une épée qui était bien lourde pour mon bras qui était encore si jeune.

— Oui, les Mores sont mes amis! s'écria don Pedro, et il m'a bien fallu choisir mes amis parmi les Mores, puisque dans ma famille je n'ai trouvé que des ennemis.

Don Frédéric se relevait plus fier et plus intrépide à mesure que les reproches du roi devenaient plus injustes et plus outrageans.

— Si vous parlez de mon frère Henri, dit-il, je n'ai rien à répondre, et cela ne me regarde pas. Mon frère Henri s'est rebellé contre vous, mon frère Henri a eu tort, car vous êtes notre seigneur légitime et par l'âge et par la naissance; mais mon frère Henri veut être roi de Castille, et on dit que l'ambition fait tout oublier; moi, je ne suis pas ambitieux, et ne prétends rien. Je suis grand-maître de Saint-Jacques : si vous en savez un plus digne que moi, je suis prêt à résigner ma charge entre ses mains.

Don Pedro ne répondit pas.

— J'ai conquis Coïmbre sur les Mores, et je m'y suis enfermé comme dans ma propriété. Personne n'a de droit sur ma ville. Voulez-vous Coïmbre, mon frère, c'est un bon port.

Don Pedro ne répondit point davantage.

— J'ai une petite armée, reprit don Frédéric. Mais je l'ai réunie sous votre bon plaisir. Voulez-vous mes soldats pour combattre vos ennemis ?

Don Pedro continuait de garder le silence.

— Je n'ai de bien que le bien de ma mère, dona Eléonore de Guzman, et les trésors que j'ai conquis sur les Mores. Voulez-vous mon argent ? mon frère.

— Ce n'est ni ta charge, ni ta ville, ni tes soldats, ni ton trésor que je veux, dit don Pedro, ne pouvant plus se contenir à la vue du calme du jeune homme, c'est ta tête.

— Ma vie est à vous comme tout le reste, mon roi ; je ne la défendrai pas plus que je n'eusse défendu le reste. Seulement pourquoi prendre la tête quand le cœur est innocent ?

— Innocent ! reprit don Pedro. Connais-tu une Française qui s'appelle Blanche de Bourbon ?

— Je connais une Française qui s'appelle Blanche de Bourbon, et je la respecte comme ma reine et comme ma sœur.

— Eh bien ! voilà ce que je voulais dire, reprit don Pedro ; c'est que tu tiens pour ta reine et ta sœur, l'ennemie de ton frère et de ton roi.

— Sire, dit le grand-maître, si vous appelez ennemi celui que vous avez offensé et qui conserve dans son cœur le souvenir de son injure, la personne dont vous parlez est peut-être votre ennemie. Mais, sur mon âme, autant vaudrait dire qu'elle est votre ennemie aussi, la gazelle que vous avez blessée d'une flèche, et qui fuit blessée.

— J'appelle mon ennemie quiconque soulève mes villes, — et cette femme a soulevé Tolède. — J'appelle mon ennemie quiconque arme mes frères comme moi, — et cette femme a armé contre moi mon frère, non pas mon frère Henri l'ambitieux, comme tu l'appelais tout à l'heure, mais mon frère don Frédéric, l'hypocrite et l'incestueux.

— Mon frère, je vous jure...

— Ne jure pas, tu te parjurerais.

— Mon frère...

— Connais-tu cela ? — dit don Pedro, tirant la lettre du grand-maître de la gibecière de Fernand.

A cette vue, qui lui prouvait que Fernand avait été assassiné, à cette preuve de son amour tombée entre les mains du roi, don Frédéric sentit que la force lui manquait. Il fléchit le genou devant don Pedro, et demeura un instant la tête inclinée sous le poids des malheurs qu'il prévoyait. Un murmure d'étonnement courut dans le groupe de courtisans placés à l'extrémité de la galerie ; Frédéric, à genoux devant son frère, suppliait évidemment son roi : or, s'il le suppliait, c'est qu'il était coupable, ils ne songeaient pas qu'il pût supplier pour un autre.

— Seigneur, dit don Frédéric, je prends Dieu à témoin que je suis innocent de ce que vous me reprochez.

— C'est donc à Dieu que tu vas le dire, reprit le roi ; car, pour moi, je ne te crois pas.

— Ma mort laverait une souillure, dit le grand-maître ; que sera-ce donc quand je serai pur de crime ?

— Pur de crime ! s'écria le roi don Pedro ; et comment appelles-tu donc ceci ?

Et, emporté par la colère, le roi souffleta le visage de son frère avec la lettre qu'il avait écrite à Blanche de Bourbon.

— C'est bien, dit Frédéric en faisant un pas en arrière ; tuez-moi et ne m'outragez pas ! Je sais depuis longtemps que les hommes deviennent des lâches à force de vivre avec les courtisanes et les esclaves !... Roi, tu es un lâche ! car tu as insulté un prisonnier !

— A moi ! cria don Pedro ; à moi, mes gardes ! qu'on l'emmène et qu'on le tue.

— Un moment, interrompit don Frédéric en étendant la main vers son frère avec majesté, tout furieux que tu sois, tu vas t'arrêter devant ce que je vais te dire. Tu as soupçonné une femme innocente, tu as outragé le roi de France en la soupçonnant ; mais tu n'offenseras pas Dieu à plaisir. Or, je veux prier Dieu avant que tu m'assassines : je veux une heure pour m'entretenir avec mon maître suprême. Je ne suis pas un More, moi !

Don Pedro était presque fou de rage. Cependant il se contint, car on le regardait.

— C'est bien, tu auras une heure, lui dit-il ; va !

Tous ceux qui assistaient à cette scène étaient glacés de crainte. Les yeux du roi flamboyaient ; mais de ceux de don Frédéric jaillissaient aussi des éclairs.

— Sois prêt dans une heure ! lui cria don Pedro au moment où il sortait de la chambre.

— Sois tranquille, je mourrai toujours trop tôt pour toi, puisque je suis innocent, répondit le jeune homme.

Il resta une heure enfermé chez lui sans que personne approchât, face à face avec le Seigneur ; puis, comme cette heure était écoulée, et que les bourreaux n'avaient point paru, il sortit dans la galerie et cria :

— Tu me fais attendre, seigneur don Pedro ; l'heure est passée.

Les bourreaux entrèrent.

— De quelle mort dois-je périr ? demanda le prince.

Un des bourreaux tira son épée.

Frédéric examina cette épée en passant son doigt sur le tranchant.

— Prenez la mienne, dit-il en tirant son épée hors du fourreau, elle coupe mieux.

Le soldat prit l'épée.

— Quand vous serez prêt, grand-maître, dit-il.

Frédéric fit signe aux soldats d'attendre un instant ; puis, s'approchant d'une table, il écrivit quelques lignes sur un parchemin, roula ce parchemin et le prit entre ses dents.

— Qu'est-ce que ce parchemin ? demanda le soldat.

C'est un talisman qui me rend invulnérable, dit don Frédéric ; frappe maintenant, je te brave.

Et le jeune prince, dépouillant son cou, relevant ses longs cheveux sur le haut de sa tête, s'agenouilla les mains jointes et le sourire sur les lèvres.

— Crois-tu à la puissance de ce talisman ? demanda tout bas un soldat à celui qui allait frapper.

— Nous allons bien voir, répondit celui-ci.

— Frappe ! dit Frédéric.

L'épée flamboya aux mains de l'exécuteur ; un éclair jaillit de la lame, et la tête du grand-maître, détachée d'un seul coup, roula sur le plancher.

En ce moment, un hurlement épouvantable perça les voûtes du palais.

Le roi, qui écoutait à sa porte, s'enfuit épouvanté. Les

bourreaux s'élancèrent hors de la chambre. Il ne resta plus sur la place que du sang, une tête séparée du corps, et un chien qui, brisant une porte, vint se coucher près de ces tristes débris.

VIII.

COMMENT LE BATARD DE MAULÉON REÇUT LE BILLET QU'IL ÉTAIT VENU CHERCHER.

Les premières ombres de la nuit descendaient grises et lugubres sur le palais désolé. Don Pedro était assis, sombre et inquiet, dans les appartemens inférieurs où il s'était réfugié, n'osant rester dans l'appartement voisin de la chambre où gisait le cadavre de son frère. Près de lui, Maria Padilla pleurait.

— Pourquoi pleurez-vous, madame? dit tout à coup le roi avec aigreur. N'avez-vous donc pas ce que vous avez tant désiré? Vous m'avez demandé la mort de votre ennemi ; vous devez être satisfaite, votre ennemi n'est plus.

— Sire, dit Maria, j'ai peut-être, dans un moment d'orgueil féminin, dans un élan de colère insensée, désiré cette mort. Dieu me pardonne si ce désir est jamais entré dans mon cœur! mais je crois pouvoir répondre que je ne l'ai jamais demandée.

— Ah! voilà bien les femmes! s'écria don Pedro : ardentes dans leurs désirs, timides dans leurs résolutions ; elles veulent toujours, elles n'osent jamais ; puis, quand un autre est assez fou pour avoir obéi à leur pensée, elles nient que cette pensée elles l'aient jamais eue.

— Sire, au nom du ciel ! dit Maria, ne me dites jamais que c'est à moi que vous avez sacrifié le grand-maître ; ce serait mon tourment dans cette vie ; ce serait mon remords dans l'autre... Non, dites-moi ce qui est vrai ; dites-moi que vous l'avez sacrifié à votre honneur. Je ne veux pas, entendez-vous bien, je veux pas que vous me quittiez sans me dire que ce n'est pas moi qui vous ai poussé à ce meurtre !...

— Je dirai tout ce que vous voudrez, Maria, répliqua froidement le roi en se levant et en allant au-devant de Mothril, qui venait d'entrer avec les droits d'un ministre et l'assurance d'un favori.

D'abord Maria détourna les yeux pour ne pas voir cet homme, pour lequel la mort du grand-maître, quoique cette mort servît ses intérêts, avait encore redoublé sa haine ; elle alla dans l'embrasure d'une fenêtre, et là, tandis que le roi causait avec le More, elle regarda un chevalier armé de toutes pièces qui, profitant du désordre que l'exécution de don Frédéric venait de jeter dans tout le château, entrait dans la cour, sans que gardes ni sentinelles s'inquiétassent de lui demander où il allait.

Ce chevalier, c'était Agénor, qui se rendait à l'appel que lui avait fait le grand-maître, et qui cherchant des yeux les rideaux de pourpre que celui-ci lui avait désignés comme étant ceux de son appartement, disparut à l'angle de a muraille.

Maria Padilla suivit machinalement des yeux, et sans savoir qui il était, le chevalier jusqu'à ce qu'elle l'eût perdu de vue. Alors revenant de l'extérieur à l'intérieur, elle reporta son regard sur le roi et sur Mothril.

Le roi parlait vivement. A ses gestes énergiques on comprenait qu'il donnait des ordres terribles. Un éclair traversa l'esprit de dona Maria ; avec cette rapide intuition familière aux femmes elle devina ce dont il était question.

Elle s'avança vers don Pedro au moment où celui-ci faisait signe à Mothril de se retirer.

— Seigneur, dit-elle, vous ne donnerez pas deux ordres pareils dans le même jour.

— Vous avez donc entendu? s'écria le roi en pâlissant.

— Non, mais j'ai deviné. Oh ! sire, sire, continua Maria en tombant à genoux devant le roi : bien souvent je me suis plainte d'elle, bien souvent je vous ai excité contre elle, mais ne la tuez pas, sire, ne la tuez pas, car après l'avoir tuée vous me direz aussi comme vous me l'avez dit à propos de don Frédéric, que c'est parce que je vous demandais sa mort que vous l'avez tuée.

— Maria, dit le roi d'un air sombre, relevez-vous, ne priez pas, c'est inutile, tout était décidé d'avance. Il fallait ne pas commencer, ou maintenant il faut finir ;—la mort de l'un entraîne la mort de l'autre. Si je ne frappais que don Frédéric, c'est pour le coup qu'on penserait que don Frédéric a, non pas expié un crime, mais a été sacrifié à une vengeance particulière.

Dona Maria regarda le roi avec effroi ; on eût dit le voyageur qui s'arrête épouvanté devant un abîme.

— Oh! tout cela retombera sur moi, dit-elle, sur moi et sur mes enfans ; on dira que c'est moi qui vous ai poussé à ce double meurtre, et cependant vous le voyez, mon Dieu ! ajouta-t-elle en se traînant à ses pieds, je le prie, je supplie de ne pas me faire un spectre de cette femme.

— Non, car je proclamerais tout, ma honte et leur crime ; non, car je montrerais la lettre de don Frédéric à sa belle-sœur.

— Mais, s'écria dona Maria, vous ne trouverez jamais un Espagnol qui portera la main sur sa reine.

— Aussi j'ai choisi un More, répondit impassiblement don Pedro. A quoi bon les Mores, si on ne leur faisait pas faire ce que refuseraient les Espagnols ?

— Oh ! je voulais m'en aller ce matin, s'écria dona Padilla, pourquoi suis-je restée ! mais il est encore temps ce soir, laissez-moi quitter ce palais-ci ; ma maison vous est ouverte à toute heure du jour et de la nuit, vous me viendrez voir dans ma maison.

— Faites ce que vous voudrez, madame, dit don Pedro, à qui, par un étrange revirement de souvenir, apparaissait en ce moment l'image de la belle Moresque du kiosque, avec son sommeil voluptueux, et ses femmes aux grands éventails veillant sur ce sommeil.—Faites ce que vous voudrez. Je suis las de vous entendre toujours dire que vous partez, sans vous voir partir jamais.

— Mon Dieu ! dit Maria Padilla, vous êtes témoin que je sors d'ici parce que, n'ayant point demandé la mort de don Frédéric, je demande inutilement la vie de la reine Blanche.

Et avant que le roi don Pedro eût pu s'opposer à cette action, elle ouvrit rapidement la porte et s'apprêta à sortir ; mais en ce moment un grand bruit retentissait dans le palais ; on voyait fuir des gens en proie à une terreur insensée ; on entendait des cris dont on ne pouvait comprendre la cause ; le vertige aux vastes ailes semblait planer au-dessus du palais.

— Écoutez ! dit Maria, écoutez !

— Que se passe-t-il donc ? dit don Pedro en se rapprochant de l'Espagnole, et que veut dire tout ceci? Répondez, Mothril, continua-t-il en s'adressant au More qui, debout de l'autre côté du vestibule, pâle et les yeux fixés sur un objet que ne pouvait voir don Pedro, demeurait immobile, une main sur son poignard, essuyant de l'autre la sueur qui coulait sur son front.

— Affreux! affreux! répétèrent toutes les voix.

Don Pedro, impatient, fit un pas en avant, et en effet un spectacle horrible vint à son tour frapper ses regard. Au haut de l'escalier aux larges dalles on vit apparaître le chien de don Frédéric, hérissé comme un lion, sanglant et terrible; il tenait dans sa gueule la tête de son maître qu'il attirait doucement sur le marbre par ses longs cheveux. Devant lui fuyaient, en poussant les cris que don Pedro avait entendus, tous les serviteurs, tous les gardes du palais. Tout brave, tout téméraire, tout insensible qu'il fût, don Pedro essaya de fuir; mais ses pieds, comme ceux du More, semblaient cloués au plancher. Le chien descendait toujours, laissant une large trace rouge derrière lui. En arrivant entre don Pedro et Mothril, comme s'il eût reconnu en eux les deux assassins, il déposa la tête à terre et poussa un hurlement si lamentable qu'il fit tomber évanouie la favorite et frissonner le roi, comme si l'ange de la mort l'eût touché de son aile; puis il reprit son précieux fardeau, et disparut dans la cour.

Un homme encore avait entendu le hurlement du chien et avait frissonné à ce hurlement; cet homme, c'était le chevalier armé de toutes pièces que dona Maria avait vu entrer dans l'alcazar et qui, en bon chrétien, aussi superstitieux au moins qu'un More, se signa au bruit de ce hurlement, priant Dieu d'écarter de lui toute mauvaise rencontre.

Alors cette même nuée de serviteurs affarés s'enfuyant, se heurtant, se renversant, vint à son tour le frapper d'une stupeur qui ressemblait à de l'effroi. Le digne chevalier s'appuya contre un platane, et, la main sur son poignard, vit défiler cette rapide procession d'ombres pâles ; enfin il aperçut le chien, et le chien l'aperçut.

Le chien vint droit à lui, guidé par cet instinct subtil qui lui faisait reconnaître dans le chevalier l'ami de son maître.

Agénor était saisi d'horreur. Cette tête sanglante, ce chien semblable à un loup qui emporte sa proie, ce monde de serviteurs fuyant avec des visages pâles et des cris étranglés, tout lui représentait un de ces rêves affreux comme en font les malades dévorés par la fièvre.

Le chien continua de s'approcher avec une joie douloureuse, et vint déposer à ses pieds la tête souillée de poussière ; puis il éleva aux voûtes le hurlement le plus funèbre et le plus perçant qu'il eût encore poussé. Un instant immobile d'effroi, Agénor crut que le cœur allait lui manquer ; enfin, devinant une partie de ce qui venait de se passer, il se baissa, écarta avec ses mains les beaux cheveux, et reconnut, quoique noyés dans les ombres de la mort, les yeux calmes et doux de son ami. Sa bouche était sereine comme lorsqu'il vivait, et l'on eût dit que le sourire qui lui était habituel se faisait jour encore sur ses lèvres violettes. Agénor tomba agenouillé, et de grosses larmes silencieuses roulèrent de ses yeux sur ses joues. Il voulut prendre cette tête pour lui rendre les derniers devoirs, et seulement alors il s'aperçut que les dents du malheureux grand-maître tenaient serré un petit rouleau de parchemin ; il les sépara avec son poignard, déroula le parchemin, et lut avidement ce qui suit :

« Ami, nos pressentimens funestes ne nous avaient pas
« trompés; mon frère me tue. Préviens la reine Blanche:
« elle aussi est menacée. Tu as mon secret; garde mon
« souvenir. »

— Oui, seigneur, dit le chevalier; oui, j'exécuterai religieusement tes dernières volontés!.. Mais comment sortir d'ici?... Je ne sais plus par où je suis entré.... Ma tête se perd; je n'ai plus de mémoire, et ma main est si tremblante, que mon poignard, que je ne puis remettre au fourreau, va m'échapper.

En effet, le chevalier se releva pâle, frissonnant, presque fou, marchant devant lui sans voir, se heurtant aux colonnes de marbre, étendant les mains devant lui comme un homme ivre qui craint de se briser le front. Enfin, il se trouva dans un magnifique jardin tout planté d'orangers, de grenadiers et de lauriers-roses, des gerbes d'eau pareilles à des cascades d'argent jaillissaient dans des vasques de porphyre. Il courut à l'un de ces bassins, but avidement, rafraîchit son front en le trempant dans l'eau glacée, et chercha à s'orienter; alors, une faible lumière aperçue à travers les arbres attira son regard et le guida. Il courut à elle, une forme blanche appuyée aux trèfles d'un balcon le reconnut, poussa un soupir et murmura son nom. Agénor leva la tête, vit une femme qui lui tendait les bras. Aïssa, Aïssa, s'écria-t-il à son tour, et du jardin il passa près de la Moresque. La jeune fille lui tendit les bras avec une profonde expression d'amour, puis se reculant tout d'un coup avec inquiétude :

— Oh! mon Dieu! Français, es-tu blessé?

En effet, Agénor avait les mains sanglantes; mais au lieu de lui répondre, au lieu de lui donner une explication trop longue, il posa une de ses mains sur son bras, et lui montra de l'autre le chien qui l'avait suivi. A cette terrible apparition, la jeune fille poussa un cri à son tour ; Mothril, qui rentrait chez lui, entendit ce cri. On entendit sa voix qui demandait des flambeaux ; on entendit ses pas et ceux de ses serviteurs qui s'approchaient.

— Fuis, s'écria la jeune fille, fuis ; il te tuerait, et je mourrais aussi ; car je t'aime.

— Aïssa, dit le chevalier, je t'aime aussi : sois-moi fidèle, et tu me reverras.

Puis, serrant la jeune fille sur son cœur, imprimant un baiser sur ses lèvres, il baissa la visière de son casque, tira sa longue épée, sauta par la fenêtre basse, et s'enfuit froissant les branches, écrasant les fleurs ; il arriva bientôt hors du jardin, traversa la cour, s'élança hors de la porte, et, tout étonné qu'on ne fît aucune tentative pour l'arrêter, aperçut de loin Musaron ferme sur sa selle et tenant en main le beau cheval noir que don Frédéric lui avait donné.

Un râle strident accompagnait le chevalier par derrière, il se retourna, et le peu d'empressement des gardes à lui barrer le chemin lui fut expliqué. Le chien, qui n'avait pas voulu abandonner le seul ami qui lui restât, le suivait. Pendant ce temps, Mothril, saisi de frayeur aux cris qu'il avait entendus, se précipitait chez Aïssa. Il trouva la jeune fille pâle et debout près de la fenêtre ; il voulut l'interroger, mais, à ses premières questions, la jeune fille ne répondit que par un sombre silence. Enfin le More se douta de ce qui était arrivé.

— Quelqu'un est entré ici ?... Aïssa, répondez.

— Oui, dit la jeune fille, la tête du frère du roi.

Mothril regarda la jeune fille plus attentivement. Sur sa robe blanche était restée l'empreinte d'une main sanglante.

— Le Français t'a vue! s'écria Mothril exaspéré.

Mais cette fois Aïssa le regarda d'un œil fier et ne répondit pas.

IX

COMMENT LE BATARD DE MAULÉON ENTRA DANS LE CHATEAU DE MEDINA-SIDONIA.

Le lendemain de ce jour terrible, et comme les premiers rayons du soleil éclairaient la cime de la sierra d'Aracéna, Mothril, enveloppé dans un large manteau blanc, prenait congé du roi don Pedro au bas des degrés de l'alcazar.

— Je vous réponds de mon serviteur, dit le More, c'est l'homme qu'il faut à votre vengeance, sire, un bras sûr et rapide, d'ailleurs je veillerai sur lui. Pendant ce temps, faites chercher ce Français, complice du grand-maître, et si vous le rejoignez surtout pas de pitié pour lui.

— C'est bien, dit don Pedro, va vite et reviens.

— Seigneur, répondit le More, pour faire plus grande diligence, je conduirai ma fille à cheval et non en litière.

— Que ne la laisses-tu à Séville, répliqua le roi. N'a-t-elle donc pas sa maison, ses femmes et ses duègnes?

— Seigneur, je ne puis l'abandonner. Partout où j'irai il faut qu'elle me suive. C'est mon trésor, et je veille dessus.

— Ah! ah! More, tu te rappelles l'histoire du comte Julien et de la belle Florinde.

— Je dois me la rappeler, répondit Mothril, puisque c'est à elle que les Mores doivent d'être entrés en Espagne, et que je dois par conséquent l'honneur d'être le ministre de Votre Altesse.

— Mais, répondit don Pedro, tu ne m'avais pas dit que tu eusses une fille si belle.

— C'est vrai, dit le More ; ma fille est bien belle.

— Si belle que tu l'adores à deux genoux, n'est-ce pas ?

Mothril feignit d'être fort troublé par ces paroles.

— Moi ! dit-il, qui a pu dire à Votre Altesse...

— On ne m'a pas dit, j'ai vu, répondit le roi. Ce n'est point ta fille.

— Ah ! seigneur, dit Mothril, n'allez pas croire que ce soit ou ma femme ou ma maîtresse !

— Mais qu'est-ce donc, alors ?

— Un jour le roi le saura ; mais en attendant je vais accomplir les ordres de Son Altesse.

Et, prenant congé de don Pedro, il partit.

En effet, la jeune fille, enveloppée d'un grand manteau blanc, qui ne laissait voir que ses grands yeux noirs et ses sourcils arqués, faisait partie de la suite du More : mais ce dernier mentait lorsqu'il dit qu'elle devait l'accompagner pendant toute la route. A deux lieues de Séville, il se détourna de son chemin et mit la jeune fille en sûreté dans le palais d'une riche Moresque à laquelle il se confiait.

Et lui, poussant rapidement son cheval, abrégea le chemin par une course non interrompue.

Bientôt il traversa le Guadalété, à la place même où avait disparu le roi don Rodrigue après la fameuse bataille qui dura sept jours, et entre Tariffa et Cadix, il vit le château de Medina-Sidonia s'élever dans les airs tout chargé de cette tristesse qui pèse sur la demeure des prisonniers.

C'est là qu'une jeune femme, blonde et pâle, vivait depuis longtemps dans la compagnie d'une seule femme. Les gardes se multipliaient autour d'elle comme autour du plus dangereux prisonnier, et des yeux impitoyables la suivaient incessamment, soit que, les bras pendans et la tête inclinée, elle parcourût lentement ces jardins dévorés par le soleil; soit que, couchée devant sa fenêtre fermée de grilles de fer, elle interrogeât l'espace d'un regard mélancolique en soupirant après la liberté, et en suivant les vagues infinies et sans cesse renaissantes de l'immense océan,

Cette femme était Blanche de Bourbon, femme de don Pedro, qu'il avait dédaignée dès la première nuit de ses noces. Elle se consumait peu à peu dans les larmes et dans les regrets d'avoir sacrifié à ce vain fantôme d'honneur l'avenir si doux qu'un jour elle avait vu briller dans les yeux bleus de don Frédéric.

Quand la pauvre femme voyait passer dans la campagne les jeunes filles qui venaient de vendanger les raisins de Xérès ou de Marbella; lorsqu'elle entendait chanter leurs amans qui se rendaient au devant d'elles, alors son cœur se gonflait, alors les larmes jaillissaient de ses yeux. Et elle aussi, songeant qu'elle aurait pu naître loin du trône et libre comme une de ces jeunes vendangeuses au teint bruni, elle invoquait une image bien chère, et murmurait tout bas un nom qu'elle avait déjà prononcé bien souvent.

C'est qu'aussi, depuis que Blanche de Bourbon y était prisonnière, Medina-Sidonia semblait un lieu maudit. Les gardes en éloignaient le voyageur, sans cesse soupçonné d'être un complice ou tout au moins un ami. La reine n'avait qu'un seul moment de liberté, ou plutôt de solitude, chaque jour: c'était l'heure où, faisant la sieste sous ce soleil brûlant, les sentinelles, honteuses elles-mêmes de tant de précautions prises pour garder une femme, s'appuyaient sur leurs lances et dormaient à l'ombre soit de quelque platane vert, soit de quelque blanche muraille.

Alors la reine descendait sur une terrasse qui donnait sur le fossé plein d'eau vive, et si elle voyait de loin quelque voyageur, espérant s'en faire un ami qui irait donner de ses nouvelles au roi Charles, elle tendait vers lui ses bras supplians.

Mais personne n'avait encore répondu à cet appel de la prisonnière.

Un jour cependant elle vit venir sur le chemin d'Arcos deux cavaliers : dont l'un, malgré le soleil qui semblable à un globe de feu pesait sur son casque, paraissait à l'aise dans son armure complète. Il portait si fièrement sa lance que dès la première vue on reconnaissait en lui un chevalier vaillant. Du moment où elle l'aperçut, les regards de Blanche se fixèrent sur lui et ne purent plus le quitter. Il s'avançait au galop rapide d'un vigoureux cheval noir, et quoiqu'il vînt visiblement de Séville, quoiqu'il parût se diriger vers Medina-Sidonia, et que tous les messagers qu'elle avait reçus de Séville eussent été jusque là des messagers de douleurs, la reine Blanche éprouva plutôt un sentiment de joie que de crainte en apercevant ce chevalier.

En l'apercevant à son tour, il s'arrêta.

Un vague pressentiment d'espérance fit alors battre le cœur de la prisonnière ; elle s'approcha du rempart, fit le signe de la croix, et, comme d'habitude, joignit les mains.

Aussitôt l'inconnu, poussant son cheval, vint au galop tout droit vers la terrasse.

Un geste effrayé de la reine lui désigna la sentinelle qui dormait appuyée à un sycomore.

Le chevalier mit pied à terre, fit signe à son écuyer de

le rejoindre, lui parla bas quelques instans. L'écuyer conduisit les deux chevaux derrière un rocher qui les dérobait à la vue, puis revint près de son maître, et tous deux gagnèrent un énorme buisson de myrthes et de lentisques qui était à portée de la voix de la terrasse.

Le digne chevalier qui de sa vie n'avait pu, comme Charlemagne, faire avec la plume d'autres signes que des lettres ayant la forme d'un poignard ou d'une épée, ordonna à son écuyer d'écrire à la hâte, avec un crayon, que ce dernier plus lettré portait toujours sur lui, quelques mots sur un large caillou.

Puis il fit signe à la reine de s'éloigner un petit peu, parce qu'il allait lancer le caillou sur la terrasse.

En effet, d'un bras vigoureux, il fit voler la pierre tranchante : elle fendit l'air et tomba sur la dalle à quelques pas de la reine. Le bruit de sa chute fit ouvrir les yeux au soldat plongé dans un lourd sommeil, mais le soldat ne voyant rien autour de lui que la reine immobile et désolée, qu'il avait l'habitude de voir tous les jours à la même place, ferma ses yeux éblouis et se rendormit bientôt.

La reine alla ramasser le caillou et lut ces mots :

« Êtes-vous l'infortunée reine Blanche, sœur de mon roi? »

La réponse de la reine fut sublime de douleur et de majesté. Elle croisa ses bras sur sa poitrine, et fit, de haut en bas, un signe de tête qui fit pleuvoir deux grosses larmes à ses pieds.

Le chevalier s'inclina respectueusement, et s'adressant à son écuyer, qui s'était déjà muni d'un autre caillou pour une seconde lettre.

— Écris ceci, lui dit-il.

« Madame, pouvez-vous être sur cette terrasse ce soir à huit heures, j'ai une lettre de don Frédéric à vous remettre. »

L'écuyer obéit.

La seconde missive arriva aussi heureusement que la première. Blanche fit un mouvement de joie, puis réfléchit longtemps et répondit : Non !

Une troisième pierre fut lancée.

« Y a-t-il un moyen de pénétrer jusqu'à vous? demandait-il, forcé de suppléer par la pantomime à sa voix, qui eût pu éveiller la sentinelle, ou à l'écriture, que son bras n'eut pas la force de lancer de l'autre côté du fossé. La reine désigna au chevalier un sycomore, à l'aide duquel il pouvait monter sur la muraille ; puis elle indiqua une porte qui, de cette muraille, conduisait à la tour habitée par elle. »

Le chevalier s'inclina, il avait compris.

En ce moment, le soldat se réveilla et reprit sa faction.

Le chevalier demeura caché quelque temps, puis, profitant d'un moment où l'attention de la sentinelle était attirée d'un autre côté, il se glissa avec son écuyer derrière le rocher où attendaient les chevaux.

— Seigneur, dit l'écuyer, nous avons entrepris là une besogne difficile : pourquoi donc n'avez-vous pas tout de suite envoyé le billet du grand-maître à la reine ? Pour mon compte, je n'y eusse pas manqué, moi.

— Parce qu'un hasard pouvait le détacher en chemin, — et la reine ne m'eût pas cru si le billet avait été perdu.

A ce soir donc, et cherchons un moyen d'arriver à la terrasse sans être vus de la sentinelle.

Le soir arriva. Agénor n'avait encore trouvé aucun moyen de pénétrer dans la forteresse ! Il pouvait être sept heures et demie.

Agénor tenait à entrer s'il était possible sans violence et plutôt par ruse que par force. Mais, comme d'habitude, Musaron était d'un avis parfaitement contraire à celui de son maître.

— De quelque façon que vous vous y preniez, seigneur, lui dit-il, nous serons toujours forcés de livrer bataille et de tuer. Votre scrupule me paraît donc peu légitime. Tuer est toujours tuer. Le meurtre est un péché à sept heures et demie comme à huit heures du soir. Je maintiens donc que de tous les moyens que vous proposez le mien seul est acceptable.

— Quel est-il ?

— Vous allez voir. Justement la sentinelle est un vilain More, un affreux mécréant qui roule des yeux blancs comme s'il était à moitié plongé déjà dans les flammes où il doit être un jour plongé tout à fait. Veuillez donc, Seigneur, dire un *In manus*, et donner mentalement le baptême à cet Infidèle.

— Et quel résultat cela aura-t-il ? demanda Agénor.

— Le seul dont nous devions nous préoccuper dans cette circonstance. Nous tuons son corps, mais nous sauvons son âme.

Le chevalier ne comprenait pas encore bien le moyen que comptait employer Musaron. Cependant, comme il avait une grande confiance dans l'imaginative de son écuyer, qu'il avait déjà eu plus d'une fois l'occasion d'apprécier, il accéda à sa demande, et se mit en prières. Pendant ce temps, Musaron, avec la même tranquillité que s'il se fût agi de gagner un gobelet d'argent dans une fête de village, remonta son arbalète, y plaça un vireton, et ajusta le More : presque aussitôt un sifflement aigu se fit entendre. Agénor, qui ne quittait pas des yeux la sentinelle, vit son turban osciller, ses bras s'étendre. Le soldat, affaissé sur lui-même, ouvrit la bouche comme pour crier, mais aucun son ne s'échappa de son gosier : étouffé par le sang et soutenu par le mur contre lequel il était appuyé, il demeura presque droit et tout à fait immobile.

Agénor se retourna alors vers Musaron qui, le sourire sur les lèvres, rajustait à son côté l'arbalète d'où venait de sortir en ce moment la flèche plantée au cœur du More.

— Voyez-vous, seigneur, dit Musaron, il y a deux avantages dans ce que je viens de faire : le premier, c'est d'envoyer malgré lui un infidèle au paradis : le second, c'est de l'empêcher de crier qui vive ! Maintenant, marchons, rien ne nous empêche plus, la terrasse est déserte et le chemin nous est ouvert.

Ils bondirent vers le fossé, qu'ils passèrent à la nage. L'eau glissait sur l'armure du chevalier comme sur les écailles d'un poisson. Quant à Musaron, toujours plein de précautions et de respect pour lui-même, il avait ôté ses habits qu'il portait en paquet sur sa tête. Arrivés au pied du sycomore, il se revêtit, tandis que son maître faisait couler l'eau qui sortait par toutes les ouvertures de sa cuirasse, et grimpant aux branches du sycomore, il arriva le premier à sa cime, de niveau avec le rempart.

— Eh bien ! demanda Mauléon, que vois-tu ?

— Rien, répondit l'écuyer, si ce n'est la porte que personne ne garde et que votre seigneurie fera sauter avec deux coups de hache.

Mauléon était arrivé à la même hauteur que son écuyer, et par conséquent il pouvait s'assurer par lui-même de la vérité de l'argument. Le chemin était libre, et la porte indiquée fermée le soir interceptait seule la communication de l'appartement de la captive avec les terrasses.

Comme l'avait dit Musaron, avec la pointe de sa hache introduite entre les pierres, Agénor fit sauter la serrure, puis les deux verrous.

La porte s'ouvrit. Devant la porte se présentait un escalier tournant qui servait de dégagement aux appartemens de la reine, dont la principale entrée se trouvait dans la cour intérieure. Au premier étage, ils trouvèrent une porte à laquelle le chevalier frappa trois fois sans qu'on lui répondît.

Agénor se douta que la reine craignait quelque surprise.

— Ne redoutez rien, madame, c'est nous.

— Je vous ai bien entendus, dit la reine de l'autre côté de la porte, mais ne me trahissez-vous pas?

— Je vous trahis si peu, madame, dit Agénor, que j'ouvre cette porte afin de vous faire fuir. J'ai tué la sentinelle. Nous allons traverser le fossé, ce sera l'affaire d'un moment, et dans un quart d'heure vous serez libre et en pleine campagne.

— Mais cette porte, en avez-vous la clef? demanda la reine. Moi, je suis enfermée.

Agénor répondit en exécutant la même manœuvre qui lui avait déjà réussi pour la porte d'en bas. Au bout d'un instant, celle de la reine fut enfoncée comme la première.

— Merci, mon Dieu! s'écria la reine en apercevant ses libérateurs. Mais, ajouta-t-elle d'une voix tremblante et presque inintelligible, mais don Frédéric?

— Hélas! madame, dit lentement Agénor, en mettant

un genou en terre et en présentant à la reine le parchemin, don Frédéric... voici sa lettre.

A la lueur d'une lampe, Blanche lut le billet.

— Mais il est perdu ! s'écria-t-elle ; ce billet est un dernier adieu d'un homme qui va mourir !

Agénor ne répondit pas.

— Au nom du ciel ! s'écria la reine, au nom de votre amitié pour le grand-maître, dites-moi s'il est mort ou vivant ?...

— Dans l'un ou l'autre cas, vous le voyez, don Frédéric vous commande de fuir.

— Mais s'il n'est plus, s'écria encore la reine, pourquoi fuir ? S'il est mort, pourquoi vivre ?...

— Pour obéir à son dernier désir, madame, et pour demander vengeance en votre nom et le sien ; à votre frère, le roi de France.

En ce moment, la porte intérieure des appartemens s'ouvrit, et la nourrice de Blanche, qui l'avait suivie de France, entra pâle et effarée.

— Oh ! Madame, dit-elle, le château se remplit d'hommes armés qui arrivent de Séville, et on annonce un envoyé du roi qui demande à vous parler.

— Venez, madame, dit Agénor, il n'y a pas de temps à perdre.

— Au contraire, dit la reine, si on ne me trouvait pas en ce moment, on courrait après nous et on nous rejoindrait infailliblement. Mieux vaut que je reçoive cet envoyé ; et puis, ensuite, quand il sera tranquillisé par ma présence et par notre entretien, nous fuirons.

— Mais, madame, reprit le chevalier, si cet envoyé était chargé d'ordres sinistres, s'il avait des intentions mauvaises ?

— Je saurai par lui s'il est mort ou vivant, reprit la reine.

— Eh bien, madame, dit le chevalier, si vous recevez cet homme pour ce seul motif, eh bien! je vous dirai la vérité, moi : — hélas! il est mort!

— S'il est mort, dit la reine Blanche, que m'importe alors ce que cet homme vient faire ici! — Songez à votre sûreté, sire de Mauléon; voilà tout. — Allez dire à cet homme que je vous suis, continua Blanche en s'adressant à sa nourrice.

Puis, comme le chevalier la voulait retenir encore, elle lui imposa l'obéissance par un geste de reine, et sortit de l'appartement.

— Seigneur, dit Musaron, si vous m'en croyez, nous laisserons la reine faire ses affaires comme elle l'entend, et nous songerons à revenir sur nos pas. Nous allons périr misérablement ici, seigneur, quelque chose me le dit. Remettons à demain la fuite de la reine, et d'abord...

— Silence! dit le chevalier; la reine sera libre cette nuit, ou je serai mort.

— Alors, seigneur, dit le prudent Musaron, replaçons au moins les portes, que l'on ne s'aperçoive de rien si on vient visiter la terrasse. On va trouver le cadavre du More, seigneur.

— Pousse-le dans l'eau.

— C'est une idée, mais bonne tout au plus pour une heure; il reviendra à la surface, l'entêté.

— Une heure, c'est la vie dans certaines occasions, dit le chevalier : va.

— Je voudrais à la fois, s'écria Musaron, m'en aller et rester près de vous; si je ne m'en vais pas, on retrouvera le More ; si je m'en vais, j'ai peur qu'il ne vous arrive malheur pendant l'instant que je vous laisserais seul.

— Et que veux-tu qu'il m'arrive avec mon poignard et mon épée ?

— Hum ! fit Musaron.

— Va donc, tu perds le temps.

Musaron fit trois pas vers la porte, mais s'arrêtant tout à coup :

— Ah ! seigneur, dit-il, entendez-vous cette voix ?

Effectivement, le bruit de quelques paroles prononcées assez haut était arrivé jusqu'à eux, et le chevalier écoutait.

— On dirait la voix de Mothril ! s'écria le chevalier; c'est impossible, cependant.

— Rien n'est impossible avec les Mores, l'enfer et la magie, reprit Musaron en s'élançant vers la porte avec une rapidité qui témoignait de son désir de se retrouver en plein air.

— Si c'est Mothril, raison de plus pour entrer chez la reine, s'écria Agénor ; car si c'est Mothril, la reine est perdue ! Et il fit un mouvement pour suivre sa généreuse inspiration.

— Seigneur, dit Musaron en le retenant par son surcot, vous savez que je ne suis pas un lâche ; seulement je suis prudent : je ne m'en cache pas, je m'en vante. Eh bien ! attendez encore quelques minutes, mon bon seigneur, après je vous suivrai en enfer, si vous voulez.

— Attendons, reprit le chevalier, tu as peut-être raison.

Cependant la voix parlait toujours, elle s'assombrissait peu à peu ; tout au contraire, la reine, qui avait toujours parlé à voix basse, reprenait à son tour peu à peu un énergique accent. A cette espèce de dialogue étrange succéda un court silence, puis un horrible cri.

Agénor n'y put tenir et s'élança dans le corridor.

X.

COMMENT LE BATARD DE MAULÉON FUT CHARGÉ PAR BLANCHE DE BOURBON DE REMETTRE UNE BAGUE A LA REINE DE FRANCE SA SOEUR.

Voilà ce qui s'était passé, ou plutôt ce qui se passait chez la reine.

A peine Blanche de Bourbon eut-elle traversé le corridor, et monté, sur les pas de sa nourrice, quelques escaliers qui conduisaient à sa chambre, que la marche alourdie de plusieurs soldats retentit dans le grand escalier de la tour.

Mais la troupe s'arrêta dans les étages inférieurs ; deux hommes montèrent seuls, encore l'un d'eux s'arrêta-t-il dans le corridor, tandis que l'autre continua son chemin vers la chambre de la reine.

On frappa à la porte.

— Qui est là ? demanda la nourrice toute tremblante.

— Un soldat qui vient de la part du roi don Pedro apporter un message à dona Blanche, répondit une voix.

— Ouvre, dit la reine.

La nourrice ouvrit, et recula devant un homme de haute stature qui, vêtu d'un costume de soldat, c'est-à-dire d'un jaquet de mailles qui lui enveloppait tout le corps, était en outre enseveli dans un large manteau blanc, dont le capuchon voilait sa tête et dont les plis cachaient ses mains.

— Retirez-vous, bonne nourrice, dit-il avec ce léger accent guttural qui distinguait les Mores les plus exercés à parler la langue castillane, retirez-vous. J'ai à entretenir votre maîtresse de sujets fort importans.

Le premier sentiment de la nourrice fut de rester, malgré l'injonction du soldat; mais sa maîtresse, qu'elle interrogeait du regard, lui fit signe de se retirer, et elle obéit. Mais en passant dans le corridor, elle se repentit promptement de cette obéissance, car elle vit droit et silencieux contre le mur le second soldat, qui se tenait sans doute prêt à exécuter les ordres de celui qui était entré chez la reine.

Une fois que la nourrice eut passé devant cet homme, et qu'elle se sentit séparée de sa maîtresse par ces deux étranges visiteurs ainsi que par une barrière impossible à franchir, elle comprit que Blanche était perdue.

Quant à cette dernière, calme et majestueuse comme d'habitude, elle s'avança vers le prétendu soldat, messager du roi; celui-ci baissa la tête comme s'il eût craint d'être reconnu.

— Et maintenant nous sommes seuls, dit-elle, parlons.

— Madame, répondit l'inconnu, le roi sait que vous avez correspondu avec ses ennemis, ce qui, vous le savez, est un crime de trahison au premier chef.

— Et c'est d'aujourd'hui seulement que le roi sait cela? répondit la reine avec le même calme et avec la même majesté. Voilà cependant, ce me semble, assez longtemps que je suis punie de ce crime, qu'il prétend ne savoir que d'aujourd'hui.

Le soldat leva la tête et répliqua :

— Madame, le roi ne parle pas cette fois des ennemis de son trône, mais des ennemis de son honneur. La reine de Castille ne doit pas être soupçonnée ; et cependant elle a donné lieu au scandale.

— Faites votre mission, dit la reine, et sortez quand vous l'aurez finie.

Le soldat garda un instant le silence comme s'il eût hésité à aller plus avant ; puis enfin :

— Connaissez-vous l'histoire de don Guttiere ? dit-il.

— Non, dit la reine.

— Elle est cependant récente et a fait assez de bruit.

— Ce sont les choses récentes que j'ignore, répondit la prisonnière, et le bruit, si grand qu'il soit, traverse bien difficilement les murs de ce château.

— Eh bien ! je vais vous la dire, moi, répliqua le messager.

La reine, forcée d'écouter, demeura debout, calme et digne.

— Don Guttiere, dit le messager, avait épousé une femme jeune, belle et âgée de seize ans, juste l'âge qu'avait Votre Altesse lorsqu'elle épousa le roi don Pedro.

La reine resta insensible à cette allusion, toute directe qu'elle était.

— Cette femme, continua le soldat, avant d'être la signora Guttiere, s'appelait dona Mencia, et sous ce nom, qui était son nom de jeune fille, elle avait aimé un jeune seigneur qui n'était autre que le frère du roi, le comte Henri de Transtamare.

La reine tressaillit.

— Une nuit, en entrant chez lui, don Guttiere la vit toute tremblante et toute troublée ; il l'interrogea ; elle prétendit avoir vu un homme caché dans sa chambre. Don Guttiere prit un flambeau et chercha ; mais il ne trouva rien, qu'un poignard si riche, qu'il vit bien que ce poignard ne pouvait pas appartenir à un simple gentilhomme.

Le nom du fabricant était sur la poignée; il alla le trouver et lui demanda à qui il avait vendu ce poignard.

— A l'infant don Henri, frère du roi don Pedro, répondit le fabricant.

Don Guttiere savait tout ce qu'il voulait savoir. Il ne pouvait se venger du prince don Henri, car c'était un vieux Castillan plein de respect et de vénération pour ses maîtres, qui n'eût point voulu, quelque offense qu'il eût reçue, tremper ses mains dans un sang royal.

Mais dona Mencia était la fille d'un simple gentilhomme, il pouvait donc se venger d'elle et se vengea.

— Comment cela? demanda la reine, entraînée par l'intérêt que lui inspirait le récit de cette aventure, qui avait un si grand rapport avec la sienne.

— Oh ! d'une façon bien simple, dit le messager. Il attla attendre à sa porte un pauvre chirurgien nommé Ludovico, et comme celui-ci rentrait chez lui, il lui mit le poignard sur la gorge, lui banda les yeux et l'emmena dans sa maison.

Arrivé là, il lui ôta le bandeau. Une femme était liée sur un lit, ayant deux cierges allumés, l'un au chevet, l'autre au pied, comme si elle eût été déjà morte. Son bras gauche surtout était attaché si solidement, qu'elle eût fait de vains efforts pour le dégager de ses liens. Le chirurgien demeura interdit, il ne comprenait rien à ce spectacle.

— Saignez cette femme, dit don Guttiere, et laissez couler le sang jusqu'à ce qu'elle meure.

Le chirurgien voulait résister, mais il sentit le poignard de don Guttiere qui traversait ses habits et qui était prêt à traverser sa poitrine ; il obéit. La même nuit, un homme pâle et tout ensanglanté se jetait aux pieds de don Pedro.

— Sire, lui disait-il, cette nuit on m'a entraîné, les yeux bandés et le poignard sur la gorge, dans une maison, et là on m'a forcé par violence de saigner une femme et de laisser couler le sang jusqu'à ce qu'elle fût morte.

— Et qui t'a forcé? dit le roi. Quel est le nom de l'assassin ?

— Je l'ignore, répondit Ludovico. Mais sans que personne me vît, j'ai trempé ma main dans la cuvette, et en sortant, je fis semblant de trébucher et j'appuyai ma main toute sanglante contre la porte. Cherchez, sire, et la maison sur la porte de laquelle vous verrez une main de sang sera celle du coupable.

Le roi don Pedro prit avec lui l'alcade de Séville, et ils parcoururent ensemble la cité jusqu'à ce qu'il eût trouvé la terrible enseigne : alors il frappa à cette porte, et don Guttiere vint ouvrir lui-même, car par la fenêtre il avait reconnu l'illustre visiteur.

— Don Guttiere, dit le roi, où est dona Mencia?

— Vous allez la voir, sire, répondit l'Espagnol.

Et conduisant le roi dans la chambre où les cierges brûlaient toujours et où le bassin plein d'un sang tiède fumait encore :

— Sire, dit-il, voilà celle que vous cherchez.

— Que vous a fait cette femme? demanda le roi.

— Elle m'avait trahi, sire.

— Et pourquoi vous êtes vous vengé sur elle et non sur son complice.

— Parce que son complice est le prince don Henri de Transtamare, frère du roi don Pedro.

— Avez-vous une preuve de ce que vous dites-là ? demanda le roi.

— Voici le propre poignard du prince, qu'il a laissé tomber dans la chambre de ma femme, et que j'ai trouvé en y entrant.

— C'est bien, dit le roi, faites enterrer dona Mencia, et faites nettoyer la porte de votre maison sur laquelle on voit une main ensanglantée.

— Non pas, sire, répondit don Guttiere ; chaque homme exerçant un office public a coutume de placer le signe représentatif de sa profession au-dessus de sa porte ; moi, je suis le médecin de mon honneur, et cette main sanglante est mon enseigne.

— Soit, dit don Pedro, qu'elle y reste donc et qu'elle apprenne à votre seconde femme, si vous prenez une nouvelle épouse, ce qu'elle doit de vénération et de fidélité à son mari.

— Et il ne fut rien fait autre chose ? demanda Blanche.

— Si fait, madame, dit le messager ; en rentrant au palais, le roi don Pedro exila l'infant don Henri.

— Eh bien ! quel rapport cette histoire a-t-elle avec moi, demanda la reine, et en quoi dona Mencia me ressemble-t-elle ?

— En ce que, comme vous, elle a trahi l'honneur de son mari, répondit le soldat, et en ce que, comme don Guttiere, dont il a approuvé la conduite et auquel il a fait grâce, le roi don Pedro a déjà fait justice de votre complice.

— De mon complice ! Que veux-tu dire, soldat ? murmura Blanche, à qui ces paroles rappelèrent le billet de don Frédéric et ses terreurs passées.

— Je veux dire que le grand-maître est mort, répondit froidement le soldat, mort pour crime de trahison de l'honneur de son roi, et que, coupable du même crime que lui, vous devez vous préparer à la mort comme lui.

Blanche était demeurée glacée, non pas de cette annonce qu'elle allait mourir, mais de cette annonce que son amant était mort.

— Mort! dit-elle : ainsi c'est donc bien vrai, il est mort!

L'accentuation la plus habile de la voix humaine aurait peine à rendre ce que la jeune femme mit de désespoir et de terreur dans ces mots.

— Oui, madame, reprit le soldat More, et j'ai amené avec moi trente soldats pour escorter le corps de la reine de Medina-Sidonia à Séville, pour que les honneurs qui sont dus à son rang lui soient accordés quoique coupable.

— Soldat, dit la reine, je l'ai dit déjà que le roi don Pedro était mon juge et que tu n'étais, toi, que mon bourreau.

— C'est bien, madame, dit le soldat; et il tira de sa poche un cordon de soie long, flexible, et à l'extrémité duquel il fit un nœud coulant.

Cette froide cruauté révolta la reine.

— Oh! s'écria-t-elle, comment le roi don Pedro a-t-il pu trouver dans tout son royaume un Espagnol qui acceptât cette infâme mission?

— Je ne suis pas Espagnol : je suis More! dit le soldat en relevant la tête et en écartant le capuchon blanc qui lui voilait le visage.

— Mothril! s'écria-t-elle : Mothril, le fléau de l'Espagne!...

— Homme d'un sang illustre, madame, reprit le More en riant, et qui ne déshonorera pas la tête de sa reine en la touchant.

Et il fit un pas vers Blanche, le cordon fatal à la main. L'instinct de la vie fit que la jeune femme se recula de l'assassin d'un pas égal à celui qu'il avait fait pour s'approcher d'elle.

— Oh! vous ne me tuerez pas ainsi sans prière, et en état de péché! s'écria Blanche.

— Madame, reprit le féroce messager, vous n'êtes pas en état de péché, puisque vous vous dites innocente.

— Misérable! qui oses insulter ta reine avant de l'égorger... Oh! lâche! que n'ai-je là quelqu'un de mes braves Français pour me défendre!

— Oui, dit Mothril en riant, mais malheureusement vos braves Français sont de l'autre côté des monts Pyrénéens; et à moins que votre Dieu ne fasse un miracle...

— Mon Dieu est grand! s'écria Blanche. — A moi! chevalier! à moi!

Et elle s'élança vers la porte; mais avant qu'elle n'en eût atteint le seuil, Mothril avait lancé le cordon, qui s'arrêta sur ses épaules. Alors il tira le lacet à lui, et ce fut en ce moment que la reine, en sentant le froid collier qui lui serrait la gorge, poussa le lamentable cri. Ce fut alors aussi que Mauléon, oubliant les conseils de son écuyer, se précipita du côté d'où venait la voix de la reine.

— Au secours! cria la jeune femme d'une voix étranglée en se débattant sur le parquet.

— Appelle, appelle, dit le More serrant le lacet auquel la malheureuse prisonnière se cramponnait de ses deux mains crispées, appelle, et nous verrons qui viendra à ton secours, de ton Dieu ou de ton amant.

Tout à coup des éperons résonnèrent dans le corridor, puis sur le seuil de la porte apparut le chevalier devant le More stupéfait.

La reine poussa un gémissement mêlé de joie et de souffrance. Agénor leva son épée, mais Mothril d'un bras vigoureux força la reine de se relever et se fit un bouclier de son corps.

Les gémissemens de la malheureuse s'étaient changés en un râle sourd et étouffé, ses bras étaient tordus par la violence de la douleur et ses lèvres bleuissaient.

— Kebir! criait Mothril en arabe, Kebir! à mon secours!

Et il se couvrait à la fois du corps de la reine et d'un de ces redoutables cimeterres, dont la courbe intérieure lorsqu'elle saisit une tête, la tranche et la fait voler comme la faucille un épi.

— Ah! mécréant, s'écria Agénor, tu veux tuer une fille de France!

Et par dessus la tête de la reine, il essaya de frapper Mothril de son épée.

Mais au même instant, il se sentit saisi par le milieu du corps et courbé en arrière par Kebir, dont les deux bras lui faisaient une ceinture de fer.

Il se retourna vers ce nouvel antagoniste, mais c'était un temps précieux perdu. La reine était retombée sur ses genoux; elle ne criait, elle ne gémissait plus, elle ne râlait plus. Elle semblait morte.

Kebir cherchait des yeux sur le chevalier une place où, en desserrant les bras une seconde, il pût enfoncer son poignard, qu'il tenait entre ses dents.

Cette scène avait pris moins de temps à arriver au point où nous en sommes que n'en met l'éclair à briller et à disparaître. C'était le temps qu'il avait fallu à Musaron pour suivre son maître et pour arriver à son tour à la chambre de la reine.

Il arriva.

Le cri qu'il poussa en voyant ce qui se passait, instruisit Agénor du renfort inattendu qui lui venait.

— La reine d'abord! dit le chevalier, toujours étreint par le robuste Kebir.

Il se fit un court instant de silence, puis Mauléon entendit un sifflement qui passait à son oreille, puis il sentit les bras du More qui se relâchaient.

La flèche lancée par l'arbalète de Musaron venait de lui traverser la gorge.

— Vite à la porte! cria Agénor, ferme toute communication : moi je vais tuer le brigand!

En secouant le cadavre de Kebir, attaché à lui par un reste d'étreinte et qui tomba lourdement sur le parquet, il bondit vers Mothril ; et avant que celui-ci eût le temps de se relever et de se mettre en défense, il le frappa d'un coup si violent que la lourde épée coupa la double maille de fer qui garantissait sa tête et entama le crâne. Les yeux du More s'obscurcirent, son sang noir et épais inonda sa barbe, et il tomba sur Blanche, comme s'il eût voulu de ses dernières convulsions étouffer encore sa victime.

Agénor écarta le More d'un coup de pied, et se penchant vers la reine, desserra vivement le lacet presque entièrement caché dans les chairs. Un long soupir indiqua seul que la reine n'était pas morte : mais toute sa personne semblait déjà paralysée.

—A nous la victoire! cria Musaron. Seigneur, prenez la jeune dame par la tête, moi je vais la prendre par les pieds, et nous l'allons enlever ainsi.

Comme si elle eût entendu ces mots, comme si elle eût voulu venir en aide à ses libérateurs, la reine se souleva par un mouvement convulsif, et la vie remonta à ses lèvres.

— Inutile, inutile, dit-elle ; laissez-moi ; je suis déjà plus d'à moitié dans la tombe. Une croix seulement ; que je meure en baisant le symbole de notre rédemption.

Agénor lui donna à baiser la poignée de son épée qui formait une croix.

— Hélas! hélas! dit la reine ; à peine descendue du ciel, voilà que j'y remonte déjà, voilà que je retourne parmi les vierges mes compagnes. Dieu me pardonnera, car j'ai bien aimé, car j'ai bien souffert.

— Venez, venez, dit le chevalier ; il est temps encore, nous vous sauverons.

Elle saisit la main d'Agénor.

— Non, non! dit-elle, tout est fini pour moi. Vous avez fait tout ce que vous pouviez faire. Fuyez, quittez l'Espagne, retournez en France, allez trouver ma sœur, racontez-lui tout ce que vous avez vu, et qu'elle nous venge. Moi, je vais dire à don Frédéric combien vous êtes un ami noble et fidèle.

Et détachant de son doigt une bague qu'elle donna au chevalier :

— Vous lui rendrez cette bague, dit-elle, c'est celle qu'elle m'a donnée au moment de mon départ, au nom de son mari le roi Charles.

Et se soulevant une seconde fois vers la croix de l'épée d'Agénor, elle expira au moment où elle touchait le fer symbolique de ses lèvres.

— Seigneur, cria Musaron l'oreille tendue vers le corridor, ils viennent, ils courent, ils sont nombreux.

— Il ne faut pas qu'on trouve le corps de ma reine confondu parmi les égorgeurs, dit Agénor. Aide-moi, Musaron.

Et il prit le cadavre de Blanche, l'assit majestueusement sur sa chaise de bois sculpté et lui posa le pied sur la tête sanglante de Mothril, comme les peintres et les sculpteurs ont posé le pied de la Vierge sur la tête brisée du serpent.

— Et maintenant, partons, dit Agénor, si toutefois nous ne sommes pas cernés.

Deux minutes après, les deux Français se retrouvaient sous la voûte du ciel, et reprenant le chemin du sycomore, voyaient le cadavre de la sentinelle qui, dans la même attitude et toujours soutenu par le mur contre lequel il était appuyé, semblait veiller encore avec ses grands yeux sans regard que la mort avait oublié de fermer.

Ils étaient déjà de l'autre côté du fossé quand l'agitation des torches et un redoublement de cris leur apprirent que le secret de la tour était découvert.

XI.

COMMENT LE BATARD DE MAULÉON PARTIT POUR LA FRANCE, ET CE QUI LUI ARRIVA EN CHEMIN.

Agénor prit, pour retourner en France, le même chemin à peu près qu'il avait pris pour venir en Espagne. Seul, et par conséquent n'inspirant aucune crainte ; pauvre, et par conséquent n'inspirant aucune envie, il espérait s'acquitter avec bonheur de la mission dont la reine mourante l'avait chargé ; cependant, il fallait se défier sur la route.

D'abord des lépreux qui, disait-on, empoisonnaient les fontaines avec un mélange de cheveux graissés de têtes de couleuvres et de pattes de crapaud.

Puis, des juifs alliés avec les lépreux, et généralement, hommes ou choses, avec tout ce qui pouvait faire du tort ou du mal aux chrétiens.

Puis, du roi de Navarre, ennemi du roi de France, et par conséquent des Français.

Puis, des *Jacques* qui, après avoir longtemps remué le peuple contre la noblesse, en étaient enfin arrivés à soulever le fléau et la fourche contre l'armure.

Puis, de l'Anglais posté traîtreusement à tous les bons coins de ce beau royaume de France, à Bayonne, à Bordeaux, en Dauphiné, en Normandie, en Picardie, dans les faubourgs de Paris même au besoin, enfin des Grandes compagnies, réunions hétérogènes résumant tout cela, fournissant contre le voyageur, contre la propriété, contre l'habitant, contre la beauté, contre la puissance, contre la richesse, un contingent éternellement affamé de lépreux, de Juifs, de Navarrais, d'Anglais, de Jacques, sans compter toutes les autres contrées de l'Europe qui semblaient avoir fourni à chaque bande parcourant et désolant la France, un échantillon de la plus chétive et de la plus mauvaise part de sa population. Il y avait jusqu'à des Arabes dans ces Grandes compagnies si heureusement et si richement bariolées : seulement, par esprit de contradiction, ils s'étaient faits chrétiens, ce qui leur était bien permis, puisque de leur côté les chrétiens s'étaient faits Arabes.

A part ces inconvéniens dont nous n'avons encore donné qu'un insuffisant programme, Agénor voyageait le plus tranquillement du monde.

C'était pour le voyageur de ce temps-là une obligation d'étudier, de suivre et d'imiter la manœuvre du friquet pillard. Il ne fait pas un bond, pas un vol, pas un mouvement sans tourner la tête avec rapidité vers les quatre points cardinaux, pour voir s'il n'apercevra pas soit un fusil, soit un filet, soit une fronde, soit un chien, soit un enfant, soit un rat, soit un autour.

Musaron était ce friquet inquiet et pillard ; il avait été chargé par Agénor de la direction de la bourse, il n'aurai pas voulu que sa médiocrité fort peu dorée se changeât en une nullité absolue.

Donc, il devinait de loin les lépreux, flairait les juifs à cinq cents pas, voyait les Anglais dans chaque buisson, saluait les Navarrais avec politesse, montrait son long couteau et sa courte arbalète aux Jacques ; quant aux Grandes compagnies, il les redoutait bien moins que Mauléon, où plutôt il ne les redoutait pas du tout; car, disait-il à son maître, si l'on nous fait prisonniers, seigneur, eh bien ! nous nous engagerons nous-mêmes dans ces Grandes compagnies pour nous racheter, et nous paierons notre liberté avec la liberté que nous aurons volée aux autres.

— Tout cela sera bel et bien quand j'aurai accompli ma mission, disait Agénor; alors il arrivera ce qui plaira à Dieu, mais en attendant, je désire qu'il lui plaise qu'il ne nous arrive rien.

Ils traversèrent ainsi, sans encombre, le Roussillon, le Languedoc, le Dauphiné, le Lyonnais, et parvinrent jusqu'à Châlon-sur-Saône. L'impunité les perdit : convaincus qu'il ne leur arriverait plus rien, si près qu'ils étaient du port, ils se hasardèrent à voyager une nuit, et le matin de cette nuit-là, au point du jour, ils tombèrent dans une embuscade si nombreuse et si bien tendue, qu'il n'y avait pas moyen de résister; aussi, le prudent Musaron mit-il la main sur le bras de son maître au moment où il allait inconsidérément tirer son épée du fourreau, de sorte qu'ils furent pris sans coup férir. Ce qu'ils avaient le plus redouté, ou plutôt ce que le chevalier avait le plus redouté, leur arrivait ; ils étaient, Musaron et lui, au pouvoir d'un capitaine de compagnie, messire Hugues de Caverley, c'est-à-dire d'un homme qui était à la fois Anglais de naissance, juif d'esprit, Arabe de caractère, Jacques de goût, Navarrais pour l'astuce, et presque lépreux par dessus tout cela, car il avait fait la guerre dans des pays tellement chauds, disait-il, qu'il s'était accoutumé à la chaleur au point de ne plus pouvoir quitter son armure et ses gantelets de fer.

Quant à ses détracteurs, et le capitaine, comme tous les gens d'un mérite transcendant, en avait beaucoup, ils disaient tout simplement que s'il n'ôtait point son armure, et s'il gardait ses gantelets, c'était pour ne point commuquer à ses nombreux amis la fâcheuse maladie qu'il avait eu le malheur de rapporter d'Italie.

On conduisit immédiatement Musaron et le chevalier devant ce chef. C'était un gaillard qui voulait tout voir et tout interroger par lui-même; car, dans ce temps de danger, il prétendait toujours que ses gens pourraient laisser passer quelque prince déguisé en manant, et qu'il perdrait encore occasion de faire fortune.

En un instant, il fut donc au courant des affaires de Mauléon, affaires avouables, bien entendu; quant à la mission de la reine Blanche, il va sans dire qu'il n'en fut pas question d'abord. On parla rançon, voilà tout.

— Excusez-moi, dit Caverley, j'étais là sur le chemin comme l'araignée sous une poutre. J'attendais quelqu'un ou quelque chose, vous êtes venu, je vous ai pris; mais c'est sans intention méchante contre vous; hélas! depuis que le roi Charles V est régent, c'est-à-dire depuis la fin de la guerre, nous ne gagnons plus notre vie. Vous êtes un charmant cavalier, et je vous laisserais courtoisement aller si nous vivions en temps ordinaire; mais dans les temps de famine, voyez-vous, on ramasse les miettes.

— Voici les miennes, dit Mauléon en montrant le fond de sa bourse au partisan. Je vous jure maintenant sur Dieu et sur la part qu'il me fera, j'espère, en paradis, que ni en terres, ni en argent, ni en quoi que ce soit, je ne possède autre chose. Ainsi, à quoi vous servirais-je? Laissez-moi donc aller.

— D'abord, mon jeune ami, répondit le capitaine Caverley en examinant la vigoureuse nature et l'air martial du chevalier, d'abord vous serviriez à faire un effet superbe au premier rang de notre compagnie, ensuite vous avez votre cheval, votre écuyer ; mais ce n'est pas tout cela qui fait de vous une prise bien précieuse pour moi.

— Et quelle malheureuse circonstance, demanda Agénor, me donne donc une si grande valeur à vos yeux, je vous prie?

— Vous êtes chevalier, n'est-ce pas?

— Oui, et armé à Narbonne de la main d'un des premiers princes de la chrétienté.

— Donc vous êtes pour moi un ôtage précieux, puisque vous avouez que vous êtes chevalier.

— Un ôtage?

— Sans doute : que le roi Charles V prenne un de mes hommes, un de mes lieutenans, et veuille le faire brancher. Je le menace de vous faire brancher aussi, et cela le retient. Si malgré cette menace il le fait brancher réellement, je vous fais brancher à votre tour, et cela le vexe d'avoir un gentilhomme pendu. Mais pardon, ajouta Caverley, je vois là à votre main un bijou que je n'avais pas remarqué, quelque chose comme une bague. Peste ! montrez-moi donc cela, chevalier. Je suis amateur des choses bien travaillées, moi, surtout quand le précieux de la matière ajoute encore à la valeur de l'exécution.

Mauléon reconnut facilement dès lors à qui il avait affaire. Le capitaine Caverley était un de ces conducteurs de bande ; il s'était fait chef de brigands, ne voyant plus, comme il le disait lui-même, rien à faire en continuant honnêtement son métier de soldat.

— Capitaine, dit Agénor en retirant sa main, respectez-vous quelque chose au monde?

— Tout ce dont j'ai peur, répondit le condottiere: Il est vrai que je n'ai peur de rien.

— C'est fâcheux, dit froidement Agénor, sans quoi cette bague qui vaut...

— Trois cents livres tournois, interrompit Caverley en jetant un simple regard sur le joyau, au poids de l'or et sans compter la façon.

— Eh bien! cette bague, capitaine, qui, de votre aveu, vaut trois cents livres tournois, voilà tout, si vous eussiez craint quelque chose, vous en eût rapporté mille.

— Comment cela? dites, mon jeune ami, on apprend à tout âge, et j'aime à m'instruire, moi.

— Avez-vous au moins une parole, capitaine?

— Je crois que j'en avais une autrefois; mais, à force de l'avoir donnée, je n'en ai plus.

— Mais, au moins, vous fiez-vous à celle des autres qui, ne l'ayant jamais donnée, l'ont encore, eux?

— Je ne me fierai qu'à celle d'un seul homme, et vous n'êtes pas cet homme, chevalier.

— Quel est-il?

— C'est messire Bertrand Duguesclin; mais messire Duguesclin répondrait-il pour vous?

— Je ne le connais pas, dit Agénor, du moins personnellement; mais tout étranger qu'il me soit, si vous me laissez aller où j'ai besoin, si vous me laissez remettre cette bague à qui elle est destinée, je vous promets, au nom de messire Duguesclin lui-même, non pas mille livres tournois, mais mille écus d'or.

— J'aime mieux comptant les trois cents livres que vaut la bague, dit en riant Caverley, et en étendant la main vers Agénor.

Le chevalier se recula vivement, et s'avançant vers une fenêtre qui donnait sur la rivière :

— Cette bague, dit-il en la tirant de son doigt et en étendant son bras au dessus de la Saône, est l'anneau de la reine Blanche de Castille, et je le porte au roi de France. Si tu me donnes ta parole de me laisser aller, et je m'y fierai, moi, je te promets mille écus d'or. Si tu me refuses, je jette la bague dans la rivière, et bague et rançon tu perds tout.

— Oui, mais je te garde, toi, et je te fais pendre.

— Ce qui est un bien mince dédommagement pour un si habile calculateur que tu es ; et la preuve que tu n'estimes pas ma mort au prix de mille écus, c'est que tu ne dis pas non.

— Je ne dis pas non, reprit Caverley, parce que...

— Parce que tu as peur, capitaine ; dis non, et la bague est perdue, et tu me feras pendre après si tu veux. Eh bien ! dis-tu non, dis-tu oui ?

— Ma foi ! s'écria Caverley, frappé d'admiration, voilà ce que j'appelle un joli garçon ; jusqu'à l'écuyer qui n'a pas bougé. Le diable m'emporte ! par la rate de notre saint-père le pape ! je t'aime, chevalier.

— Fort bien, et je t'en suis reconnaissant comme il convient ; mais réponds.

— Que veux-tu que je réponde ?

— Oui ou non, je ne demande pas autre chose, et c'est bientôt dit.

— Eh bien ! oui.

— A la bonne heure, dit le chevalier en remettant la bague à son doigt.

— Mais à une condition, cependant, continua le capitaine.

— Laquelle ?

Caverley allait répondre, quand un violent tumulte appela son attention ; ce tumulte avait lieu à l'extrémité du village, ou plutôt du camp assis au bord de la rivière et tout entouré de forêts. Plusieurs soldats montrèrent leurs têtes effarées à la porte en criant :

— Capitaine, capitaine !

— C'est bien, c'est bien, répondit le condottiere, habitué à ces sortes d'alertes, j'y vais ; puis se retournant vers le chevalier : Toi, dit-il, demeure ici, douze hommes te garderont ; j'espère que c'est de l'honneur que je te fais, hein !...

— Soit, dit le chevalier, mais qu'ils ne m'approchent pas ; car au premier pas qu'ils font, je lance la bague dans la Saône.

— Ne l'approchez pas, mais ne le quittez pas non plus, dit Caverley à ses bandits, et saluant le chevalier sans avoir levé un instant la visière de son casque, il se rendit d'un pas qui dénonçait l'insouciance de l'habitude vers l'endroit du camp où le bruit était le plus fort.

Pendant tout le temps de son absence, Mauléon et son écuyer demeurèrent debout près de la fenêtre ; les gardes étaient de l'autre côté de la chambre et se tenaient immobiles devant la porte.

Le tumulte continua quoiqu'il allât en diminuant, enfin il cessa tout à fait, et une demi-heure après sa sortie, Hugues de Caverley reparut emmenant à sa suite un nouveau prisonnier que venait de faire la compagnie, tendue dans le pays comme un filet à allouettes.

Le prisonnier semblait être un gentilhomme de campagne, d'une taille belle et bien prise ; il était armé d'un casque rouillé et d'une cuirasse qui semblait avoir été ramassée par un de ses ancêtres sur le champ de bataille de Roncevaux. Dans cet accoutrement, le premier sentiment qu'il inspirait était le rire; mais quelque chose de fier dans sa tenue, de hardi dans sa contenance, qu'il essayait cependant de rendre humble, commandait sinon le respect, du moins la circonspection aux railleurs.

— L'avez-vous bien fouillé? demanda Caverley.

— Oui, capitaine, répondit un lieutenant allemand à qui Caverley devait l'heureux choix de la position qu'il occupait, choix qui avait été inspiré à celui-ci, non point par la supériorité de la position, mais par l'excellence des vins que, dès cette époque, on récoltait sur les bords de la Saône.

— Quand je dis lui, reprit le capitaine, je veux dire lui et ses gens.

— Soyez tranquille, l'opération a été rigoureusement faite, répondit le lieutenant Allemand.

— Et qu'avez-vous trouvé sur eux?

— Un marc d'or et deux marcs d'argent.

— Bravo! dit Caverley, la journée paraît devoir être bonne.

Puis se retournant vers le nouveau prisonnier:

— Maintenant, dit-il, causons un peu, mon paladin; quoique vous ressembliez fort à un neveu de l'empereur Charlemagne, je ne serais pas fâché de savoir de votre propre bouche qui vous êtes: voyons, dites-nous cela franchement, sans restriction, sans réserve.

— Je suis, comme vous pouvez le voir à mon accent, répondit l'inconnu, un pauvre gentilhomme d'Aragon qui vient visiter la France.

— Vous avez raison, dit Caverley, la France est un beau pays.

— Oui, dit le lieutenant, seulement le moment que vous avez choisi est mauvais.

Mauléon ne put s'empêcher de sourire, car il appréciait mieux que personne la justesse de l'observation.

Quant au gentilhomme étranger, il demeura impassible.

— Voyons, dit Caverley, tu ne nous a dit encore que ton pays, c'est à dire la moitié de ce que nous voulons savoir ; maintenant quel est ton nom ?

— Quand je vous le dirais, vous ne le connaîtriez pas, répondit le chevalier ; d'ailleurs je n'ai pas de nom, je suis bâtard.

— A moins que tu ne sois Juif, Turc ou More, reprit le capitaine, tu as au moins un nom de baptême.

— Je m'appelle Henri, répondit le chevalier.

— Tu avais raison. Maintenant, lève un peu ton casque, que nous voyions ta bonne figure de gentillâtre aragonais.

L'inconnu hésitait et regardait tout autour de lui comme pour s'assurer s'il n'y avait point là quelqu'un de connaissance.

Caverley, ennuyé de cette attente, fit un signe. Un des aventuriers s'approcha alors du prisonnier, et frappant du pommeau de son épée le bouton de son casque, il releva la visière de fer qui cachait le visage de l'inconnu.

Mauléon poussa un cri : ce visage, c'était le portrait frappant du malheureux grand-maître don Frédéric, de la mort duquel il ne pouvait cependant pas douter, puisqu'il avait tenu sa tête entre ses mains.

Musaron pâlit d'horreur et se signa.

— Ah ! ah ! vous vous connaissez, dit Caverley en regardant alternativement Mauléon et le chevalier au casque rouillé.

A cette interpellation, l'inconnu regarda Mauléon avec

une certaine inquiétude ; mais son premier regard lui indiquant qu'il voyait le chevalier pour la première fois, son visage se rasséréna.

— Eh bien ? demanda Caverley.

— Moi ! dit le dernier venu, vous vous trompez, je ne connais pas ce gentilhomme.

— Et toi ?

— Ni moi non plus.

— Pourquoi donc as-tu poussé ce cri tout à l'heure ? demanda le capitaine assez incrédule, malgré la double dénégation de ses deux prisonniers.

— Parce que j'ai cru qu'en lui abattant sa visière, ton soldat lui abattait la tête.

Caverley se mit à rire.

— Nous avons donc bien mauvaise réputation, dit-il ; mais voyons, franchement, chevalier, connais-tu ou ne connais-tu pas cet Espagnol ?

— Sur ma parole de chevalier, répondit Agénor, je le vois aujourd'hui pour la première fois.

Et tout en faisant ce serment, qui était l'exacte vérité, Mauléon demeurait tout palpitant encore de cette étrange ressemblance.

Caverley reportait ses yeux de l'un à l'autre. Le chevalier inconnu était redevenu impassible et semblait une statue de marbre.

— Voyons, dit Caverley, impatient de pénétrer ce mystère ; tu es le premier en date, chevalier de..... J'ai oublié de te demander ton nom à toi ; mais peut-être es-tu aussi bâtard ?

— Oui, dit le chevalier, je le suis.

— Bon, dit l'aventurier. Et tu n'as pas de nom non plus alors ?

— Si fait, dit le chevalier, j'en ai un moi ; je m'appelle Agénor ; et comme je suis né à Mauléon, on m'appelle habituellement le Bâtard de Mauléon.

Caverley jeta un coup d'œil rapide sur l'inconnu pour voir si le nom que venait de prononcer le chevalier lui causait quelque impression.

Pas un muscle de son visage ne bougea.

— Voyons. Batard de Mauléon, dit Caverley, tu es le premier en date, finissons donc ton affaire d'abord ; ensuite nous passerons à celle du seigneur Henri. Ainsi, nous disions : la bague pour deux mille écus.

— Pour mille écus, reprit Agénor.

— Tu crois ?

— J'en suis sûr,

— Cela peut bien être. La bague donc pour mille écus. Mais tu me certifies que c'est bien la bague de Blanche de Bourbon.

— Oui, dit le chevalier.

L'inconnu fit à son tour un mouvement de surprise qui n'échappa point à Mauléon.

— Reine de Castille ? continua Caverley.

— Reine de Castille, reprit Agénor.

L'inconnu redoubla d'attention.

— Belle-sœur du roi Charles V ? reprit encore le capitaine.

— Belle-sœur du roi Charles V.

L'inconnu était devenu tout oreilles.

— La même, demanda Caverley, qui est prisonnière au château de Medina-Sidonia par l'ordre du roi don Pedro son époux ?

— La même qui vient d'être étranglée par l'ordre de son

époux don Pedro au château de Medina-Sidonia, répondit l'inconnu d'une voix froide, mais cependant accentuée.

Mauléon le regarda avec étonnement.

— Ah ! ah ! fit Caverley, voilà que la chose se complique.

— Comment savez-vous cette nouvelle? demanda Mauléon, je croyais être le premier qui l'apportât en France.

— Vous ai-je pas dit, reprit l'inconnu, que j'étais Espagnol et que j'arrivais de l'Aragon ? J'appris cette catastrophe qui, au moment de mon départ, faisait grand bruit en Espagne.

— Mais si la reine Blanche de Bourbon est morte, dit Caverley, comment as-tu sa bague?

— Parce qu'elle me l'a donnée avant de mourir pour aller la porter à sa sœur la reine de France, et pour lui dire en même temps qui l'a fait mourir, et comment elle est morte.

— Vous avez donc assisté à ses derniers momens ? demanda vivement le chevalier.

— Oui, répondit Agénor, et c'est même moi qui ai tué son assassin.

— Un More ? demanda l'inconnu.

— Mothril, répondit le chevalier.

— C'est bien cela, mais vous ne l'avez pas tué.

— Comment ?

— Vous l'avez blessé seulement.

— Morbleu ! dit Musaron, si j'avais su cela, moi qui avais encore onze traits dans ma trousse!

— Allons, dit Caverley, tout cela est peut-être fort intéressant pour vous autres, mais cela ne me regarde pas le moins du monde, attendu que je ne suis, moi, ni Espagnol ni Français.

11.

— C'est juste, dit Mauléon ; ainsi, c'était chose convenue, tu gardes ce que j'avais sur moi, tu me rends la liberté ainsi qu'à mon écuyer.

— Il n'avait pas été question de l'écuyer, dit Caverley.

— Parce que cela allait sans dire, tu me laisses cette bague, et en échange de cette bague je te donne mille livres tournois.

— A merveille, dit le capitaine, mais il y avait encore une petite condition.

— Une condition ?

— Que j'allais te dire au moment où nous avons été dérangés.

— C'est vrai, dit Agénor, je me le rappelle ; et quelle était cette condition ?

— C'est qu'outre ces mille livres tournois auxquelles j'estime le laissez-passer que je te donne, tu me devras encore le service dans ma compagnie pendant tout le temps de la première campagne à laquelle il plaira au roi Charles V de nous employer, ou qu'il me plaira de faire moi-même pour mon propre compte.

Mauléon fit un bond de surprise.

— Ah ! voilà mes conditions, reprit Caverley, cela sera ainsi ou cela ne sera pas : Tu vas signer que tu appartiens à la compagnie, et moyennant cet engagement, tu es libre..... momentanément, bien entendu.

— Et si je ne reviens pas ? dit Mauléon.

— Oh ! tu reviendras, répondit Caverley, puisque tu prétends que tu as une parole.

— Eh bien ! soit ! j'accepte, mais sous une réserve, une seule.

— Laquelle ?

— C'est que, sous aucun prétexte, tu ne pourras me faire porter les armes contre le roi de France.

— C'est juste ; je n'y pensais pas, dit Caverley, moi qui n'ai de roi que celui d'Angleterre, et encore... Nous allons donc écrire un engagement, et tu vas le signer.

— Je ne sais pas écrire, dit le chevalier, qui partageait sans aucune honte l'ignorance généralement répandue parmi les nobles de cette époque. Mais mon écuyer écrira.

— Et tu feras ta croix ! dit Caverley.

— Je la ferai.

Il prit un parchemin, une plume, et les tendit à Musaron qui écrivit sous sa dictée :

« Moi, Agénor, chevalier de Mauléon, m'engage aussi-
« tôt ma mission accomplie auprès du roi Charles V à ve-
« nir retrouver messire Hugues de Caverley partout où
« il sera, et à servir, moi et mon écuyer, pendant toute la
« durée de cette première campagne, pourvu que cette
« première campagne ne soit pas dirigée contre le roi de
« France, ni contre monseigneur le comte de Foix, mon
« seigneur suzerain. »

— Et les mille livres tournois? glissa doucement Caverley.

— C'est juste, dit Agénor, je les oubliais.

— Oui, mais moi j'ai de la mémoire.

Agénor continua, dictant à Musaron :

« Et je remettrai en outre audit sire Hugues Caverley
» la somme de mille livres tournois que je reconnais lui
» devoir en échange de la liberté momentanée qu'il m'a
» rendue. »

L'écuyer ajouta la date du jour et le millésime de l'année, puis le chevalier prit la plume comme il eût pris à peu près un poignard, et traça hardiment un signe en forme de croix.

Caverley prit le parchemin, le lut avec la plus scrupuleuse attention, ramassa du sable, en saupoudra l'écriture encore humide, plia proprement le parchemin, et le passa dans le ceinturon de son épée.

— Là! maintenant, dit-il, voilà qui va bien. Tu peux partir, tu es libre.

— Ecoute, dit l'inconnu. Comme je n'ai pas de temps à perdre et que moi aussi je suis appelé à Paris par une affaire d'importance, je t'offre de me racheter aux mêmes conditions que ce chevalier. Cela te va-t-il? Réponds, mais réponds vite.

Caverley se mit à rire.

— Je ne te connais pas toi, dit-il.

— Connais-tu donc davantage messire Agénor de Mauléon, qui n'est dans tes mains, ce me semble, que depuis une heure.

— Oh! dit Caverley, à nous autres observateurs, il ne nous faut pas même une heure pour apprécier les hommes, et pendant cette heure qu'il a passée près de moi, le chevalier a fait quelque chose qui me l'a fait connaître.

Le chevalier Aragonais sourit étrangement.

— Ainsi, tu me refuses? dit-il.

— Parfaitement.

— Tu t'en repentiras.

— Bah!

— Ecoute! tu m'as pris tout ce que je possédais, je n'ai donc plus rien pour le moment à t'offrir. Garde mes gens on ôtage, garde mes équipages, et laisse-moi partir avec mon seul cheval.

— Parbleu ! la belle grâce que tu me fais ; tes équipages et tes gens sont à moi, puisque je les tiens.

— Alors, laisse-moi au moins dire deux mots à ce jeune seigneur, puisqu'il s'en va libre.

— Deux mots à propos de ta rançon?

— Sans doute ; à combien l'estimes-tu ?

— A la somme qu'on a prise sur toi et tes gens, c'est-à-dire à un marc d'or et à deux marcs d'argent.

— Soit, dit le chevalier.

— Eh bien alors, reprit Caverley, dis-lui donc ce que bon te semble.

— Écoutez-moi, chevalier, dit le gentilhomme aragonais.

Et tous deux se retirèrent à l'écart pour causer plus librement.

XII.

COMMENT LE CHEVALIER ARAGONAIS SE RACHETA MOYENNANT DIX MILLE ÉCUS D'OR.

Le capitaine Caverley suivait fort attentivement des yeux la conversation des deux étrangers : mais l'Espagnol avait tiré Agénor assez loin de l'aventurier pour que pas une des paroles prononcées par eux ne pût arriver jusqu'à lui.

— Sire chevalier, dit l'inconnu, nous voici hors de la portée de la voix, mais non pas hors de la portée des yeux : baissez donc, je vous prie, la visière de votre casque, afin de vous rendre impassible et inintelligible pour tous ceux qui vous entourent.

— Et vous, seigneur, dit Agénor, laissez-moi encore, avant que vous baissiez la vôtre, contempler quelques instans votre visage; croyez-moi, j'éprouve à vous voir une douloureuse joie que vous ne pouvez comprendre.

L'inconnu sourit tristement.

— Sire chevalier, dit-il, regardez-moi tout à votre aise, car je ne baisserai pas ma visière. Quoique j'aie à peine cinq ou six ans de plus que vous, j'ai assez souffert pour être sûr de mon visage : c'est un serviteur obéissant qui ne dit jamais que ce que je veux qu'il dise, et s'il vous rappelle les traits de quelque personne aimée, tant mieux, ce sera pour moi un encouragement à vous demander un service.

— Parlez, dit Agénor.

— Vous paraissez au mieux, chevalier, dans l'esprit du bandit qui nous a faits prisonniers. Il n'en est pas de même de moi, à ce qu'il paraît; tandis qu'il me retient obstinément, il vous permet à vous de continuer votre route.

— Oui, seigneur, répondit Agénor, surpris de voir que, depuis qu'il causait à l'écart, l'Espagnol, tout en conservant encore un léger accent, parlait le français le plus pur

— Eh bien ! dit l'Aragonais, quel que soit votre besoin de continuer votre route, le mien n'est pas moins grand; et il faut à quelque prix que ce soit, que je sorte des mains de cet homme.

— Seigneur, dit Agénor, si vous me jurez que vous êtes

chevalier, si vous me donnez votre parole, je puis à mon tour engager mon honneur près du capitaine Caverley pour qu'il vous laisse partir avec moi.

— Et c'est, s'écria l'étranger joyeux, c'est justement là le service que j'allais vous prier de me rendre. Vous êtes aussi intelligent que courtois, chevalier.

Agénor s'inclina.

— Ainsi donc vous êtes noble? demanda-t-il.

— Oui, sire Agénor; et je puis même ajouter que peu de gentilshommes peuvent se vanter d'être plus nobles que moi.

— Alors, dit le chevalier, vous avez un autre nom que celui que vous vous êtes donné?

— Oui, certainement, répondit le chevalier; mais voici justement en quoi votre courtoisie sera grande; il faut que vous vous contentiez de ma parole sans savoir mon nom, car ce nom, je ne puis le dire.

— Même à un homme dont vous invoquez l'honneur, même à un homme à qui vous demandez de répondre de vous? dit Agénor avec surprise.

— Sire chevalier, reprit l'inconnu, je me reproche cette circonspection comme indigne de vous et de moi; mais de graves intérêts, qui ne sont pas seulement les miens, la commandent. Obtenez donc ma liberté à tel prix que vous voudrez, et quel que soit ce prix, foi de gentilhomme! je le paierai. Puis, si vous voulez me permettre d'ajouter un mot, ce sera pour vous dire que vous ne vous repentirez pas de m'avoir obligé en cette occasion.

— Assez, assez, seigneur, dit Mauléon, demandez-moi un service, mais ne me l'achetez pas d'avance.

— Plus tard, sire Agénor, dit l'inconnu, vous apprécierez ma loyauté, qui me force à vous parler ainsi; j'aurais pu mentir momentanément et vous dire un faux nom ; vous ne me connaissez pas, force eût donc été pour vous de vous en contenter.

— J'y songeais à l'instant même, reprit Mauléon. Vous serez donc libre en même temps que moi, seigneur, si le capitaine Hugues de Caverley a bien voulu me conserver ses bonnes grâces.

Agénor quitta l'étranger qui demeura à la même place, et retourna près de Caverley qui attendait impatiemment le résultat de la conversation.

— Eh bien ! demanda le capitaine, êtes-vous plus avancé que moi, mon cher ami, et savez-vous quel est cet Espagnol ?

— Un riche marchand de Tolède qui vient commercer en France, et qui prétend que sa détention lui causerait un notable préjudice. Il réclame ma caution, l'acceptez-vous ?

— Etes-vous prêt à la donner ?

— Oui. Ayant partagé un instant sa situation, j'ai dû naturellement y compatir. Voyons, capitaine, soyons rond en affaires.

Caverley se consulta.

— Un marchand riche, continua-t-il ; et qui a besoin de sa liberté pour continuer son commerce...

— Monsieur, glissa Musaron à l'oreille de son maître, je crois que vous venez de dire là une parole imprudente.

— Je sais ce que je fais, répondit Agénor.

Musaron s'inclina, en homme qui rend hommage à la prudence de son maître.

— Un riche marchand ! répéta Caverley. Diable ! alors ce sera plus cher, vous comprenez, que pour un gentilhomme ; et notre premier prix d'un marc d'or et de deux marcs d'argent ne peut plus tenir.

— Aussi vous ai-je dit franchement ce qu'il en était, capitaine ; car je ne veux pas vous empêcher de tirer de votre prisonnier la rançon équivalente à sa position.

— Décidément, chevalier, je l'ai déjà dit, vous êtes un joli garçon. Et combien offre-t-il ? — Il a dû vous toucher un mot de cela pendant cette longue conversation.

— Mais, dit Agénor, il m'a dit d'aller avec vous jusqu'à cinq cents écus d'argent ou d'or.—D'or. — Cinq cents écus d'argent, vous seriez volé.

Caverley ne répondit pas, il calculait toujours.

— Cinq cents écus d'or, dit-il, suffiraient pour un simple marchand ; mais vous avez dit un riche marchand, rappelez-vous cela.

— Je me le rappelle aussi, répondit le chevalier, et je vois même que j'ai eu tort de vous le dire, seigneur capitaine ; mais comme on doit porter la peine de ses torts, eh bien ! mettons la rançon à mille écus, et s'il faut en payer cinq cents pour mon indiscrétion, eh bien ! je les paierai.

— Ce ne peut être assez pour un riche marchand, répondit Caverley. Mille écus d'or ! mais c'est tout au plus la rançon d'un chevalier.

Agénor consulta de l'œil celui dont il était chargé de défendre les intérêts, pour savoir s'il pouvait s'engager plus avant. L'Aragonais fit de la tête un signe affirmatif.

— Alors, dit le chevalier, doublons la somme et que tout soit dit.

— Deux mille écus d'or, reprit le condottiere commençant à s'étonner lui-même du prix élevé que l'inconnu mettait à sa personne. Deux mille écus d'or, mais c'est donc e plus riche marchand de Tolède ! Ma foi ! non, je crois que j'ai fait un beau coup et je veux en profiter. Eh bien ! qu'il double un peu et nous verrons.

Agénor regarda de nouveau son client qui lui fit un second signe pareil au premier.

— Eh bien ! dit le chevalier, puisque vous êtes si exigeant, nous irons jusqu'à quatre mille écus d'or.

— Quatre mille écus d'or ! s'écria Caverley stupéfait et ravi à la fois ; alors c'est un juif, et je suis trop bon chrétien pour lâcher un juif à moins de...

— A moins de combien ? répéta Agénor.

— A moins de... le capitaine hésita lui-même devant le chiffre qui lui venait à la bouche, tant ce chiffre lui paraissait exorbitant ; à moins de dix mille écus d'or. Ah ! ma foi ! voilà le mot lâché, et c'est pour rien, ma parole d'honneur !

L'inconnu fit un signe imperceptible d'assentiment.

— Touchez là, dit Agénor en tendant la main à Caverley, la somme nous va et c'est prix fait.

— Un instant, un instant, s'écria Caverley, pour dix mille écus d'or je n'accepte pas la caution du chevalier, rate du pape ! Il me faudrait un prince pour une pareille garantie, et encore, et encore j'en connais beaucoup que je n'accepterais pas.

— Déloyal ! s'écria Mauléon en marchant droit à Caverley et en mettant la main à son épée ; je crois que tu te défies de moi.

— Eh ! non, enfant, répondit Caverley, tu te trompes : ce n'est pas de toi que je me défie, c'est de lui. Te figures-tu par hasard qu'une fois hors de mes griffes il paiera dix mille écus d'or ? Non. Au premier carrefour il tournera à gauche et tu ne le reverras jamais ; il n'a été si magnifique en paroles, ou, si tu l'aimes mieux, en gestes, car j'ai vu les gestes qu'il te faisait, que parce qu'il a l'intention de ne pas payer.

Malgré cette impassibilité dont s'était vanté l'étranger, Agénor vit le rouge de la colère lui monter au visage ; mais presque aussitôt il se contint, et, faisant de la main au chevalier un signe de prince :

— Venez, dit-il, seigneur Agénor, j'ai encore un mot à vous dire.

— N'y va pas, reprit Caverley ; c'est pour te séduire par de belles paroles et te laisser les dix mille écus d'or sur les bras.

Mais le chevalier sentait instinctivement que l'Aragonais était plus encore qu'il ne paraissait ; il s'approcha donc de lui avec une confiance entière et même avec un certain respect.

— Merci, loyal gentilhomme ! dit l'Espagnol à voix basse ; tu as bien fait de t'engager pour moi et sur ma parole ; tu n'as rien à craindre ; je paierais ce Caverley à l'instant même si tel était mon plaisir, car j'ai dans la selle de mon cheval pour plus de trois cent mille écus d'or et de diamans ; mais le misérable accepterait ma rançon, et après l'avoir acceptée ne me rendrait pas ma liberté. Voilà donc ce que vous allez faire ; vous allez changer de cheval avec moi, vous partirez et vous me laisserez ici ; puis, à la prochaine ville, vous découdrez la selle, vous en tirerez un sac de cuir, et dans ce sac de cuir vous prendrez ce qu'il faudra de diamans pour faire dix mille écus d'or ; puis, avec une escorte respectable, vous me reviendrez chercher.

— Seigneur, dit Agénor étonné ; mais qui êtes-vous, mon Dieu ! pour disposer de tant de ressources ?

— Je crois vous avoir témoigné assez de confiance en

vous mettant entre les mains tout ce que je possède, pour n'avoir pas besoin de vous dire qui je suis.

— Seigneur! seigneur! reprit Mauléon, en vérité, maintenant je tremble, et vous ne savez pas combien de scrupules m'assiégent. Cette ressemblance étrange, cette richesse, ce mystère qui vous environne... Seigneur, j'ai des intérêts à défendre en France... des intérêts sacrés... et peut-être ces intérêts sont-ils opposés aux vôtres...

— Répondez-moi, dit l'inconnu avec le ton d'un homme habitué à commander : Vous allez à Paris, n'est-ce pas?

— Oui, dit le chevalier.

— Vous y allez pour remettre au roi Charles V la bague de la reine de Castille?

— Oui.

— Vous y allez pour demander vengeance en son nom?

— Oui.

— Contre le roi don Pedro?

— Contre le roi don Pedro.

— Alors n'ayez aucune inquiétude, reprit l'Espagnol; nos intérêts sont les mêmes, car le roi don Pedro a tué ma... reine, et moi aussi j'ai juré de venger dona Blanche.

— Est-ce bien vrai, ce que vous dites-là? demanda Agénor.

— Sire chevalier, dit l'inconnu d'un ton ferme et majestueux, regardez-moi bien... Vous prétendez que je ressemble à quelqu'un de votre connaissance; quel était ce quelqu'un, dites?

— Oh! mon malheureux ami! s'écria le chevalier, oh! noble grand-maître!... Seigneur, vous ressemblez, à s'y méprendre, à Son Altesse don Frédéric

— Oui, n'est-ce pas? dit en souriant l'inconnu, une ressemblance étrange... une ressemblance de frère.

— Impossible ! dit Agénor en regardant l'Aragonais presque avec terreur.

— Allez au bourg prochain, sire chevalier, reprit l'inconnu, vendez les diamans à un juif, et dites au chef de la troupe espagnole que don Henri de Transtamare est prisonnier du capitaine Caverley... Du calme ; je vous vois frissonner à travers votre armure. Songez que l'on nous regarde.

Agénor, en effet, tremblait de surprise. Il salua le prince plus respectueusement peut-être qu'il n'aurait dû, et alla rejoindre Caverley, qui, lui épargnant la moitié du chemin, vint au devant de lui.

— Eh bien ! dit le capitaine en lui posant la main sur l'épaule, il a de belles paroles, des paroles dorées, et tu es sa dupe, pauvre enfant !

— Capitaine, dit Agénor, les paroles de ce marchand sont dorées en effet, car il m'a indiqué un moyen de vous faire payer sa rançon avant ce soir.

— Les dix mille écus d'or ?

— Les dix mille écus d'or.

— Rien de plus facile, dit l'inconnu en s'avançant : le chevalier va continuer sa route jusqu'à un endroit qu'il connaît et où j'ai quelque argent placé; il te rapportera cet argent, dix sacs de mille écus d'or chacun ; on te fera voir, on te fera toucher cet or, afin que tu sois bien convaincu, et quand tu seras bien convaincu, quand l'or sera dans tes coffres, tu me laisseras aller. Est-ce trop demander cela ? et est-ce convenu ainsi ?

— Convenu. Ma foi ! oui, si tu l'exécutes, dit Caverley qui croyait faire un rêve.

Puis, se retournant vers son lieutenant :

— En voilà un qui s'estime cher, dit-il. Nous verrons comment il paiera son estimation.

Agénor regarda le prince.

— Sire de Mauléon, dit celui-ci, en souvenir du bon office que vous me rendez et de la reconnaissance que je vous en garde, selon la coutume fraternelle des chevaliers, changeons de cheval et d'épée ; peut-être perdrez-vous au change, mais je vous en dédommagerai plus tard.

Agénor remercia. Caverley qui avait entendu se mit à rire.

— Il te vole encore, dit-il tout bas au jeune homme. J'ai vu son cheval, il ne vaut pas le tien. Décidément ce n'est ni un chevalier, ni un marchand, ni un juif, c'est un Arabe.

Le prince s'assit paisiblement devant une table en faisant signe à Musaron de rédiger un second engagement pareil au premier, et quand il fut rédigé, Agénor, qui s'était porté caution du prince, y apposa sa croix comme il avait fait au bas du sien ; puis après que le capitaine Caverley l'eût examiné avec son soin accoutumé, le chevalier partit pour Châlon, qu'on apercevait de l'autre côté de la Saône. Tout se passa comme l'avait indiqué le prince. Agénor trouva dans la selle le petit sac de cuir et dans le petit sac les diamans. Il en vendit pour douze mille écus, car le prince, entièrement dépouillé par Caverley, avait besoin de regarnir sa bourse ; puis, comme il revenait vers le camp, il trouva le capitaine espagnol que lui avait désigné don Henri de Transtamare, le reconnut, lui raconta l'événement arrivé au prince, et se fit accompagner par lui et par ses gens jusqu'à un petit bois distant d'un quart de lieue à peu près de l'endroit où était le camp ; là les Espagnols s'arrêtèrent, et Agénor continua son chemin.

Les choses se passèrent plus loyalement encore que ne l'espérait le chevalier. Caverley compta et recompta ses écus d'or en poussant de gros soupirs, car l'idée lui venait seulement alors, qu'à un homme qui payait avec cette promptitude et cette rapidité là, il n'avait qu'à demander le double de ce qu'il avait demandé et qu'il l'aurait obtenu.

Cependant, il fallait bien se décider, et puisque le chevalier avait tenu strictement sa parole, faire honneur à la sienne.

Caverley laissa donc s'éloigner les deux jeunes gens, mais non sans rappeler à Agénor qu'il ne s'était pas acquitté envers lui, et qu'il lui redevait pour son compte mille écus tournois et le service pendant toute une campagne.

— J'espère bien que vous ne retournerez jamais avec ces bandits, fit le prince dès qu'ils furent libres.

— Hélas! dit Agénor, il le faudra bien cependant.

— Je paierai tout ce qu'il faudra pour vous racheter.

— Vous ne racheterez pas ma parole, mon prince, dit Agénor, et ma parole est donnée.

— Mordieu! dit le prince, je n'ai pas donné la mienne, moi, et je ferai pendre Caverley, aussi vrai que nous existons tous les deux. De cette façon-là, je n'aurai pas le regret que mes écus d'or lui profitent.

En ce moment on arriva auprès du petit bois où était embusqué le capitaine espagnol avec ses vingt lances, et Henri, joyeux d'en être quitte à si bon marché, se retrouva enfin avec ses amis.

Telle fut l'issue du mauvais pas où le prince et le chevalier se trouvèrent ensemble, et dont le prince se tira grâce à la parole du chevalier.

De son côté, Agénor, qui était parti sans argent et sans

amis, se trouvait avoir un trésor presque à sa disposition, et pour protecteur un prince.

Sur cela, Musaron fit mille dissertations plus ingénieuses les unes que les autres; mais ces dissertations, toutes philosophiques, sont trop connues depuis l'antiquité pour que nous les rapportions ici.

Cependant, il termina ses dissertations par une question trop importante pour que nous la passions sous silence.

— Seigneur, dit-il, je ne comprends pas trop pourquoi, ayant vingt lances à votre disposition, vous avez marché seul avec un écuyer et deux ou trois serviteurs seulement.

— Mon cher sire, dit le prince en riant, c'est parce que le roi don Pedro, mon frère, a envoyé sur toutes les routes qui conduisent de l'Espagne en France des espions et des assassins. Un train brillant m'eût fait reconnaître, et je désirais garder l'incognito. L'obscurité me va mieux que le grand jour. D'ailleurs, je veux qu'il soit dit:
« Henri sortit d'Espagne avec trois serviteurs et y rentra avec toute une armée. Don Pedro, au contraire, avait toute son armée en Espagne, et il en est sorti seul. »

— Des frères!... murmura Agénor, des frères!

— Mon frère a tué mon frère, reprit Henri de Transtamare, et je vengerai mon frère.

— Seigneur, dit Musaron profitant d'un moment où le prince était en train de causer avec son lieutenant, voilà un prétexte que le seigneur Henri de Transtamare ne donnerait pas pour dix autres mille écus d'or.

— Comme il ressemble à ce vaillant grand-maître. As-tu remarqué, Musaron?

— Seigneur, dit l'écuyer, don Frédéric était blond et celui-là est rouge; l'œil du grand-maître était noir, et celui-ci a l'œil gris; l'un avait le nez de l'aigle, l'autre a le bec du vautour; le premier était svelte, le second est maigre; don Frédéric avait du feu sur les joues, monseigneur Henri de Transtamare a du sang : ce n'est pas à don Frédéric qu'il ressemble, mais à don Pedro. Deux vautours, messire Agénor, deux vautours.

— C'est vrai, pensa Mauléon; et ils se battent sur le corps de la colombe.

XIII.

COMMENT LE BATARD DE MAULÉON REMIT AU ROI CHARLES V L'ANNEAU DE SA BELLE-SOEUR LA REINE BLANCHE DE CASTILLE.

Dans le jardin d'un bel hôtel qui s'élevait rue Saint-Paul, mais qui cependant était encore inachevé dans plusieurs de ses parties, marchait un homme de vingt-cinq à vingt-six ans, vêtu d'une longue robe de couleur sombre avec des revers de velours noir, et serrée à la taille par une cordelière dont les glands retombaient jusqu'à ses pieds. Contre l'habitude du temps, cet homme n'avait ni épée, ni poignard, ni aucune marque distinctive de noblesse. Le seul joyau qu'il portât était une espèce de petite couronne de fleurs de lis d'or formant cercle autour d'un de ces bonnets de velours noir qui ont précédé la mode du chaperon. Cet homme avait tous les caractères de la pure race franque : il avait les cheveux blonds, coupés carrément en signe de haute naissance, les yeux bleus et la barbe châtaine ; son visage, quoique accusant l'âge que nous avons dit, ne portait l'empreinte d'aucune passion, et son caractère sérieux et réfléchi indiquait l'homme aux graves pensées, aux longues méditations. De temps en temps il s'arrêtait, laissait retomber sa tête sur sa poitrine et laissait pendre une main que léchaient alors deux grands lévriers marchant à ses côtés du même pas que lui, s'arrêtant quand il s'arrêtait, et continuant leur route aussitôt qu'il se remettait en chemin.

A quelque distance de cet homme, appuyé contre un arbre et portant un faucon chaperonné sur le poing, se tenait debout un jeune page au visage insoucieux, et agaçant l'oiseau de proie qu'à ses grelots d'or on pouvait reconnaître pour un serviteur favori.

Au loin et dans les endroits reculés du jardin, on entendait les chants joyeux des oiseaux qui prenaient possession des fleurs et des bois du nouveau domicile royal, car cet homme au visage pensif n'était autre que le régent Charles V, qui tenait le royaume de France, tandis que son père le roi Jean, esclave de la parole donnée, demeurait prisonnier en Angleterre, et qui faisait bâtir ce bel hôtel neuf pour remplacer le château du Louvre et le palais de la Cité, dans lequel le studieux monarque, le seul de nos rois que la postérité dût appeler le Sage, ne trouvait pas assez de solitude et de tranquillité.

Dans les allées on voyait passer et repasser les nombreux serviteurs de cette maison somptueuse, et par-dessus les cris impatiens du faucon, les gazouillemens lointains des oiseaux et le bruit des paroles qu'échangeaient en se croisant les serviteurs, on entendait parfois rouler comme un tonnerre le rugissement des grands lions que le roi Jean avait fait venir d'Afrique, et que l'on tenait enfermés dans des fosses profondes.

Le roi Charles V suivait une allée de ce jardin, revenant sur ses pas lorsqu'il était arrivé à un certain point, afin de ne pas perdre de vue la porte de l'hôtel qui par six degrés extérieurs conduisait à la terrasse à laquelle aboutissait cette allée.

De temps en temps il s'arrêtait, fixant les yeux sur cette porte par laquelle il semblait attendre quelqu'un, et quoique cette personne parût vivement attendue, sans que son visage marquât la moindre impatience après chaque attente nouvelle, il reprenait sa promenade du même pas, et et avec la même mélancolique sérénité.

Enfin au haut du perron apparut un homme vêtu de noir, tenant à la main un écriteau d'ébène et des parchemins. Il embrassa du regard le jardin dans lequel il allait descendre, et apercevant le roi il marcha droit à lui.

— Ah! c'est vous, docteur, dit Charles en faisant quelques pas au-devant de lui, je vous attendais; venez-vous du Louvre?

— Oui, sire.

— Eh bien! quelque messager est-il revenu de mes ambassades?

— Personne; seulement deux chevaliers qui paraissent avoir fait une longue course venaient d'arriver et demandaient instamment l'honneur d'être présentés à Votre Altesse, à laquelle ils avaient, disaient-ils, à communiquer des choses de la première importance.

— Qu'avez-vous fait?

— Je les ai amenés, et ils attendent le bon plaisir du roi dans une salle de l'hôtel.

— Et pas de nouvelles de Sa Sainteté le pape Urbain V ?

— Non, sire.

— Pas de nouvelles de Duguesclin que je lui ai envoyé?

— Pas encore ; mais nous ne pouvons tarder à en recevoir, puisqu'il faisait écrire il y a dix jours à Votre Altesse que le lendemain il quittait Avignon.

Le roi demeura un instant pensif et presque soucieux ; puis, comme prenant une résolution :

— Allons, docteur, dit-il, voyons les dépêches.

Et le roi tout tremblant, comme si chaque lettre nouvelle devait lui apprendre un nouveau malheur, s'assit sous une tonnelle où à travers les chèvrefeuilles transparaissaient les tièdes rayons d'un soleil d'août.

Celui que le roi avait désigné sous le nom de docteur ouvrit un portefeuille qu'il portait sous le bras, et en tira plusieurs grandes lettres. Le docteur en ouvrit une au hasard.

— Eh bien? demanda le roi

— Message de Normandie, répondit le docteur : les Anglais ont brûlé une ville et deux villages.

— Malgré la paix, murmura le roi, malgré le traité de Bretigny, qui coûte si cher !

— Que ferez-vous, sire ?

— J'enverrai de l'argent, dit le roi.

— Message du Forez.

— Allez, dit le roi.

— Les Grandes compagnies se sont abattues sur les rives de la Saône. Trois villes ont été mises à sac, les récoltes des campagnes coupées, les vignes arrachées, les bestiaux enlevés. On a vendu cent femmes.

Le roi cacha son visage entre ses mains.

— Mais Jacques de Bourbon n'est-il pas de ce côté? dit-il. Il m'avait promis de me débarrasser de tous ces brigands!

— Attendez, dit le docteur en ouvrant une troisième dépêche. Voici une lettre où il est question de lui. Il a rencontré des Grandes compagnies à Brignais, il a livré bataille; mais...

Le docteur s'arrêta, hésitant.

— Mais!... reprit le roi en lui tirant la lettre des mains. Voyons, qu'y a-t-il?

— Lisez vous-même, sire.

— Défait et tué! murmura le roi, un prince de la maison de France tué et égorgé par ces bandits. Et notre saint père ne me répond rien. La distance d'Avignon ici n'est pas grande, cependant.

— Qu'ordonnez-vous, sire? demanda le docteur.

— Rien; que voulez-vous que j'ordonne en l'absence de Duguesclin? Et n'est-il point, au milieu de tout cela, venu un messager de mon frère le roi de Hongrie?

— Non, sire, répondit timidement le docteur, qui voyait s'alourdir peu à peu ce poids de calamités tombant sur le pauvre roi.

— Et la Bretagne?

— Toujours en pleine guerre : le comte de Montfort a eu des avantages.

Charles V leva au ciel un regard moins désespéré que rêveur.

— Grand Dieu! murmura-t-il, abandonnerais-tu donc le royaume de France? Mon père était un bon roi, mais trop guerrier; moi j'ai reçu pieusement les épreuves que tu m'as envoyées, mon Dieu! j'ai toujours cherché à épargner le sang de tes créatures, regardant ceux au-dessus desquels tu m'as mis comme des hommes dont je devais te rendre compte, et non comme des esclaves dont le sang pouvait couler à mon caprice. Et cependant personne ne m'a su gré de mon humanité, pas même toi, mon Dieu ! Je veux mettre une digue à cette barbarie qui fait reculer le monde vers le chaos. L'intention est bonne, j'en suis sûr ; eh bien ! personne ne m'aide, nul ne me comprend.

Et le roi laissa retomber sur sa main sa tête rêveuse.

En ce moment on entendit un grand bruit de trompettes, et des acclamations courant par les rues vinrent retentir jusqu'aux oreilles distraites du roi. Le page cessa d'agacer son faucon et interrogea de l'œil le docteur.

— Allez voir ce que c'est, dit le docteur. Sire, ajouta-t-il en se retournant vers le roi, entendez-vous ces fanfares ?

— Je parle au ciel de paix et de philosophie, dit le roi, il me répond guerre et violences.

— Sire, dit le page en accourant, c'est messire Bertrand Duguesclin qui revient d'Avignon et qui rentre dans la ville.

— Qu'il soit le bienvenu, dit le roi en se parlant à lui-même ; quoiqu'il vienne avec plus de bruit que je ne le voudrais.

Et il se leva vivement, se dirigeant à sa rencontre ; mais avant même qu'il eût atteint le bout de l'allée, une grande colonne de monde apparut sous la voûte et déborda par la porte du jardin : c'était le peuple, les gardes et les chevaliers, tressaillant de joie et entourant un homme de taille moyenne, à la tête grosse, aux épaules larges et aux jambes arquées par l'habitude de monter à cheval.

Cet homme, c'était messire Bertrand Duguesclin, qui,

avec son visage vulgaire, mais doux, et son œil intelligent, souriait et remerciait le peuple, les gardes et les chevaliers, qui le comblaient de bénédictions.

A ce moment le roi apparut à l'extrémité de l'allée ; tous s'inclinèrent, et Bertrand Duguesclin descendit vivement les degrés pour aller présenter ses hommages à son roi.

— On se prosterne devant moi, murmura Charles, mais on sourit à Duguesclin ; on me respecte, mais on l'aime. C'est qu'il est l'image de cette fausse gloire si puissante chez tous les esprits vulgaires, et que moi je leur représente la paix, c'est-à-dire, pour leurs regards à courte vue, la honte et la soumission. Ces gens-là sont de leur siècle, c'est moi qui ne suis pas du mien, et je les coucherais tous dans le tombeau plutôt que de leur imposer un changement qui n'est ni dans leurs goûts ni dans leurs habitudes. Cependant quand Dieu me donnera la force je persévérerai.

Puis fixant son regard calme et bienveillant sur le chevalier qui mettait un genou en terre devant lui :

— Soyez le bienvenu, dit-il tout haut, en lui tendant la main avec une grâce qui émanait de sa personne comme un parfum naturel.

Duguesclin appuya ses lèvres sur l'auguste main.

— Bon roi, dit le chevalier en se relevant, me voici. J'ai fait diligence comme vous le voyez, et j'apporte des nouvelles.

— Bonnes? demanda le roi.

— Oui, sire, très bonnes. J'ai levé trois mille lances.

Le peuple poussa des cris de satisfaction en voyant ce renfort qui lui arrivait conduit par un si brave général.

— Voilà qui va bien, répondit Charles, ne voulant pas

contrarier toute cette joie que les paroles de Duguesclin venaient de soulever dans l'assemblée pleine d'admiration.

Puis à voix basse :

— Hélas ! il ne fallait pas lever trois mille lances, messire, dit-il, mais bien plutôt en supprimer six mille. Nous aurons toujours assez de soldats quand nous saurons les employer.

Et prenant le bras du bon chevalier, tout émerveillé de cet honneur, il monta les degrés, traversa cette foule de peuple, de courtisans, de gardes, de chevaliers et de femmes, qui, voyant le bon accord qui régnait entre le roi et le général dans lequel chacun avait mis ses espérances, criait Noël à faire trembler les voûtes.

Charles V salua tout le monde de la main et du sourire, et conduisit le chevalier breton dans une grande galerie destinée à donner plus tard ses audiences, et qui attenait à son appartement. Les cris de la foule les y suivirent, et on les entendit encore même quand le roi eut fermé la porte derrière lui.

— Sire, dit Bertrand tout joyeux, avec l'aide du ciel et l'amour de ces braves gens, vous recouvrerez votre héritage tout entier, et je suis bien certain qu'en deux années de guerre bien faite...

— Mais pour faire la guerre, Bertrand, il faut de l'argent, beaucoup d'argent, et nous n'en avons plus.

— Bah ! sire, dit Bertrand, avec une petite taxe sur les campagnes...

— Il n'y a plus de campagnes, mon ami : l'Anglais a tout ravagé, et nos bonnes alliées, les Grandes compagnies, ont achevé de dévorer ce qu'avait épargné l'Anglais.

— Sire, vous mettrez une imposition d'un franc par tête

sur chaque membre du clergé, et vous prendrez sur leurs biens une dîme d'un dixième : il y a assez longtemps que les gens d'église prélèvent cette dîme sur les nôtres.

— C'est justement pour cela que je vous avais envoyé près de notre saint père le pape Urbain V, dit le roi : est-ce qu'il nous accorde l'autorisation de lever cette dîme ?

— Oh ! tout au contraire, répondit Bertrand, car il se plaint de la pauvreté du clergé et demande de l'argent.

— Vous voyez bien, mon ami, dit le roi avec un triste sourire, qu'il n'y a rien à faire de ce côté-là.

— Oui, sire ; mais il vous accorde une grande faveur.

— Toute faveur qui coûte cher, Bertrand, dit Charles V, n'est plus une faveur pour un roi dont les coffres sont vides.

— Sire, il vous l'accorde gratis.

— Alors, dites vite, Bertrand, quelle est cette faveur.

— Sire, le fléau de la France en ce moment, ce sont les Grandes compagnies, n'est-ce pas ?

— Oui, certes ; le pape a-t-il trouvé un moyen de les congédier ?

— Non, sire, cela dépasse son pouvoir ; mais il les a excommuniées.

— Ah ! voilà pour nous achever, s'écria le roi au désespoir, tandis que Bertrand, qui venait d'annoncer cette nouvelle d'un air triomphant, ne savait plus à quoi s'en tenir. De voleurs ils vont devenir assassins, de loups ils vont se faire tigres ; il y en avait peut-être quelques-uns dans le nombre qui craignaient encore Dieu, et ceux-là maintenaient les autres. A cette heure, ils n'auront plus rien à craindre et ne ménageront plus rien. Nous sommes perdus, mon pauvre Bertrand !

Le digne chevalier connaissait la sagesse profonde et

l'esprit si fin du roi. Il avait cette qualité précieuse dans un homme de portée secondaire, la déférence pour un jugement supérieur au sien ; aussi se mit-il à réfléchir, et son bon sens naturel lui prouva que le roi avait deviné juste.

— C'est vrai, dit-il, ils vont bien rire quand ils sauront que notre saint-père le pape les a traités comme des chrétiens, et c'est nous qu'ils vont traiter comme des mahométans et des juifs.

— Tu vois bien, mon cher Bertrand, dit le roi, dans quelle fâcheuse position nous sommes.

— En effet, dit le chevalier, je n'y avais pas songé, et je croyais vous apprendre une bonne nouvelle. Voulez-vous que je retourne auprès du pape, et que je lui dise qu'il ne se presse pas?

— Merci, Bertrand, dit le roi.

— Excusez-moi, sire, dit Bertrand. Je suis un mauvais ambassadeur, je l'avoue. Ma besogne, à moi, c'est de monter à cheval et de charger quand vous me dites : Monte à cheval, Guesclin, et charge. Mais, dans toutes les questions qui se disputent à coups de plume, au lieu de se disputer à coups d'épée, sire, je l'avoue, je suis un pauvre politique.

— Et cependant, dit le roi, si tu voulais m'aider, mon cher Bertrand, rien ne serait perdu encore.

— Comment, si je voulais vous aider, sire ! s'écria Duguesclin ; mais je crois bien que je le veux ! Et mon bras, mon épée et mon corps, je mets tout à votre disposition.

— C'est que tu ne pourras pas me comprendre, dit le roi avec un soupir.

— Ah ! cela, sire, répondit le chevalier, c'est bien possible, car j'ai la tête un peu dure, ce qui est fort heureux pour moi au reste, car j'ai tant reçu de coups dessus, que si la nature ne l'eût pas faite de cette trempe, elle serait aujourd'hui bien endommagée.

— J'ai eu tort de dire que tu ne pourrais pas me comprendre, mon cher Bertrand ; j'aurais dû dire que tu ne voudrais pas.

— Que je ne voudrais pas? reprit Bertrand étonné. Et comment ne pourrais-je pas vouloir une chose que mon roi veut?

— Hé! mon cher Bertrand, parce que nous ne voulons en général que les choses qui sont dans notre nature, dans nos habitudes ou dans nos inclinations, et que la chose que j'ai à te demander te paraîtra au premier abord singulière et même étrange.

— Dites toujours, sire, reprit Duguesclin.

— Bertrand, reprit le roi, tu connais notre histoire, n'est-ce pas?

— Pas beaucoup, sire, répondit Duguesclin; un peu celle de Bretagne, parce que c'est mon pays.

— Mais enfin, tu as entendu parler de toutes ces grandes défaites qui à plusieurs reprises ont mis le royaume de France à deux doigts de sa perte.

— Quant à cela, oui, sire : Votre Majesté veut parler sans doute de la bataille de Courtray, par exemple, où le comte d'Artois a été tué; de la bataille de Crécy, d'où le roi Philippe de Valois s'est sauvé, lui septième ; et enfin de la bataille de Poitiers, où le roi Jean a été fait prisonnier?

— Eh bien! Bertrand, demanda le roi, as-tu jamais réfléchi aux causes qui ont fait perdre ces batailles?

— Non, sire je réfléchis le moins possible : cela me fatigue.

— Oui, je comprends cela ; mais j'ai réfléchi, moi, à cette cause, et je l'ai trouvée.

— Vraiment !

— Oui, et je vais te la dire.

— J'écoute, sire.

— As-tu remarqué qu'aussitôt que les Français sont en bataille, au lieu de se retrancher, comme les Flamands derrière leurs piques, ou comme les Anglais derrière leurs pieux, et au lieu de prendre leurs avantages quand le moment leur paraît bon, ils chargent tous pêle-mêle à l'envie sans s'inquiéter du terrain, chacun n'ayant qu'une préoccupation, celle d'arriver le premier et de faire les plus grands coups? De là, absence d'unité ; car personne n'obéit qu'à sa volonté, ne suit qu'une loi, celle de son caprice ; n'obéit qu'à une voix, celle qui crie en avant ; c'est ce qui fait que les Flamands et les Anglais, qui sont des peuples graves et disciplinés, qui obéissent à la voix d'un seul chef, frappent à temps, et presque toujours nous défont.

— C'est vrai, dit Duguesclin, c'est bien comme cela que ça se passe ; mais le moyen d'empêcher les Français de charger quand ils voient l'ennemi devant eux ?

— C'est pourtant là qu'il faudrait en arriver, mon bon Duguesclin, dit Charles.

— Ce serait encore possible, dit le chevalier, si le roi se mettait à notre tête. Peut-être alors sa voix serait écoutée.

— C'est ce qui te trompe, mon cher Bertrand, dit Charles ; on sait que je suis d'une nature pacifique, toute différente en cela de mon père Jean et de mon frère Philippe. On croirait, si je ne marchais pas à l'ennemi, que c'est par peur ; car partout où est l'ennemi les rois de France ont l'habitude d'y marcher ; c'est donc un courage reconnu, c'est donc une renommée faite, c'est donc une réputation sans tache qui pourrait opérer seulement un pareil miracle? C'est donc Bertrand Duguesclin, s'il le voulait.

— Moi, sire! s'écria le chevalier en regardant le roi avec ses gros yeux étonnés.

— Oui, toi, et toi seul, car on sait, Dieu merci! que tu aimes le danger, toi, et quand tu t'en écarterais, pas un ne pourrait soupçonner que c'est par crainte.

— Sire, ce que vous dites là est bon pour moi; mais tous ces gentilshommes, tous ces chevaliers, qui les ferait obéir?

— Toi, Bertrand.

— Moi, sire! dit le chevalier en secouant la tête; je suis bien petit compagnon pour donner des ordres à toute votre noblesse, dont la moitié est plus noble que moi.

— Bertrand, si tu voulais m'aider, si tu voulais me servir, si tu voulais me comprendre, d'un mot je te ferais plus grand que tous ces gens-là.

— Vous, sire?

— Oui, moi, reprit Charles V.

— Et que feriez-vous donc?

— Je te ferais connétable.

Bertrand se mit à rire.

— Votre Altesse se moque de moi, dit-il.

— Non pas, Bertrand, dit le roi; je te parle sérieusement, au contraire.

— Mais, sire, l'épée à lame fleurdelisée a l'habitude de ne briller qu'en des mains presque royales.

— Et c'est justement le malheur des nations, dit Charles; car les princes qui reçoivent cette épée la reçoivent comme un apanage de leur rang et non comme une récompense de leurs services; tenant cette épée de leur naissance, pour ainsi dire, et non pas des mains de leur roi, ils oublient les devoirs que cette épée leur impose ; tandis que toi, Duguesclin, à chaque fois que tu tireras cette épée du fourreau, tu songeras à ton roi qui te l'a donnée, et aux recommandations qu'il t'a faites en te la donnant.

— Le fait est, sire, reprit Duguesclin, que si jamais j'obtenais un pareil honneur... Mais non, c'est impossible.

— Comment ! impossible ?

— Oui ! oui ! cela ferait du tort à Votre Altesse, voilà tout. Et l'on ne voudrait pas m'obéir comme n'étant point assez grand seigneur.

— Obéis-moi seulement, dit Charles en donnant à son visage l'expression d'une ferme volonté, et je me charge, moi, de te faire obéir par les autres.

Duguesclin secoua la tête en signe de doute.

— Ecoute, Duguesclin, continua Charles, crois-tu seulement que nous sommes battus parce que nous sommes trop braves ?

— Ma foi ! répondit Duguesclin, j'avoue que je n'avais jamais songé à cela ; mais en y songeant, je crois que je suis de l'avis de Votre Altesse.

— Eh bien alors, mon bon Bertrand, tout ira bien. Il ne faut pas essayer de battre les Anglais, il faut essayer de les chasser, et pour cela pas de bataille, Duguesclin, pas de bataille ; des combats, des rencontres, des escarmouches, voilà tout. Il faut détruire nos ennemis en détail, un à un, au coin des bois, au passage des rivières, dans les villages où ils s'attardent ; ce sera plus long, je le vois bien, mais ce sera plus sûr.

— Eh ! mon Dieu ! oui, je le sais bien ; mais jamais votre noblesse ne voudra faire une pareille guerre.

— Par la sainte Trinité ! il faudra bien qu'elle la fasse,

cependant, quand il y aura deux hommes qui voudront la même chose, et que ces deux hommes seront le roi Charles V et le connétable Duguesclin.

— Il faudra pour cela que le connétable Duguesclin ait le même pouvoir que le roi Charles V.

— Tu l'auras, Bertrand, le même ; je te céderai mon droit de vie et de mort.

— Sur les manans, bon, mais sur les gentilshommes ?

— Sur les gentilshommes.

— Songez, sire, qu'il y a des princes dans l'armée.

— Sur les princes comme sur les gentilshommes, sur tout le monde. Duguesclin, écoute : j'ai trois frères, les ducs d'Anjou, de Bourgogne et de Berry ; eh bien ! j'en fais, non pas tes lieutenans, mais tes soldats ; ils donneront l'obéissance aux autres gentilshommes, et si l'un d'eux y manque, tu le feras mettre à genoux sur la place où il aura manqué, tu feras venir le bourreau et tu lui feras sauter la tête comme à un traître.

Duguesclin regarda le roi Charles avec étonnement. Jamais il n'avait entendu ce prince, si bon et si doux, parler avec une pareille fermeté.

Le roi confirma du regard ce qu'il venait de dire avec la bouche.

— Ah ! bien ! sire, reprit Duguesclin, si vous mettez de pareils moyens à ma disposition, j'obéirai à Votre Altesse, j'essaierai.

— Oui, mon bon Duguesclin, dit le roi en posant ses deux mains sur les épaules du chevalier, oui, tu essaieras et tu réussiras même ; et moi, pendant ce temps, je m'occuperai des finances, je ferai rentrer l'argent dans les coffres de l'épargne, j'achèverai de bâtir mon château de la Bastille, j'élèverai les murailles de Paris, ou plutôt je tracerai une nouvelle enceinte. Je fonderai une bibliothèque, car ce n'est pas tout de nourrir le corps des hommes, il faut encore nourrir leur esprit. Nous sommes des barbares, Duguesclin, qui ne nous occupons que d'enlever la rouille de nos cuirasses, sans songer à faire disparaître celle de notre intelligence. Ces Mores que nous méprisons sont nos maîtres ; ils ont des poètes, ils ont des historiens, ils ont des législateurs, nous n'avons rien de tout cela, nous.

— C'est vrai, sire, dit Duguesclin ; mais il me semble que nous nous en passons.

— Oui, comme l'Angleterre se passe de soleil parce qu'elle ne peut pas faire autrement ; mais cela ne veut pas dire que le soleil vaille l'air pur. Mais que le bon Dieu me prête vie, et à toi, Duguesclin, bon courage, et à nous deux nous donnerons à la France tout ce qui lui manque, et pour lui donner tout ce qui lui manque, il faut d'abord que nous lui donnions la paix.

— Et surtout, dit Duguesclin, que nous trouvions moyen de la débarrasser des Grandes compagnies, moyen qu'un miracle seul peut nous offrir.

— Eh bien, ce miracle, Dieu le fera, dit le roi. Nous sommes tous deux trop bons chrétiens, et nous avons tous de trop bonnes intentions pour qu'il ne vienne pas à notre aide.

En ce moment, le docteur se hasarda à ouvrir la porte.

— Sire, dit-il, Votre Altesse oublie les deux chevaliers.

— Ah ! c'est vrai, s'écria le roi. Mais c'est que, voyez-vous, docteur, nous étions en train, Duguesclin et moi, de faire de la France le premier pays du monde. Maintenant faites entrer.

Les deux chevaliers furent introduits aussitôt. Le roi

alla au devant d'eux. L'un d'eux seulement avait sa visière levée. Le roi ne le connaissait pas. Le sourire avec lequel il l'accueillit n'en fut pas moins bienveillant pour cela.

— Vous avez demandé à me parler, chevalier, et l'on a ajouté que c'était pour affaire d'importance?

— C'est vrai, sire, répondit le jeune homme.

— Soyez le bienvenu, alors, dit Charles.

— Ne vous hâtez pas de me souhaiter la bienvenue, mon roi, dit le chevalier, car je vous apporte une triste nouvelle.

Un sourire mélancolique erra sur les lèvres de Charles.

— Une triste nouvelle! dit-il; il y a longtemps que je n'en reçois pas d'autres. Mais nous ne sommes pas de ceux qui confondent le messager avec la nouvelle. Parlez donc, chevalier.

— Hélas! sire.

— De quel pays venez-vous?

— D'Espagne.

— Il y a longtemps que nous n'attendons plus rien de bon de ce côté-là; vous ne nous surprendrez donc point, quelque chose que vous nous puissiez dire.

— Sire, le roi de Castille a fait mourir la sœur de notre reine.

Charles fit un mouvement d'effroi. Le chevalier continua :

— Il l'a tuée par l'assassinat après l'avoir déshonorée par la calomnie.

— Tuée! tuée! ma sœur! dit le roi pâlissant. C'est impossible.

Le chevalier, qui était agenouillé, se leva brusquement.

— Sire, dit-il d'une voix tremblante, c'est mal à un roi

d'injurier ainsi un bon gentilhomme qui a tant souffert pour rendre service à son prince. Puisque vous ne voulez pas me croire, voici l'anneau de la reine ; peut-être le croirez-vous plus que moi.

Charles V prit l'anneau, le considéra longtemps, et peu à peu sa poitrine se gonflait, et ses yeux se remplissaient de larmes.

— Hélas ! hélas ! dit-il, c'est bien lui, je le reconnais ; car c'est moi qui le lui ai donné. Eh bien ! Bertrand, entends-tu ? Encore ce coup, ajouta-t-il en se tournant vers Duguesclin.

— Sire, dit le bon chevalier, vous devez un regret à ce brave jeune homme pour la parole violente que vous lui avez dite.

— Oui, dit Charles, oui ; mais il me pardonnera, car je suis accablé de douleur, et je n'ai pas voulu croire d'abord, et maintenant je ne crois pas encore.

En ce moment le second chevalier s'approcha, et, levant la visière de son casque :

— Et moi, sire, me croirez-vous si je vous dis la même chose que lui ? me croirez-vous, moi qui près de vous ai appris la chevalerie, moi qui suis un enfant de la cour de France, moi que vous avez tant aimé !

— Mon fils, mon fils Henri ! s'écria Charles. Henri de Transtamare ! Oh ! dans toutes mes misères, tu viens me revoir, merci !

— Je viens, sire, répondit le prince, pleurer avec vous la mort cruelle de la reine de Castille. Je viens me mettre en sûreté sous votre bouclier, car si don Pedro a tué votre sœur dona Blanche, il a tué aussi mon frère don Frédéric.

Bertrand Duguesclin rougit de colère, et le feu exterminateur brilla dans ses yeux.

— Voilà un méchant prince, s'écria-t-il, et si j'étais roi de France...

— Eh bien ! que ferais-tu ? dit Charles en se retournant vivement vers lui.

— Sire, dit Henri toujours agenouillé, protégez-moi. Sire, sauvez moi.

— J'essaierai, dit Charles V, mais d'où vient que toi, Espagnol venant d'Espagne, toi si profondément intéressé dans cette affaire, d'où vient que tu te cachais tandis que ce chevalier venait à moi, et que tu te taisais tandis qu'il parlait !

— Parce que, sire, répondit Henri, ce chevalier, que je vous recommande comme un des plus nobles et des plus loyaux que je connaisse ; parce que, dis-je, ce chevalier m'a rendu un signalé service, et qu'il était tout simple que je lui accordasse l'honneur qu'il mérite en lui laissant vous parler le premier. Il m'a racheté des mains d'un capitaine de compagnie ; il m'a été un loyal compagnon, et puis personne au monde ne pouvait mieux parler au roi de France que ce chevalier, car il a vu, lui, expirer la reine de Castille, car il a touché la tête sanglante de mon malheureux frère.

A ces mots, que Henri entrecoupa de larmes et de sanglots, Charles V parut déchiré de douleur, et Bertrand Duguesclin frappa rudement du pied la terre.

Henri, à travers le gantelet dont il se couvrait les yeux, regardait attentivement l'effet produit par ses paroles. Cet effet dépassait ses espérances.

— Eh bien ! dit le roi enflammé de colère, voilà un récit qui sera fait à mon peuple, et que Dieu me punisse si je ne déchaîne à mon tour ce démon de la guerre que j'ai si longtemps contenu, enchaîné dans son antre. Oui, j'y mourrai, oui, j'y tomberai sur le cadavre de mon dernier serviteur ! La France s'y engloutira tout entière, mais ma sœur sera vengée !

Mais à mesure que Charles V s'animait, Bertrand devenait pensif à son tour.

— Un roi comme don Pèdre déshonore le trône de Castille ! dit Henri.

— Maréchal, dit Charles V en s'adressant à Bertrand, c'est maintenant que vos trois mille lances vont nous être utiles !

— C'était pour la France que je les avais levées, dit Duguesclin, et non pour passer les monts. Cela nous fera bien de la guerre à la fois ! Ce que m'a dit tout à l'heure Votre Altesse m'a fait réfléchir ; tandis que nous guerroierons en Espagne, sire, l'Anglais rentrera en France et se joindra aux Grandes compagnies.

— Alors nous y succomberons, dit le roi. Dieu le veut ainsi, sans doute, et là doivent s'arrêter les destinées du royaume ! Mais on saura pourquoi le roi Charles a laissé périr sa fortune. Les peuples périront ; mais du moins ils seront morts pour une cause bien autrement juste et bien autrement importante que ne l'est la possession d'une pièce de terre ou une querelle d'ambassadeur.

— Ah ! dit Bertrand, si vous aviez de l'argent, sire...

— J'en ai, dit le roi à voix basse et comme s'il eût craint qu'on ne l'eût entendu en dehors de l'appartement. Mais avec de l'argent, nous ne rendrons pas la vie à ma sœur, ni à son frère.

— C'est vrai, sire, dit Duguesclin ; mais nous les vengerons ! et cela sans dégarnir la France.

— Explique-toi, dit Charles.

— Sans doute, dit Bertrand. Avec de l'argent, nous enrôlerons les capitaines de quelques compagnies. Ce sont des démons à qui il importe peu pour qui ils se battent, pourvu qu'ils se battent pour de l'argent.

— Et moi, dit timidement Mauléon, si Votre Altesse me permettait de dire un seul mot...

— Ecoutez-le, sire, dit Henri; malgré sa jeunesse, il est aussi sage que brave et loyal.

— Dites, reprit Charles.

— Je crois avoir compris, sire, que ces compagnies vous sont à charge.

— Elles désolent le royaume, chevalier; elles ruinent mes sujets.

— Eh bien ! dit Mauléon, peut-être, comme l'a dit messire Duguesclin, y a-t-il un moyen de vous délivrer d'elles...

— Oh ! parlez, parlez ! dit le roi.

— Sire, toutes ces bandes se rassemblent en ce moment sur la Saône. Corbeaux affamés, qui ne voient plus de proie dans un état ruiné par la guerre, ils se tourneront vers le premier appât qui leur sera présenté. Que messire Duguesclin, cette fleur de la chevalerie, qui est connu et respecté du dernier d'entre eux, aille vers eux, se mette à leur tête et les conduise en Castille, où il y a tant à piller et à brûler, et vous les verrez, sur la foi de ce grand capitaine, lever leur bannière et partir, jusqu'au dernier, pour cette nouvelle croisade.

— Mais si j'y vais, dit Bertrand, n'y a-t-il point de danger qu'ils me gardent et me fassent payer rançon ? Je ne suis, moi, qu'un pauvre chevalier de Bretagne.

— Oui, dit Charles ; mais tu as des rois pour amis.

— Et moi, dit Mauléon, je m'offrirai humblement pour

introduire Votre Seigneurie près du plus redoutable d'entre eux, près de sire Hugues de Caverley.

— Qui êtes-vous donc? demanda Bertrand.

— Rien, messire, ou du moins bien peu de chose ; mais je suis tombé entre les mains de ces bandits, et je leur ai appris à respecter ma parole, car c'est sur ma parole qu'ils m'ont relâché ; et lorsque je quitterai Votre Altesse, ce sera pour leur porter mille livres tournois que je leur dois et dont le prince Henri m'a généreusement fait don, et pour m'engager pendant un an dans leur compagnie.

— Vous, parmi ces bandits ! dit Duguesclin.

— Messire, dit Mauléon, j'ai engagé ma parole, et ce n'est qu'à cette condition qu'ils m'ont laissé sortir de leurs mains ; d'ailleurs, quand vous les commanderez, ce ne seront plus des bandits, ce seront des soldats.

— Et vous croyez qu'ils partiront ? dit le roi animé par l'espoir ; vous croyez qu'ils quitteront la France ? vous croyez qu'ils consentiront à abandonner le royaume ?

— Sire, répondit Mauléon, je suis sûr de ce que je dis, et il y a là vingt-cinq mille soldats pour vous.

— Et je les mènerai si loin, dit Duguesclin, que pas un ne reviendra en France, je le jure à vous, mon bon roi ; ils veulent la guerre, eh bien ! vive Dieu ! on leur en donnera.

— C'est ce que je voulais dire, reprit Mauléon, et messire Bertrand a complété ma pensée.

— Mais qui donc êtes-vous? demanda le roi, regardant ce jeune homme avec étonnement.

— Sire, répondit Agénor, je suis un simple chevalier du Bigorre, au service, comme je l'ai dit à Votre Altesse, d'une de ces compagnies.

— Depuis combien de temps? demanda le roi.

— Depuis quatre jours, sire.

— Et comment y êtes-vous entré?

— Racontez cela, chevalier, dit Henri; vous n'avez qu'à gagner à ce récit. Et Mauléon raconta au roi Charles V et à Bertrand Duguesclin l'histoire de son engagement avec Caverley, de manière à ravir d'admiration le roi qui se connaissait en sagesse, et le maréchal qui se connaissait en chevalerie.

XIV.

COMMENT LE BATARD DE MAULÉON RETOURNA VERS LE CAPITAINE HUGUES DE CAVERLEY, ET DE CE QUI S'EN SUIVIT.

Charles V était un prince trop sage, et qui avait trop souvent médité sur les choses du royaume, pour ne pas voir du premier coup tout le résultat qu'il pouvait tirer de la situation, si les événemens s'arrangeaient ainsi que s'engageait à les préparer Mauléon. Les Anglais, privés du secours des Grandes compagnies, ces fléaux avec lesquels ils battaient les campagnes, allaient se voir nécessairement forcés de solder des troupes en remplacement de celles-là qui se payaient toutes seules, et faisaient pour leur compte une guerre lucrative et qui ruinait le royaume. Il devait donc en résulter une trêve pour la France, trêve pendant laquelle de nouvelles institutions rendraient un peu de repos aux Français, et qui permettrait au roi d'exécuter les grands travaux qu'il avait commencés pour l'embellissement de Paris et l'amélioration des finances.

Quant à cette guerre d'Espagne, Duguesclin n'y voyait pas grand inconvénient. La chevalerie française était supérieure en force et en tactique à tous les chevaliers du monde. Les Castillans devaient donc être battus; d'ailleurs, Bertrand comptait faire bon marché de ces compagnies, sachant bien que plus il paierait cher la victoire, plus cette victoire serait avantageuse à la France, et que, plus il sèmerait de cadavres sur le champ de bataille espagnol, moins il ramènerait de pillards dans le royaume.

La politique de ce temps était tout égoïste, ou au moins toute personnelle; on n'avait point encore eu l'idée d'émettre ces principes de droits internationaux, qui ont simplifié depuis les questions de guerre entre les rois. Tout prince armait pour son compte, avec ses propres ressources, par la persuasion, par la force ou par l'argent, et il avait par la vertu de ses armes un droit que beaucoup de gens étaient prêts à faire valoir.

— Don Pedro a tué son frère et assassiné ma sœur, se disait Charles, mais il aura eu raison de faire cela, si je ne m'arrange de manière à lui prouver qu'il a eu tort.

Don Henri de Transtamare disait :

— Je suis l'aîné, puisque je suis né en 1333, et que mon frère don Pedro est né en 1336. Alphonse, mon père, s'était fiancé à Leonora de Guzman, ma mère; celle-là qu'il n'a point épousée, était donc en réalité sa légitime épouse. Le hasard seul a fait de moi un bâtard, seul, selon le monde. Mais comme si ce n'était pas assez de cette excellente raison, voilà que le ciel m'envoie des injures particulières et des crimes politiques à venger.

Don Pedro a voulu déshonorer ma femme, il est l'assassin de mon frère Frédéric ; enfin, il a tué la sœur du roi de France. J'ai donc raison de vouloir détrôner don Pedro, attendu que si je réussis, je monterai, selon toute probabilité, sur le trône à sa place.

Don Pedro se disait :

— Roi de fait et enfant légitime, j'ai épousé, en vertu d'un traité qui me donnait la France pour alliée, une jeune princesse du sang royal, qu'on appelait Blanche de Bourbon; au lieu de m'aimer, comme c'était son devoir, elle a aimé don Frédéric, mon frère ; et comme si ce n'était point assez pour moi d'avoir été contraint à une alliance politique, ma femme a pris parti contre moi pour mes frères Tello et Henri, qui me faisaient la guerre; c'est crime de haute trahison ; de plus, elle a souillé mon nom avec mon troisième frère, don Frédéric, c'est crime capital ; j'ai fait mourir don Frédéric et elle, c'était mon droit.

Seulement, quand il jetait les yeux autour de lui pour voir si ce droit serait solidement appuyé, il ne voyait que ses Castillans, ses Mores et ses juifs, tandis que don Henri de Transtamare avait, lui, l'Aragon, la France et le pape. La partie n'était pas égale, ce qui faisait que don Pedro, l'un des princes les plus intelligens de son époque, se disait quelquefois tout bas que, quoiqu'il eût commencé par avoir raison, il pourrait bien finir par avoir tort.

Les préparatifs se firent vite à la cour de France. Le roi Charles ne perdit de temps que celui qu'il lui fallut pour remettre l'épée de connétable aux mains de Bertrand Duguesclin, et pour faire à la noblesse et aux princes un discours dans lequel, après leur avoir annoncé l'honneur qu'il faisait au gentilhomme breton, il les invitait à obéir au nouveau connétable comme à lui-même. Puis, comme il s'agissait, avant toute chose, d'obtenir pour la campagne projetée la coopération des Grandes compagnies avant de rien ébruiter, de peur que don Pedro n'achetât, à prix d'argent, non pas le secours des capitaines en Espagne, mais leur séjour en France, séjour qui empêcherait naturellement le roi Charles V de porter ses armes ailleurs, le roi Charles donna congé au connétable et au chevalier de Mauléon qui devait lui servir d'introducteur.

Le prince Henri de Transtamare, assuré de l'appui du roi Charles, les suivit en simple chevalier.

Le voyage se fit sans bruit. Les ambassadeurs n'étaient escortés que de leurs écuyers, de leurs serviteurs et d'une douzaine d'hommes d'armes.

Bientôt on aperçut la Saône et les tentes innombrables des compagnies qui, désertant les extrémités de la France, rongées par elles, s'étaient peu à peu rapprochées du centre, ainsi que font les chasseurs pour pousser le gibier devant eux : et qui, comme une autre horde de barbares attendant un nouvel Aëtius, avaient réuni leurs enseignes dans ces plaines fertiles.

Agénor prit les devans, laissant le connétable en sûreté dans le château-fort de La Rochepot, qui appartenait encore au roi Charles ; et, sans hésiter, il alla, aussitôt après avoir pris cette précaution, se jeter dans les filets toujours tendus des compagnies.

Celui dans la troupe duquel il alla donner était un capitaine presque aussi connu que messire Hugues de Caverley, et qu'on appelait le Vert-Chevalier, ce dernier était d'avant-garde ce jour-là. On conduisit Agénor devant lui, et comme Agénor n'était pas disposé à payer deux rançons, il se réclama de messire Hugues de Caverley, sous la tente duquel il fut introduit par le Vert-Chevalier lui-même.

Le redoutable chef d'aventuriers poussa un cri de satisfaction en apercevant son ancien prisonnier ou plutôt son associé futur.

Avant toute explication, Agénor fit avancer Musaron, qui tira d'un sac de cuir convenablement muni, grâce à la munificence du prince Henri et du roi Charles V, mille livres tournois qu'il aligna sur une table.

— Ah! voilà un beau trait, compagnon, dit messire Hugues Caverley lorsque la dernière pile d'argent eût été dressée près des neuf autres. Je ne m'attendais pas, je l'avoue, à te revoir sitôt. Tu es donc déjà accoutumé à cette idée qui t'avait fait d'abord si grande peur, de vivre parmi nous?

— Oui, capitaine; car un véritable soldat vit partout, et vit partout comme il veut. Et puis, d'ailleurs, j'ai pensé qu'une bonne nouvelle n'arrive jamais trop tôt, et je vous apporte une nouvelle si extraordinaire que vous êtes bien loin, j'en suis sûr, de vous y attendre.

— Bah! dit Caverley, qui à ce début commença de redouter que Mauléon ne lui tendît quelque piège pour le dégager de sa parole, bah! une nouvelle extraordinaire, dis-tu?

— Messire capitaine, reprit Mauléon, l'autre jour, je parlais de vous au roi de France, vers lequel, comme vous le savez, j'étais député par sa sœur mourante, et je lui racontais la gracieuse courtoisie dont vous aviez fait preuve à mon égard.

— Ha! ha! fit Caverley flatté; il me connaît donc, le roi de France?

— Certes, capitaine; car vous avez assez ravagé son royaume pour qu'il se souvienne de vous : les cris des moines brûlés, les lamentations des femmes forcées, les plaintes des citadins mis à rançon, lui ont triomphalement fait résonner votre nom aux oreilles.

Caverley frissonna d'orgueil et de plaisir sous son armure noire ; c'était quelque chose de sinistre que la joie de cette statue de fer.

— Ainsi, dit-il, le roi me connaît ; ainsi Charles V sait le nom du capitaine Hugues de Caverley.

— Il le sait et ne l'oubliera pas, je vous en réponds.

— Et que vous a-t-il dit à propos de moi ?

— Le roi m'a dit : Chevalier, allez trouver le bon capitaine Hugues, ou plutôt, a-t-il ajouté...

Le capitaine semblait suspendu du regard aux lèvres de Mauléon.

— Ou plutôt, continua le chevalier, je lui enverrai un de mes premiers serviteurs.

— Un de ses premiers serviteurs ?

— Oui.

— Mais un gentilhomme, j'espère.

— Parbleu !

— Connu ?

— Oh ! très connu.

— C'est beaucoup d'honneur que me fait le roi de France, dit Caverley en prenant son ton goguenard. Mais il veut donc quelque chose de moi, ce bon roi Charles cinquième ?

— Il veut vous enrichir, capitaine.

— Jeune homme ! jeune homme ! s'écria l'aventurier avec une froideur subite, ne vous raillez pas de moi, car c'est un jeu qui a coûté cher à tous ceux qui ont voulu le jouer. Le roi de France peut aimer à avoir quelque chose de moi... ma tête, par exemple ; je crois bien qu'elle ne lui ferait pas de peine. Mais, si adroitement qu'il s'y prenne, chevalier, je suis désespéré de vous dire qu'il ne l'aura point encore par votre entremise.

— Voilà ce que c'est que de toujours faire le mal, répliqua gravement Mauléon, dont la noble figure inspira presque le respect au bandit ; on se défie de chacun, on accuse tout le monde, et l'on calomnie jusqu'à un roi qui a mérité le titre du plus honnête homme de son royaume. Je commence à croire, capitaine, ajouta-t-il en secouant la tête, que le roi a eu tort de députer vers vous : c'est un honneur que les princes se rendent mutuellement, et vous parlez dans ce moment-ci comme un chef de bandits et non comme un prince.

— Hé ! hé ! dit Caverley un peu troublé de cette hardiesse, se défier, cher ami, c'est être sage. Et franchement, voyons, comment le roi m'aimerait-il, après les cris de ces moines brûlés, après les lamentations de ces femmes forcées, et après les plaintes de ces citadins mis à rançon, dont vous parliez si éloquemment tout à l'heure !

— Fort bien, reprit Mauléon, et je vois ce qui me reste à faire.

— Et que vous reste-t-il à faire, voyons ? demanda le capitaine Hugues de Caverley.

— Il me reste à envoyer dire à l'ambassadeur du roi que son message est accompli, attendu qu'un chef d'aventuriers se défie de la parole du roi Charles V.

Et Mauléon se dirigea vers l'issue de la tente pour mettre sa menace à exécution.

— Ho ! ho ! s'écria Caverley, je n'ai pas dit un mot de ce que vous pensez, et je n'ai pas pensé un mot de ce que vous dites. D'ailleurs il sera toujours temps de renvoyer ce chevalier. Faites-le venir, au contraire, cher ami, et il sera le bienvenu.

Mauléon secoua la tête.

— Le roi de France se défie de vous, messire, dit froidement Mauléon ; et il ne laissera pas venir un de ses principaux serviteurs dans votre camp, si vous ne lui donnez pas suffisante garantie.

— Rate du pape ! hurla Caverley, vous m'insultez, compère.

— Non pas, mon cher capitaine, reprit Mauléon ; car c'est vous qui avez donné l'exemple de la défiance.

— Et mordieu ! ne sait-on pas que l'envoyé d'un roi est inviolable pour tout le monde, et même pour nous autres qui violons pas mal de choses ? Celui-là est donc une espèce particulière ?

— Mais peut-être, dit Mauléon.

— Par curiosité alors je veux le voir.

— En ce cas, signez donc un sauf-conduit bien en règle.

— C'est facile.

— Oui, mais vous n'êtes pas seul ici, capitaine, et je suis venu à vous particulièrement parce que vous êtes le premier de tous, et que j'ai eu l'avantage d'être en relations avec vous et non pas avec les autres.

— Alors, le message n'est pas pour moi seul ? demanda Caverley.

— Non, il est pour tous les chefs des compagnies.

— Ce n'est donc pas moi seulement que ce bon roi Charles veut enrichir, dit Caverley d'un ton goguenard.

— Le roi Charles est assez puissant pour enrichir, s'il lui plaît, tous les pillards du royaume, répondit à son tour Mauléon avec un rire qui laissait loin derrière lui en ironie le rire du capitaine Caverley.

Il paraît que c'était ainsi qu'il fallait parler au chef des aventuriers, car cette saillie mit en fuite toute sa mauvaise humeur.

— Qu'on fasse venir mon clerc, dit-il, et qu'il me rédige un sauf-conduit en bonne forme.

Un homme s'avança, long, maigre, tremblant, et tout vêtu de noir : c'était le maître d'école d'un village voisin, que le capitaine Hugues de Caverley avait élevé à la dignité de son secrétaire par intérim.

Il rédigea, sous l'inspection de Musaron, le sauf-conduit le plus précis et le plus régulier que jamais docteur eût fait couler de sa plume sur le parchemin. Alors le capitaine, faisant appeler par un page chacun des plus illustres bandits, ses confrères, commença lui-même, soit qu'il ne sût pas écrire, soit que, pour une raison à lui connue, il ne voulût pas ôter son gantelet de fer, à apposer le pommeau de son poignard au dessous de l'écriture, et à faire apposer aux autres chefs au dessous de son monogramme, aux uns leur croix, aux autres leur sceau, aux autres enfin leur paraphe; et tout en exécutant cette manœuvre, ces chefs riaient entre eux, se croyant bien supérieurs à tous les princes de la terre, eux qui donnaient des sauf-conduits aux ambassadeurs du roi de France.

Quand le parchemin fut revêtu de tous les sceaux et de tous les paraphes, Caverley se retourna vers Mauléon.

— Et le nom du messager ? demanda-t-il.

— Vous l'apprendrez lorsqu'il viendra, dit Agénor, et encore s'il daigne vous l'apprendre.

— C'est quelque baron, s'écria en riant le Vert-Chevalier, à qui nous aurons brûlé son château et enlevé sa femme, et qui vient voir s'il n'y a pas moyen de racheter sa chaste épouse contre son cheval ou ses gerfauts.

— Préparez vos plus belles armures, dit fièrement Mauléon ; ordonnez à vos pages, si vous en avez, de mettre leurs plus riches habits, et faites silence quand celui que j'annonce entrera, si vous ne voulez pas vous repentir plus tard d'avoir fait une grande faute pour des hommes savans dans le métier des armes.

Et Mauléon sortit de la tente en homme qui sent le poids du coup qu'il va porter. Un murmure de doute et de surprise parcourut le groupe.

— Il est fou, murmurèrent quelques-uns.

— Oh! vous ne le connaissez point, dit Caverley. Non, non! il n'est pas fou, et il faut s'attendre à quelque chose de nouveau.

Une demi-journée s'écoula. Le camp avait repris son aspect accoutumé. Les uns se baignaient dans la rivière, les autres buvaient sous les arbres, les autres s'ébattaient dans l'herbe. On voyait revenir des bandes de pillards annoncées par des cris de joie et de détresse ; alors, apparaissaient des femmes échevelées, des hommes meurtris traînés à la queue des chevaux. Des bestiaux se révoltant contre des maîtres inconnus étaient amenés beuglans sous les tentes, et tués et dépecés à l'instant même pour le repas du soir, pendant que les chefs venaient voir les résultats de l'expédition, et choisissaient leur part de butin, non sans de graves conflits entre les soldats ivres ou affamés.

Plus loin, on exerçait des nouvelles recrues. Les paysans, arrachés à leur chaumière et engagés de force, qui devaient au bout de trois ou quatre ans oublier tout pour devenir, comme leurs nouveaux compagnons, des hommes de pillage et de sang; des armées de valets, des nuées de goujats, jouaient ou préparaient le repas des maîtres. Des tonneaux défoncés, des lits volés, des meubles brisés, des matelas en lambeaux jonchaient le sol, tandis que d'énormes chiens, sans maîtres, réunis par troupes, rôdant parmi tous ces groupes pour se nourrir, pillaient les pillards et faisaient crier sur leur passage les enfans égarés.

C'est aux portes de ce camp que nous avons essayé de peindre, mais dont l'aspect seul pouvait donner une idée, que retentirent tout à coup quatre trompettes aux fanfares éclatantes, précédées d'une bannière blanche aux fleurs de lis sans nombre, qui étaient encore à cette époque les armes de France (1). Un grand mouvement se fit à l'instant dans le camp des compagnies. Les tambours battirent, les bas-officiers coururent rassembler les traînards et garder les principaux postes. Bientôt, au travers d'une haie pressée de têtes curieuses et surprises, défila un cortége lent et solennel. C'étaient d'abord les quatre trompettes dont les fanfares avaient réveillé le camp; puis un héraut d'armes portant nue, élevée, l'épée de connétable à la large lame fleurdelisée et à la poignée d'or; enfin, précédant de quelques pas douze hommes, ou plutôt douze statues de fer, un chevalier, visière baissée et de fière tournure. Son puissant cheval noir mâchait un frein d'or, et une longue épée de combat, à la poignée polie par l'usage, étincelait à la hauteur de son flanc.

Près de ce chevalier, mais un peu en arrière, marchait Mauléon. Il conduisit toute la troupe à la tente générale des chefs où le conseil se trouvait assemblé.

Le silence de l'étonnement et de l'attente planait sur tout ce camp qui, un instant auparavant, retentissait de bruyantes clameurs.

Celui qui paraissait être le chef de la troupe mit pied à

(1) Ce fut Charles V qui quelques années plus tard les réduisit en l'honneur de la sainte Trinité.

terre, fit élever la bannière royale au son des trompettes, et entra dans la tente.

Les chefs, assis, ne se levèrent point à cette arrivée, et s'entre-regardèrent en souriant.

— Ceci est la bannière du roi de France, dit le chevalier d'une voix douce et pénétrante, en s'inclinant devant elle.

— Nous la reconnaissons bien, dit messire Hugues de Caverley en se levant, pour répondre à l'étranger, mais nous attendons que l'envoyé du roi de France se nomme pour nous incliner devant lui, comme il vient de s'incliner lui-même devant les armes de son maître.

— Moi, répliqua modestement le chevalier en levant la visière de son casque, je suis Bertrand Duguesclin, connétable de France, et député par le bon roi Charles V vers messeigneurs les chefs des Grandes compagnies, à qui Dieu donne toute joie et prospérité.

Il achevait à peine que tous les fronts étaient découverts, toutes les épées hors du fourreau et brandies avec allégresse; partout le respect ou plutôt l'enthousiasme éclatait en longs cris, et ce feu électrique, courant rapide comme une traînée de poudre, et embrasant le camp, toute l'armée vint entrechoquer ses piques et ses épées en criant à la porte :

— Noël! Noël! Liesse au bon connétable!

Celui-ci s'inclina avec son humilité ordinaire, et salua au milieu d'un tonnerre d'applaudissemens.

XV.

COMMENT LES CHEFS DES GRANDES COMPAGNIES PROMIRENT A MESSIRE BERTRAND DUGUESCLIN DE LE SUIVRE AU BOUT DU MONDE, SI SON BON PLAISIR ÉTAIT DE LES Y MENER.

Le premier moment d'enthousiasme fit bientôt place à une attention si grande, que les paroles du connétable, bien que prononcées avec le calme de la force, percèrent les rangs de la foule et arrivèrent claires et distinctes aux extrémités du camp, où les derniers soldats les recueillirent avec avidité.

— Seigneurs capitaines, dit Bertrand avec cette politesse presque obséquieuse qui lui gagnait le cœur de tous ceux qui étaient en relations avec lui, le roi de France m'envoie à vous, pour que j'accomplisse avec vous la seule action peut-être qui soit digne de braves gens d'armes que vous êtes.

L'exorde était flatteur, mais le caractère général de l'esprit de messieurs les capitaines des Grandes compagnies étant la défiance, il en résulta que l'ignorance où on était du but vers lequel tendait le connétable refroidit l'enthousiasme de ses auditeurs; il vit qu'il fallait continuer, et profitant du premier sentiment qu'il avait inspiré, il reprit donc :

— Chacun de vous possède assez de gloire pour n'en pas désirer davantage ; mais nul ne possède assez de richesses pour dire : je me trouve riche assez. D'ailleurs, chacun de vous doit être arrivé à ce point qu'il désire accorder l'honneur des armes avec le profit qui doit suivre. Or, dignes capitaines, figurez-vous ce que serait une expédition dirigée par vous contre un prince riche et puissant, dont les dépouilles tombant entre vos mains par droit de légitime guerre, vous seraient des trophées aussi glorieux que productifs. Moi aussi, je suis un aventurier comme vous ; moi aussi, je suis un officier de fortune comme vous. Or, seigneurs, n'êtes-vous point las, comme je le suis moi-même, de cette oppression que nous avons exercée ensemble sur des ennemis plus faibles que nous ? N'avez-vous pas le désir d'entendre, à la place de ces gémissemens d'enfans et de ces cris de femme que j'entendais tout à l'heure, en traversant votre camp, les fanfares de la trompette qui annoncent un combat réel, et les rugissemens de l'ennemi qu'il faut combattre pour le vaincre ! Enfin, vous, braves chevaliers de toutes nations, qui avez par conséquent chacun un honneur national à soutenir, ne seriez-vous pas heureux, outre la gloire et la richesse que je vous ai promises, de vous réunir encore pour une cause qui glorifie l'humanité ?

Car enfin, quelle vie menons-nous, nous autres gens d'armes ? Nul prince élu de Dieu ne nous autorise dans nos rapines et nos exactions. Le sang que nous versons est parfois un sang qui crie vengeance, et dont la voix non-seulement monte au ciel, mais encore émeut malgré nous notre âme endurcie aux horreurs de la guerre. Après une vie de caprices et de fantaisies, devenus soldats d'un grand roi, devenus champions de Dieu, devenus enfin riches et puissans, n'aurions-nous pas vu s'accomplir la destinée véritable de tout homme qui se consacre au dur métier de la chevalerie ?

Pour cette fois, un long murmure d'approbation courut dans les rangs des capitaines, car elle était bien puissante sur eux cette voix du plus rude briseur de lances, du plus rude escarmoucheur de l'époque. Tous avaient vu Bertrand à l'œuvre un jour de bataille, plusieurs avaient senti le tranchant de son épée ou le poids de sa masse d'armes, il leur parut digne de se ranger à l'opinion d'un pareil soldat.

— Seigneurs, continua Duguesclin, heureux de l'effet produit dès la première partie de son discours, voici donc le plan dont notre bon roi Charles V m'a confié l'exécution. En Espagne, Mores et Sarrasins sont revenus plus insolens et plus cruels que jamais. En Castille règne un prince plus insolent et plus cruel que Sarrasins et Mores ; un homme qui a tué son frère, messeigneurs ; un chevalier armé, portant chaîne et éperons d'or, qui a assassiné sa femme, la sœur de notre roi Charles ; un audacieux enfin, qui semble, par ce crime, avoir bravé l'effort de toute la chevalerie du monde ; car, pour qu'un pareil crime restât impuni, il faudrait qu'il n'y eût plus au monde de chevaliers.

Cette seconde période parut faire une médiocre impression sur les aventuriers. Tuer son frère, assassiner une femme, leur paraissait bien des actes quelque peu irréguliers, mais ne leur semblait pas de ces crimes pour la vengeance desquels on dérange vingt-cinq mille honnêtes gens, Duguesclin s'aperçut que sa cause avait faibli, mais il ne se découragea point et reprit :

— Voyez, seigneurs, si jamais croisade s'est montrée plus glorieuse et surtout plus utile. Vous connaissez l'Espagne ; quelques-uns d'entre vous l'ont parcourue : tous en ont entendu parler. L'Espagne ! le pays des mines d'argent ! l'Espagne aux palais pavés de trésors arabes ! l'Espagne ! où Mores et Sarrasins ont enfoui les trésors pillés sur la moitié du monde ! l'Espagne ! où les femmes sont si belles que pour une femme le roi Rodrigue a perdu son royaume ! Eh bien ! c'est là que je vous conduirai, seigneurs, si vous voulez bien me suivre, car c'est là que je vais avec quelques-uns de mes bons amis, choisis parmi les meilleures lances de France ; c'est là que je vais pour savoir si les chevaliers de don Pedro sont aussi lâches que leur maître, et pour éprouver si la trempe de leurs épées vaut la trempe de nos haches. C'est un beau voyage à faire, seigneurs capitaines, seriez-vous de ce voyage ?

Le connétable termina son discours par un de ces gestes tellement francs qu'ils entraînent presque toujours les sociétés délibérantes. Hugues de Caverley qui, pendant cette harangue, avait paru aussi agité que si le démon des combats avait piqué sous lui son cheval de bataille, parcourut le cercle, demandant à chacun son opinion, et bientôt chacun s'approcha de lui, se hâta de lui donner la sienne ; alors il revint près de Bertrand Duguesclin qui, appuyé sur sa longue épée, tandis que tous les soldats le dévoraient des yeux, causait tranquillement avec Agénor et avec Henri de Transtamare, dont le cœur battait violemment depuis le commencement de cette scène ; car pour lui, tout inconnu qu'il était à cette foule, le résultat de cette scène était un trône ou l'obscurité, c'est-à-dire la vie ou la mort. Un homme de cette trempe a son ambition à la place du cœur, et toute blessure y est mortelle.

La délibération prit à peine quelques minutes; puis, Hugues de Caverley s'approcha du connétable au milieu d'un silence profond :

— Honoré seigneur Bertrand Duguesclin, dit-il, beau sire et frère, et compagnon, vous qui êtes aujourd'hui le miroir de toute chevalerie, sachez que pour votre vaillance et votre loyauté, nous sommes prêts à vous servir. Vous serez notre chef et non notre associé, notre capitaine et non notre égal. En tous cas et en toute rencontre nous sommes à vous, et nous vous suivrons jusqu'au bout du monde. Que ce soient Mores, que ce soient Sarrasins, que ce soient Espagnols, parlez, et nous marcherons contre eux. Seulement, il y a parmi nous beaucoup de chevaliers d'Angleterre, et ceux-là aiment le roi Edouard III et son fils le prince de Galles; or, excepté contre ces deux seigneurs, ils guerroieront à tous venans. Cela vous agrée-t-il, beau sire ?

Le connétable s'inclina en leur donnant tous les signes d'une reconnaissance profonde, et ajouta quelques paroles pour relever l'honneur que de tels guerriers lui voulaient faire, et en cela Bertrand ne mentait point. Pareil hommage rendu à sa supériorité devait flatter l'homme du quatorzième siècle dont toute la vie fut celle d'un soldat.

La nouvelle de cette détermination excita dans le camp un enthousiasme difficile à décrire. C'était en effet une vie fatigante pour ces aventuriers que l'escarmouche contre tous les villages réunis, que cette guerre de haies et de ravins, que cette famine au milieu de l'opulence, que cette désolation dans le triomphe. Vivre dans un autre pays, dans un pays encore neuf, sur un sol presque vierge, sous un ciel doux, changer de vins et de femmes, conquérir les riches dépouilles des Espagnols, des Mores et des Sarrasins, c'était un rêve qui allait bien avec cette réalité d'avoir pour chef le miroir de la chevalerie européenne, comme appelait le connétable messire Hugues de Caverley. Aussi, Bertrand Duguesclin fut-il reçu par des transports frénétiques, et gagna-t-il la tente qui lui avait été préparée à l'endroit le plus apparent et le plus élevé du camp, sous un portique formé par les lances que croisaient au-dessus de sa tête les aventuriers inclinés, non pas devant la bannière de France, mais devant celui qui la leur apportait.

—Seigneur, dit Bertrand à Henri de Transtamare lorsqu'ils furent rentrés sous leur tente, et tandis que Hugues de Caverley et le Vert-Chevalier félicitaient Agénor sur son retour, et particulièrement sur les circonstances qui avaient accompagné ce retour, — seigneur, vous devez être satisfait : voilà la plus rude tâche accomplie. Nous sommes tous contens. Ces gens-là, comme mouches altérées de sang, vont s'abattre sur la peau des Mores, des Sarrasins et des Espagnols, et les piquer outrageusement. Tout en faisant leurs affaires, ils feront les vôtres ; tout en s'enrichissant, ils vous donneront un trône. Quant aux fièvres de l'Andalousie, quant aux embûches des montagnes, quant aux passages des rivières dont le cours rapide emporte chevaux et cavaliers, quant aux abus énervans du vin et de l'amour, de l'ivresse et des voluptés, j'y compte pour jeter bas la moitié de ces bandits. Pour l'autre moitié, elle aura péri, je l'espère, sous les coups des Sarrasins, des Mores et des Espagnols, qui sont de bons marteaux pour de pareilles enclumes. Nous serons donc vainqueurs de toute façon. Je vous installerai sur le trône de Castille, et je reviendrai en France à la grande satisfaction du bon roi Charles, avec mes hommes d'armes que je ménagerai par le sacrifice de ces illustres coquins.

— Oui, messire, répondit Henri de Transtamare tout pensif; mais ne vous défiez-vous pas de quelque résolution imprévue du roi don Pedro? C'est un chef habile et une tête pleine de ressources.

— Je ne vois pas si loin, seigneur, répondit Duguesclin; plus nous aurons de peine, plus nous serons glorieux, et plus aussi nous laisserons de Caverleys et de Verts-Chevaliers sur cette bonne terre de Castille. Une seule chose m'inquiète; c'est l'entrée en Espagne; car c'est bien de faire la guerre au roi don Pedro, à ses Sarrasins et à ses Mores; mais il ne faut pas la faire à toutes les Espagnes réunies; cinq cents compagnies n'y suffiraient pas; et i est bien autrement difficile de faire vivre une armée en Espagne qu'en France.

— Aussi, répliqua Henri, vais-je prendre les devans et prévenir le roi d'Aragon, qui est de mes amis, et qui, par amour pour moi et par haine pour le roi don Pedro, vous donnera franc passage dans ses Etats avec des vivres et des secours d'hommes et d'argent; de sorte que si, par hasard, nous étions déconfits en Castille, nous serions soutenus par une bonne retraite.

— On voit, seigneur, reprit le connétable, que vous avez été nourri et élevé près du bon roi Charles, qui donne la sagesse à tout ce qui l'entoure. Votre conseil est plein de prudence; allez donc et prenez garde de vous faire prendre, la guerre serait finie tout de suite; car, si je ne me trompe, nous nous battons pour faire et défaire un roi et non pour autre chose.

— Ah! messire, dit Henri piqué de la perspicacité de

14.

celui qu'il regardait comme un batailleur sans finesse, est-ce que le roi don Pedro une fois détrôné, vous ne serez pas heureux de le remplacer par un fidèle ami de la France?

— Seigneur, croyez-moi, répondit Duguesclin, le roi don Pedro serait un fidèle ami de la France si la France voulait être seulement un peu l'amie du roi don Pedro. Mais là n'est point la discussion, et la question est résolue en votre faveur. Ce mécréant assassin, ce roi chrétien qui fait honte à la chrétienté doit être puni, et autant valez-vous qu'un autre pour jouer le rôle de la justice de Dieu. Sur ce, seigneur, et puisque tout est convenu et arrêté entre nous, partez promptement, car il me tarde d'être en Espagne avec les compagnies avant que le roi don Pedro ait eu le temps de délier les cordons de sa bourse, et de nous jouer, comme vous le disiez tout à l'heure, quelque tour de son métier.

Henri ne répondit rien, il se sentait humilié au fond du cœur de cette protection qu'il lui fallait subir de la part d'un simple gentilhomme, sous peine d'échouer dans sa royale entreprise. Mais la couronne qu'il voyait luire dans ses rêves d'avenir et d'ambition le consola de cette humiliation passagère.

Donc, tandis que Bertrand amenait à Paris les principaux chefs des compagnies pour les présenter au roi Charles V, tandis que le prince, les comblant d'honneurs et de largesses, les disposait à se faire tuer gaîment pour son service, Henri, suivi d'Agénor, lequel était suivi lui-même de son fidèle Musaron, reprenait le chemin de l'Espagne, évitant de passer par la route qu'ils avaient suivie en venant, de peur d'être reconnus par ceux qui auraient pu leur causer quelque désagrément, quoiqu'ils fussent munis de bons sauf-conduits délivrés par le capitaine Hugues de Caverley et par messire Bertrand Duguesclin.

Ils prirent sur la droite, ce qui au reste était le plus court, pour gagner le Béarn, et de là traverser l'Aragon. En conséquence, ils longèrent l'Auvergne, et suivirent le bord de la Vezère, et passèrent la Dordogne à Castillon.

Henri, à peu près sûr de n'être point reconnu sous le costume et sous le nom d'un obscur chevalier, voulait s'assurer par lui-même des dispositions de l'Anglais à son égard, et tenter s'il était possible d'entraîner le prince de Galles dans son parti, résultat qui ne lui semblait pas impossible d'après l'empressement qu'avaient mis les capitaines à suivre messire Bertrand Duguesclin, empressement qui indiquait qu'aucun parti n'était pris encore par le prince Noir. Avoir pour auxiliaire le fils d'Édouard III, l'enfant qui avait gagné ses éperons à Créey, le jeune homme qui avait battu le roi Jean à Poitiers, c'était non-seulement doubler la force morale de sa cause, mais encore jeter cinq ou six mille lances de plus en Castille, car telles étaient les forces dont pouvait disposer le prince de Galles sans affaiblir ses garnisons de Guyenne.

Ce prince tenait son camp, ou plutôt sa cour, à Bordeaux. Or, comme on était, sinon en paix, du moins en trêve avec la France, les deux chevaliers entrèrent dans la ville sans difficulté : il est vrai que c'était le soir d'un jour de fête, et qu'on ne fit pas attention à eux à cause du tumulte.

Agénor avait d'abord proposé au prince Henri de Transtamare de loger avec lui chez son tuteur, messire Ernauton de Sainte-Colombe, qui avait une maison dans la ville ; mais la crainte que son compagnon ne lui gardât point assez fidèlement le secret, lui avait d'abord fait refuser cette offre; il avait même été convenu que, pour plus grande sécurité, Mauléon traverserait Bordeaux sans voir son tuteur, ce que Mauléon avait promis, quoiqu'il lui en coutât fort de passer, sans le saluer, si près du digne protecteur qui lui avait servi de père. Mais après avoir parcouru la ville en tout sens, après avoir frappé à la porte de toutes les auberges, après avoir reconnu, vu la grande affluence de monde, l'impossibilité de se loger dans aucune hôtellerie, force fut au prince d'en revenir à l'offre que lui avait faite Agénor; on s'achemina donc vers la demeure de messire Ernauton, située dans un des faubourgs de la ville, après qu'il eût été solennellement convenu entre les deux voyageurs que le nom du prince ne serait pas prononcé, et qu'il passerait pour un simple chevalier ami et frère d'armes d'Agénor.

Le hasard, au reste, servit à merveille les voyageurs. Messire Ernauton de Sainte-Colombe voyageait pour le moment dans le pays de Mauléon, où il avait un château et quelques terres. Deux ou trois serviteurs étaient restés seuls à Bordeaux et accueillirent le jeune homme comme s'il eût été, non pas le pupille, mais le fils du vieux chevalier.

Ce fut un serviteur de confiance qui avait vu naître Agénor qui fit les honneurs de la maison aux deux voyageurs. Au reste, depuis quatre ans que Mauléon n'était venu à Bordeaux, cette maison avait bien changé. Ses jardins, qui étaient immenses et qui présentaient une retraite inaccessible aux rayons du soleil et aux regards des hommes, étaient séparés maintenant de l'habitation par un grand mur, et semblaient former une demeure particulière.

Agénor interrogea le vieux serviteur à ce sujet, et il apprit que ces jardins où il avait passé, à l'ombre des sycomores et des platanes, son insoucieuse jeunesse, avaient été vendus par son tuteur au prince de Galles, lequel y avait fait bâtir une maison somptueuse où il logeait tous les hôtes qu'il ne pouvait pas ou ne voulait pas recevoir ostensiblement dans son palais. Or, il arrivait des courtisans de tous les pays et des messagers de tous les rois au fils d'Edouard III ; car n'ayant essuyé aucune défaite, il avait par tout le monde la réputation d'un victorieux.

Le prince fit signe à Agénor de se faire répéter cette explication dans tous ses détails ; car, on se le rappelle, il était venu à Bordeaux dans l'intention de voir le prince Noir, et dans l'espérance de s'en faire un ami ; cependant, comme il se faisait tard, que la journée avait été forte, et que les voyageurs étaient fatigués, le prince donna l'ordre à ses serviteurs de préparer sa chambre, et s'y rendit aussitôt le souper. Agénor l'imita et passa dans la sienne, qui, située au premier étage de la maison, donnait sur ces beaux jardins, dans lesquels il s'était fait une fête d'aller cueillir, comme des fleurs du passé, ces beaux souvenirs de sa jeunesse.

Au lieu de se coucher comme le faisait le prince, il s'assit donc près de la fenêtre, et avec toute la poésie de ses vingt ans, les yeux fixés sur ces beaux arbres à travers le feuillage desquels filtraient à grande peine quelques rayons de la lune, il se mit à remonter ces rives de la vie, toujours plus fleuries à mesure qu'on se rapproche de l'enfance. Le ciel était pur, l'air était doux et calme ; la rivière brillait au loin comme les écailles d'argent d'un serpent immense ; mais par un caprice de l'imagination, soit similitude du paysage, soit retour de l'heure pareille, soit parfums de ces orangers de la Guyenne qui rappellent si bien ceux du Portugal et de l'Andalousie, sa pensée aux ailes de flammes traversa les monts et alla s'abattre au pied de cette sierra d'Estrella, au bord de cette petite rivière qui va se jeter dans le Tage, et de l'autre côté de laquelle, attiré par les sons de sa guzla, il avait parlé pour la première fois d'amour à la belle Moresque.

Tout à coup, au milieu de cet enivrement nocturne, une lueur venant du palais mystérieux brilla comme une étoile à travers le feuillage; puis bientôt, miracle étrange! que le chevalier prit pour une erreur de ses sens, le chevalier crut entendre les sons d'une guzla. Il écouta, tout frémissant, ces accords, qui n'étaient qu'un prélude ; mais ensuite une voix pure, mélodieuse, une voix qu'il n'était plus permis de méconnaître quand on l'avait entendue, une voix chanta en castillan cette vieille romance espagnole :

>
> Un chevalier de mine altière,
> Un beau chevalier d'Aragon,
> Sur son cheval d'allure fière,
> Chassant une journée entière,
> Perdit ses chiens et son faucon.
>
> Sous un chêne aux vastes ramures,
> Il s'assit vers la fin du jour,
> Ecoutant de charmans murmures,
> Forts autant que des bruits d'armures,
> Doux autant que des chants d'amour.
>
> Tout à coup au plus haut du chêne,
> Il vit, le chevalier fameux,
> Une infante aux yeux de sirène
> Que retenaient comme une chaîne
> Les tresses d'or de ses cheveux.

Elle lui dit d'une voix douce :
Chevalier, soyez sans effroi.
Car cette enfant, que tout repousse
Dans ce nid de feuille et de mousse,
Est fille de reine et de roi.

Je suis noble et puissante fille ;
Un trône abrita mon berceau :
Ma mère est reine de Castille,
Et mes aïeux, noble famille,
Dorment en rois dans leur tombeau.

Mais, hélas ! je fus condamnée
A vivre seule dans ce bois
Jusques à ma quinzième année.
Et demain naîtra la journée
Qui me fait naître une autre fois.

Ami chevalier, je vous prie,
Comme l'on prîrait à genoux
Les saints et la Vierge Marie,
Ou comme épouse ou comme amie,
De vouloir me prendre avec vous.

Agénor n'en écouta point davantage ; il fit un bond comme pour s'élancer hors de son rêve, et plongea sur les platanes du jardin son regard avide en murmurant avec une fiévreuse espérance :

— Aïssa ! Aïssa !

XVI.

COMMENT AGÉNOR RETROUVA CELLE QU'IL CHERCHAIT, ET LE PRINCE HENRI CELUI QU'IL NE CHERCHAIT PAS.

Agénor, une fois certain que c'était la voix d'Aïssa qu'il avait entendue, cédant à ce premier mouvement bien naturel dans un jeune homme de vingt ans, prit son épée, s'enveloppa de son manteau, et s'apprêta à pénétrer dans le jardin. Mais au moment où il enjambait la fenêtre, il sentit une main se poser sur son épaule; il se retourna, c'était son écuyer.

— Seigneur, lui dit celui-ci, j'ai toujours remarqué une chose, c'est que quelques-unes des folies qui se font dans ce monde se font en passant par les portes, mais que le reste, c'est-à-dire la majeure partie, se fait en passant par les fenêtres.

Agénor fit un mouvement pour continuer son chemin. Musaron l'arrêta avec une respectueuse violence.

— Laisse-moi, dit le jeune homme.

— Seigneur, dit Musaron, je vous demande cinq minutes. Dans cinq minutes, vous serez libre de faire toutes les folies que vous voudrez.

— Sais-tu où je vais? dit Mauléon.

— Je m'en doute.

— Sais-tu qui est là dans ce jardin?

— La Moresque.

— Aïssa elle-même, tu l'as dit. Maintenant comptes-tu me tenir encore?

— C'est selon comme vous serez raisonnable ou insensé.

— Que veux-tu dire?

— Que la Moresque n'est pas seule.

— Non, sans doute, elle est avec son père qui ne la quitte jamais.

— Et son père lui-même est toujours gardé par une douzaine de Mores?

— Eh bien?

— Eh bien! ils sont là rôdant sous l'ombre de ces arbres. Vous allez vous heurter à l'un d'eux et vous le tuerez. Un autre viendra aux cris de celui-ci, vous le tuerez encore. Mais un troisième, un quatrième, un cinquième accourront; il y aura lutte, combat, cliquetis d'épées; vous serez reconnu, pris, tué peut-être.

— Soit! mais je la verrai.

— Fi donc! une Moresque!

— Je veux la revoir.

— Je ne vous empêche pas de la revoir, mais revoyez-la sans risque.

— As-tu un moyen?

— Je n'en ai pas, mais le prince vous en donnera un.

— Comment, le prince?

— Sans doute. Croyez-vous qu'il soit moins intéressé que vous à la présence de Mothril à Bordeaux, et qu'il n'aura pas un aussi grand désir, lorsqu'il le saura ici, de savoir ce que vient y chercher le père, que vous de savoir ce qu'y vient faire la fille ?

— Tu as raison, dit Agénor.

— Ah ! vous voyez bien, dit Musaron satisfait.

— Eh bien ! va prévenir le prince. Moi, je reste ici pour ne pas perdre de vue cette petite lumière.

— Et vous aurez la patience de nous attendre?

— J'écouterai, dit Agénor.

En effet, la voix douce continuait de résonner dans la nuit, et la guzla vibra frémissante en l'accompagnant. Ce n'était plus le jardin de Bordeaux qu'il avait devant les yeux, c'était le jardin de l'alcazar ; ce n'était plus la blanche maison du prince de Galles, mais le kiosque moresque au rideau de verdure. Chaque son de la guzla pénétrait plus profondément dans son cœur, qui s'emplissait peu à peu d'ivresse. A peine se croyait-il seul, qu'il entendit la porte s'ouvrir et qu'il vit entrer Musaron, suivi du prince, enveloppé comme lui de son manteau, et portant comme lui l'épée à la main.

En quelques mots, le prince fut au fait de la situation, Agénor lui ayant raconté sans restriction ses relations antérieures avec la belle moresque, ainsi que la jalousie furieuse de Mothril.

— Ainsi, dit le prince, vous devez essayer de parler à cette femme ; par elle, nous saurons plus de choses que par tous les espions de la terre. Une femme que l'on tient en esclavage domine souvent son despote.

— Oui, oui, s'écria Mauléon, qui brûlait d'impatience de joindre Aïssa, et me voilà prêt à obéir aux ordres de Votre Altesse.

— Vous êtes sûr de l'avoir entendue?

— Entendue comme je vous entends, monseigneur. Sa

voix venait de là ; elle vibre encore à mon oreille, et me guiderait au milieu des ténèbres de l'enfer.

— Soit! mais l'embarras pour nous est de pénétrer dans cette maison sans tomber au milieu de quelque troupe armée.

— Vous avez dit pour nous, monseigneur!

— Sans doute, je vous accompagne; bien entendu que je me tiens à l'écart, et que je vous laisse entretenir librement votre maîtresse.

— Alors, il n'y a plus de crainte, monseigneur. Deux champions comme vous et moi valent dix chrétiens et vingt Mores.

— Oui, mais ils font scandale, mais ils tuent, et le lendemain, forcés de fuir, ils ont sacrifié à une vaine fanfaronnade le succès d'une importante affaire. Soyons donc sages, chevalier; revoyez votre maîtresse, mais avec toutes les précautions nécessaires. Prenez garde surtout de perdre votre poignard, ou dans les jardins, ou dans les appartemens d'un père ou d'un mari jaloux. Il m'en a coûté la femme que j'ai le plus aimée pour avoir laissé tomber le mien dans la chambre de don Guttière.

— Oui, prudence! prudence! murmura Musaron.

— Oui ; mais avec trop de prudence, nous la perdrons peut-être, répondit Agénor.

— Soyez tranquille, dit Henri. Ce sera, foi de prince! ma première confiscation sur les Mores, si jamais je monte sur le trône de Castille. En attendant, ménageons-nous ce trône.

— J'attends les ordres de Votre Altesse, dit Mauléon, réprimant avec peine son impatience.

— Bien, bien, dit Henri. Je vois que vous êtes un soldat discipliné, et tout n'en ira que mieux pour vous être soumis à mon obéissance. Nous sommes des capitaines, et nous devons savoir reconnaître le côté faible d'une place. Descendons au jardin, examinons les murs, et quand nous aurons trouvé un endroit favorable à l'escalade, eh bien ! nous escaladerons.

— Eh ! seigneur, dit Musaron, ce ne sera pas l'escalade qui sera difficile, car j'ai vu une échelle dans la cour. Tous les endroits du mur seront donc aussi favorables les uns que les autres. Mais derrière le mur, il y a des Mores à cimeterre, des forêts de piques. Mon maître sait que je suis brave, mais quand il s'agit de la vie d'un prince si illustre et d'un si illustre chevalier...

— Parle pour le prince, dit Agénor.

— Ce bon écuyer me plaît, dit Henri; il est prudent et fera une arrière-garde des plus utiles

Puis élevant la voix :

— Pérajo, continua-t-il, s'adressant à son écuyer qui attendait à la porte, êtes-vous armé?

— Oui, monseigneur, répondit celui auquel s'adressait cette question.

— Alors, suivez-nous.

Musaron vit qu'il n'y avait point à répliquer. Tout ce qu'il gagna fut que l'on sortît par la porte, et que l'on descendît par l'escalier au lieu de descendre par la fenêtre. Au reste, comme toujours, une fois son parti pris, il alla bravement au but. En effet, il y avait une échelle dans la cour; il l'appliqua contre le mur. Le prince voulut passer le premier ; Agénor le suivit, puis Pérajo; enfin Musaron passa le dernier, et tira l'échelle de l'autre côté du mur.

— Garde cette échelle, dit le prince; car la façon dont tu as parlé m'a donné toute confiance en toi.

Musaron s'assit sur le dernier échelon; Pérajo fut placé

vingt pas plus loin, en embuscade dans un figuier, et Henri et Agénor continuèrent de s'avancer suivant les grandes ombres des arbres qui les dérobaient naturellement aux regards de ceux qui pouvaient être placés dans la lumière.

Bientôt l'on se trouva si près de la maison, qu'à défaut des sons de la guzla qui avaient cessé, on entendait les soupirs de la musicienne.

— Prince, dit Agénor, qui ne pouvait contenir plus longtemps son impatience, attendez-moi sous ce berceau de chèvrefeuille; avant dix minutes, j'aurai parlé à la Moresque, et je saurai ce que son père est venu faire à Bordeaux. Si j'étais attaqué, ne compromettez pas votre existence et regagnez l'échelle. Je vous avertirai par ce seul cri : Au mur !

— Si vous êtes attaqué, dit Henri, souvenez-vous, chevalier, que nul peut-être, excepté le roi don Pedro mon frère, et messire Duguesclin mon maître, ne manie l'estoc comme je le sais faire. Alors, chevalier, je vous montrerai que je ne me vante pas à tort.

Agénor remercia le prince, qui disparut dans l'ombre où les yeux du chevalier le cherchèrent vainement. Quant à Agénor, il continua son chemin vers la maison ; mais entre elle et le bois il y avait à traverser un espace vide éclairé par la lune. Agénor hésita un instant avant de provoquer pour ainsi dire la lumière. Cependant il allait se hasarder à accepter ce passage, quand, d'une porte latérale de la maison qui s'ouvrit en criant, sortirent trois hommes qui causaient à voix basse. Celui qui devait passer le plus près d'Agénor, enseveli, immobile et muet sous l'ombre d'un platane, était Mothril, si facile à reconnaître, grâce à son burnous blanc; celui du milieu était un chevalier revêtu d'une armure noire ; enfin celui qui devait passer le plus près de don Henri était un seigneur portant un riche costume castillan sous un manteau de pourpre.

— Seigneur, dit en riant ce dernier au chevalier noir, il ne faut pas en vouloir à Mothril de ce qu'il vous refuse de montrer sa fille ce soir. Moi, qui depuis près de six semaines voyage nuit et jour avec lui, à peine s'il a consenti à me la laisser voir.

Le chevalier noir répondit ; mais Agénor ne s'inquiéta pas de sa réponse. Ce qu'il désirait savoir, ce qu'il savait maintenant, c'est qu'Aïssa était seule. Au son de la voix paternelle, elle s'était même levée, et, curieuse comme une chrétienne, elle s'était penchée hors de sa fenêtre pour suivre de l'œil les trois promeneurs mystérieux.

Le chevalier s'élança hors du massif, et en deux bonds fut au bas de la fenêtre, élevée d'une vingtaine de pieds.

— Aïssa, lui dit-il, me reconnais-tu ?

Si maîtresse d'elle-même qu'elle fût, la jeune fille se recula avec un petit cri involontaire. Mais presque aussitôt reconnaissant celui qui habitait toujours dans ses pensées, elle lui tendit ses bras à son tour en lui demandant :

— Est-ce toi, Agénor ?

— Oui, c'est moi, mon amour. Mais comment arriver jusqu'à toi que je retrouve si miraculeusement ? N'as-tu pas une échelle de soie ?

— Non, dit Aïssa, mais demain j'en aurai une. Mon père passera la nuit au château du prince. Viens demain ; mais ce soir prends garde, car ils sont aux environs.

— Qui cela ? demanda Agénor.

— Mon père, le prince Noir et le roi.

— Quel roi ?

— Le roi don Pedro.

Agénor songea à Henri, qui allait peut-être se trouver face à face avec son frère.

— A demain, dit-il, en s'élançant sous les arbres, où il disparut aussitôt.

Agénor ne se trompait qu'à moitié. Les trois promeneurs s'étaient dirigés vers l'endroit où Henri se tenait caché. Le prince reconnut d'abord Mothril.

— Seigneur, disait-il au moment où il arrivait à la portée de la voix, Votre Altesse a tort de revenir sans cesse à Aïssa. Le noble fils du roi d'Angleterre, le glorieux prince de Galles, n'est point venu pour voir une pauvre fille Africaine, mais pour décider avec vous de la destinée d'un grand royaume.

Henri, qui avait avancé le milieu du corps pour mieux entendre, fit une retraite en arrière.

— Le prince de Galles! murmura-t-il avec une indicible surprise en regardant curieusement cette armure noire, si connue en Europe depuis les sanglantes batailles de Crécy et de Poitiers.

— Demain, dit le prince, je vous recevrai chez moi, et alors demain, avant que nous nous quittions, tout sera réglé, j'espère, et alors l'affaire pourra être rendue publique. Aujourd'hui, je devais me conformer aux désirs de mon hôte royal et ne pas éveiller la curiosité des courtisans; je devais enfin, avant de rien conclure, savoir au juste les intentions de Son Altesse le roi don Pèdre de Castille.

A ces mots, le prince Noir s'inclina avec courtoisie du côté du cavalier au manteau de pourpre.

La sueur monta au front de Henri; mais ce fut bien autre chose encore quand une voix bien connue de lui prononça ces paroles :

— Je ne suis pas le roi de Castille, monseigneur, mais

un suppliant forcé de venir chercher du secours loin de son royaume, car mes plus cruels ennemis sont dans ma famille : de trois frères que j'avais, l'un en voulait à mon honneur, les deux autres à ma vie. Celui qui en voulait à mon honneur, je l'ai tué : restent Henri et Tello; Tello est resté en Aragon pour lever une armée contre moi; Henri est en France près du roi Charles, et le flatte de l'espoir de conquérir mon royaume, de sorte que la France, épuisée par vos victoires, voudrait prendre en Castille des forces nouvelles pour vous combattre. J'ai donc pensé que c'était votre politique, monseigneur, de secourir le bon droit d'un monarque légitime en continuant chez lui, avec les ressources d'hommes et d'argent qu'il vous offre, la guerre que cette hypocrite rupture de la trêve vous permet de faire à la France. J'attends la réponse de Votre Altesse pour savoir si je dois désespérer de ma cause.

— Certes, non, il ne faut point désespérer, monseigneur, car, ainsi que vous le dites, votre cause est légitime. Mais, presque vice-roi de la Guyenne, je n'ai pas voulu porter seul le poids de ma vice-royauté. J'ai demandé à mon père un conseil composé d'hommes sages. Ce conseil, il me l'a accordé. Ce conseil, il faut que je le consulte, mais soyez assuré que si l'avis de la majorité est le mien, et cède au penchant que j'ai de vous plaire, jamais allié plus fidèle, et j'ose le dire, plus énergique, n'aura combattu sous vos bannières. Demain, quand vous viendrez au palais, sire, ma réponse sera plus explicite. Jusque là ne vous montrez point. La réussite dépend surtout du secret.

— Oh! soyez tranquille, personne ici ne nous connaît.

— Et cette maison est sûre, dit le prince, et même assez sûre, ajouta-t-il en riant, pour calmer les craintes du seigneur Mothril au sujet de sa fille.

Le More balbutia quelques mots que Henri n'entendit point, car déjà les trois promeneurs commençaient à s'éloigner de lui; d'ailleurs une seule pensée, ardente, folle, presque insurmontable, le minait depuis qu'il avait entendu résonner cette voix maudite; là, à deux pas de lui, était son ennemi mortel, le spectre dressé entre lui et le but qu'il voulait atteindre; là, à la longueur de son épée, était l'homme altéré de son sang, et du sang duquel il était altéré; un seul coup porté d'une main que sa haine eût guidée terminait la guerre, tranchait le doute. Cette idée faisait bondir le cœur du prince, et attirait son bras vers son ennemi.

Mais Henri n'était pas de ces hommes qui cèdent au premier sentiment, ce premier sentiment fût-il inspiré par une haine mortelle.

— Non, non, dit-il, je le tuerais, mais voilà tout. Et ce n'est point assez pour moi de le tuer, il faut que je lui succède. Je le tuerais, mais le prince de Galles vengerait son hôte assassiné, me ferait périr ignominieusement, ou me ferait enfermer dans une prison éternelle... Oui, continua Henri après un moment de silence, mais aussi je pourrais me sauver, et Tello qui est là-bas, reprit-il en souriant à lui-même de ce qu'il avait pu oublier un de ses frères, quoique ce frère fût son allié, Tello que je retrouverais sur le trône!... ce serait à recommencer!

Cette considération arrêta le bras de Henri; son épée à moitié tirée rentra dans le fourreau.

Certes, les esprits des ténèbres durent bien rire de leur infernale sœur l'Ambition, qui, pour la première fois, écartait la main de l'ambitieux de son poignard.

C'est en ce moment que les trois promeneurs, se trouvant hors de la portée de la voix, Mothril prononça ces paroles que le prince n'entendit pas.

Au même instant, Agénor le rejoignit : l'un était lugubre, l'autre rayonnant ; l'un venait d'oublier la guerre, les intrigues, les princes, le monde ; l'autre froissait les mailles de ses gants de fer, croyant déjà broyer ses ennemis et se cramponner aux marches du trône de Castille.

XVII.

LE LIMIER.

Le secret du voyage de Mothril à Bordeaux était désormais expliqué, et Aïssa ne devait plus rien avoir à apprendre à ce sujet au chevalier ; mais restaient des choses bien plus importantes pour eux deux : c'étaient les mille confidences d'amour qui semblent toujours nouvelles aux amans, et qui, en effet, étaient d'autant plus nouvelles pour Agénor et pour Aïssa, qu'ils ne se les étaient jamais faites à loisir.

D'un autre côté, le prince Henri de Transtamare savait le plan de son frère comme si le plan lui avait été communiqué, et il pressentait d'avance la réponse du prince de Galles, comme s'il eût déjà assisté au conseil qui devait avoir lieu le lendemain. Il n'avait donc d'autre parti à prendre, bien convaincu qu'il était que don Pedro allait obtenir l'appui des Anglais, que de sortir de Bordeaux avant que l'alliance fût jurée entre eux; car alors, s'il était reconnu, il était fait prisonnier de guerre, et don Pedro, pour finir tout d'un coup la querelle, pourrait bien avoir recours au moyen expéditif qu'un calcul d'ambition avait seul empêché Henri de mettre à exécution contre son frère.

Lorsque le prince et le chevalier se furent communiqué leurs pensées, lorsque l'un s'adressant à la prudence de l'autre eut recueilli un sage conseil sur le parti qu'il fallait prendre, c'est-à-dire lorsque Agénor eut engagé Henri à partir promptement pour l'Aragon, afin d'y recevoir les premières compagnies qu'expédiait le connétable, le prince à son tour pensa aux affaires privées de son jeune compagnon.

— Et vos amours? lui dit-il.

— Monseigneur, répondit Agénor, je ne vous cache pas que j'y pense avec une amère tristesse. C'était beau de trouver à dix pas de soi le bonheur auquel j'avais rêvé si longtemps, et après lequel je craignais de courir toute ma vie sans le rejoindre, mais...

— Eh bien! fit le prince, quoi de changé, et qui vous empêche, vous qui n'avez pas un frère à combattre et un trône à conquérir, qui vous empêche de cueillir ce bonheur en passant?

— Mon prince, ne partez-vous point? demanda Agénor

— Je pars assurément, répondit Henri, car si tendre que soit l'amitié que je sens naître pour vous dans mon cœur, cher Agénor, elle ne peut, et le premier vous comprendrez cela, entrer en balance avec les intérêts d'une fortune royale et le bonheur d'un peuple tout entier. S'il s'agissait de votre existence, reprit tout à coup le prince, oh! ce serait autre chose, car à votre existence je sacrifierais ma fortune et mon ambition.

Et les yeux subtils du prince plongeaient dans le regard clair et limpide du jeune Français pour y solliciter la reconnaissance.

— Mais, continua Henri, ce à quoi je ne sacrifierais point ma couronne, c'est à votre passion assez folle, permettez-moi de vous le dire, mon ami, pour la fille du traître Mothril.

— Je le sais bien, monseigneur, et j'eusse été un insensé d'en avoir même conçu l'espérance ; aussi, pauvre Aïssa, adieu...

Et de sa fenêtre il regarda si tristement le pavillon perdu sous les sycomores, que le prince se mit à sourire.

— Heureux amant, murmura-t-il tandis que son front devenait sombre, il vit pour une douce pensée qui fleurit incessamment dans son cœur et qui parfume son existence. Hélas ! moi aussi j'ai connu cette charmante torture qui fait vibrer au fond de l'âme tous les sentimens jeunes et généreux.

— Vous me dites heureux, monseigneur, s'écria Agénor, et Aïssa m'attendait demain ; demain je devais voir Aïssa et je ne la verrai pas. Monseigneur, si toutes les espérances d'un cœur de vingt-deux ans déçues au moment où elles allaient s'accomplir, constituent un malheur, je suis le plus malheureux des hommes.

— Tu as raison, Agénor, dit le prince, ne pense donc qu'à l'heure présente ; tu n'ambitionnes pas des trésors, toi, tu ne poursuis pas une couronne, tu demandes une douce parole, tu réclames un premier baiser ; ta richesse est une femme, ton trône est le siége de fleurs qu'elle devait demain partager avec toi. Oh ! ne perds pas cette soirée, Agénor, peut-être ce sera la plus belle perle que la jeunesse déposera dans l'un de tes souvenirs.

— Mais alors, monseigneur, dit Agénor, vous partirez donc sans moi ?

— Cette nuit même, je veux sortir du territoire de l'Anglais ; il faut, tu le comprends bien, que le jour me trouve en pays neutre. Je demeurerai trois à quatre jours en Navarre, à Pampelune. Viens vite m'y rejoindre, Agénor, car je ne pourrais t'attendre plus longtemps.

— Oh ! mon prince, dit Agénor, vous laisser quand un danger vous menace ! Il me semble que pour tous les trésors de cet amour qui m'attend et que vous me promettez, je n'y consentirais pas.

— N'exagérons rien, Agénor ; en partant ce soir, nul danger ne nous menace. Ainsi descends la pente fleurie. Va, Perajo m'accompagnera, et tu sais que c'est une bonne épée ; seulement reviens vite

— Mais, monseigneur...

— Et puis, écoute. Si tu aimes cette Moresque comme tu dis...

— Eh ! monseigneur, je n'ose vous dire comment je l'aime, car à peine l'ai-je vue, car à peine ai-je échangé deux mots avec elle.

— Deux mots sont assez, si l'on a su les bien choisir dans notre brave langue castillane. Je te disais donc, si tu aimes cette Moresque, ce sera un double triomphe pour toi, puisque tu enlèveras la fille à Mothril et une âme à l'enfer.

Ces paroles étaient celles d'un roi et d'un ami. Agénor comprit que Henri de Transtamare jouait déjà ce double rôle, et lui, pour être exact dans le sien, s'agenouilla devant le prince pour qui tous ces intérêts étaient tellement méprisables que sa pensée s'en était déjà écartée, et flottait bien au-delà des monts Pyrénées, dans ces nuages qui couronnent la cime de la sierra d'Aracéna.

Alors il fut convenu que le prince prendrait une ou deux heures de repos et partirait pour la frontière. Quant à Mauléon, libre désormais et sentant sa chaîne d'or momentanément rompue, il ne vivait plus sur la terre, il nageait en plein ciel.

Le sommeil des amoureux est sinon profond, du moins prolongé ; car il est plein de rêves qu'ils enchaînent les uns aux autres, et qui ressemblent tellement au bonheur, qu'ils ont toutes les peines du monde à se réveiller.

Aussi, lorsque Agénor ouvrit les yeux, le soleil était déjà au haut de l'horizon. Il appela Musaron à l'instant même ; il apprit de lui que le prince était monté à cheval à quatre heures du matin, et s'était éloigné de Bordeaux avec la rapidité d'un homme qui sent le danger d'une situation difficile.

— Bien ! dit-il, lorsqu'il eut écouté le récit de l'écuyer enjolivé de tous les commentaires que celui-ci crut devoir y ajouter, bien ! Musaron. Quant à nous, nous restons encore à Bordeaux ce soir, et peut-être même demain, mais pendant ce temps il est arrêté que nous ne sortons pas et que nous ne nous faisons voir à personne. Nous en serons plus frais au moment du départ qui peut arriver d'un moment à l'autre. Quant à toi, mon ami, soigne bien les chevaux, afin qu'ils puissent rattraper le prince, même si on leur imposait double charge et double vitesse.

— Oh ! oh ! dit Musaron qui, on se le rappelle, avait ses coudées franches avec le jeune chevalier, surtout quand celui-ci était de belle humeur, ce n'est donc plus de la politique que nous faisons, et nous passons à autre chose. Si j'étais prévenu à quelle chose nous passons, je pourrais vous aider peut-être.

— Tu verras cela à minuit, Musaron ; en attendant reste coi et couvert, et fais ce que je te dis.

Musaron, toujours enchanté de lui-même, à cause de l'énorme confiance qu'il avait dans ses propres ressources, étrilla ses chevaux, fit ses repas doubles, et attendit minuit sans mettre le nez à une seule fenêtre.

Il n'en était pas ainsi d'Agénor, qui, les yeux collés à ses persiennes abattues, ne perdait pas de vue la maison voisine.

Mais, nous l'avons dit, Agénor s'était levé tard, et comme Musaron avait imité son maître, ayant veillé dans la nuit encore plus avant qu'Agénor, ni l'un ni l'autre n'avait remarqué dans le jardin faisant partie de l'habitation de don Pedro un homme qui, dès la pointe du jour, courbé vers la terre, interrogeait avec une anxiété visible les traces de pas imprimés sur la terre fraîche du jardin, et les branches froissées et rompues des massifs environnans la demeure d'Aïssa.

Cet homme enveloppé d'un large manteau était le More Mothril, qui, avec la sagacité particulière à sa race, comparaît ces différentes empreintes, les suivait comme un limier suit une piste de laquelle rien ne le détourne, pas même les interruptions momentanées.

— Oui, disait le More, l'œil ardent et la narine dilatée, oui, voici bien mes pas dans cette allée. Je les reconnais à la forme de mes babouches. A côté, voici ceux du prince de Galles empreints plus profondément ; il avait des bottes de fer, et son armure l'alourdissait encore. Ceux-ci enfin sont ceux du roi don Pedro. A peine sont-ils empreints, car il a la marche légère comme celle d'une gazelle. Toujours nos trois empreintes se suivent, mais celles-ci?.. celles-ci?.. je ne les connais pas.

Et Mothril allait du berceau de chèvrefeuille au massif où Mauléon s'était tenu caché si longtemps.

— Ici, murmurait-il, ici profondes, impatientes, variées. D'où venaient-elles? où allaient elles? vers la maison... Oui, les voici, et elles atteignent le bas du mur. Là, elles sont plus profondément creusées encore. Celui qui attendait ici s'est haussé sur la pointe des pieds, sans doute pour essayer d'atteindre au balcon; il en voulait à Aïssa, plus de doute. Maintenant Aïssa était-elle d'accord avec lui! C'est ce que nous tâcherons de savoir

Et le More penché sur cette empreinte l'examinait avec une inquiétude sérieuse.

Après un instant, il reprit :

— Ce pas est celui d'un homme chaussé comme les cavaliers francs. Voici le sillon tracé par l'éperon; voyons d'où il vient.

Et Mothril reprit la trace qui le ramena au berceau de chèvrefeuille, où ses investigations recommencèrent.

— Un autre aussi, murmura-t-il, a séjourné là ; je dis un autre, car le pas n'est pas le même. Celui-là était venu pour nous sans doute, tandis que l'autre était venu pour Aïssa. Celui-là, nous avons passé devant lui à l'effleurer, et il a dû nous entendre. Que disions-nous quand nous sommes passés par ici?

Et Mothril essaya de se rappeler quelles paroles à cet endroit étaient sorties de sa bouche et de celle de ses deux compagnons.

Mais ce n'était point la politique qui préoccupait le plus Mothril, aussi revint-il bien vite à l'examen des pas.

Alors il découvrit la traînée d'empreintes qui remontait

jusqu'au mur. Trois hommes étaient descendus : l'un avait été jusqu'au figuier, dans lequel il s'était caché, car les branches inférieures de l'arbre étaient brisées. Celui-là, ce devait être une simple sentinelle.

L'autre était venu jusqu'au berceau de chèvrefeuille, et c'était sans doute un espion.

Le troisième, enfin, avait poussé jusqu'au massif, y avait stationné un instant, du massif avait gagné le pavillon d'Aïssa : celui-là, c'était à coup sûr un amant.

Mothril remonta les traces, et se retrouva au pied de la muraille qui séparait la maison d'Ernauton de Sainte-Colombe du pavillon vendu au prince de Galles. Là, tout devint clair et patent comme s'il lisait dans un livre.

Le bas de l'échelle avait creusé deux trous et le haut avait dégradé le chaperon du mur.

— Tout vient de là, dit le More.

Alors, il s'éleva lui-même au-dessus du chaperon et plongea son regard avide dans le jardin d'Ernauton; mais il était de bonne heure encore, et nous avons dit qu'Agénor et Musaron avaient dormi tard. Mothril ne vit donc rien, seulement il remarqua de l'autre côté de la muraille une autre trace de pas qui aboutissait à la maison.

— Je veillerai, dit-il.

Tout le jour le More s'informa dans le voisinage, mais les serviteurs d'Ernauton étaient discrets; d'ailleurs, ils ne connaissaient pas Henri de Transtamare et voyaient pour la première fois Agénor. Ils dirent si peu de chose, et instruisirent si peu l'espion du More et Mothril lui-même, en disant : « Notre hôte est le filleul du seigneur Ernauton de Sainte-Colombe, » que Mothril résolut de ne s'en rapporter qu'à lui.

La nuit arriva.

Le roi don Pedro était attendu avec son fidèle ambassadeur au palais du prince de Galles. Mothril, à l'heure convenue pour la visite, se trouva prêt, et accompagnant le prince, entra dans le conseil en homme que les soucis de l'intérieur ne distraient point de son devoir.

Quant à Mauléon, comme il avait guetté la sortie du More, comme il savait Aïssa seule, il prit son épée ainsi qu'il avait fait la veille, ordonna à son écuyer de tenir les chevaux tout sellés dans la cour d'Ernauton, et s'emparant de l'échelle qu'il appuya contre la muraille au même endroit que la veille, il descendit sans accident dans le jardin du prince de Galles.

C'était une nuit pareille à ces belles nuits d'Orient, pareille à cette belle nuit précédente, pareille à ce que devait être la nuit qui allait suivre, c'est-à-dire pleine de parfums et de mystères.

Rien ne troublait donc la sérénité du cœur d'Agénor, si ce n'est la plénitude même de la joie ; car ce que l'on appelle le pressentiment n'est parfois que l'excès de la félicité, qui fait qu'on tremble pour ce bonheur fragile qu'on vient de saisir et qui peut être brisé par tant de chocs. Quiconque n'a point d'inquiétudes n'est point complétement heureux, et rarement l'amant le plus brave est allé au rendez-vous donné par sa maîtresse sans éprouver un frisson de peur.

De son côté Aïssa, furieuse d'amour comme ces belles fées des climats embrasés où elle avait reçu la naissance, avait pensé tout le jour à la nuit précédente qui lui semblait un rêve, et à cette nuit qu'elle attendait et qui lui semblait la plus suave expression du bonheur; à genoux près de la fenêtre ouverte, aspirant la brise du soir et le parfum des fleurs, absorbant toutes les sensations sympathiques qui décelaient la présence de son amant, elle ne vivait plus que par la pensée de cet homme qu'elle n'entendait pas encore, qu'elle ne voyait pas encore, mais qu'elle devinait dans l'ombre mystérieuse et dans le silence sublime de la nuit.

Tout à coup elle entendit comme un frôlement dans les feuilles, et elle se pencha, rougissant de plaisir, au milieu des fleurs qui tapissaient son balcon.

Le bruit redoubla, un pas timide qui froissait les plantes, un pas incertain et comme suspendu l'avertit que son bien-aimé s'approchait.

Mauléon parut dans cette large bande de lumière argentée que la lune répandait entre le massif et la maison.

Aussitôt, légère comme une hirondelle, la belle Moresque qui n'attendait que cette apparition se suspendit à une longue liasse de soie fixée au balcon de pierre, puis se laissant glisser sur le sable, tomba dans les bras d'Agénor, et entourant sa tête de ses deux mains effilées :

— Me voici, dit-elle, tu vois que je t'attendais.

Et Mauléon, éperdu d'amour et tout frissonnant d'une douce frayeur, sentit ses lèvres captives sous un brûlant baiser.

XVIII.

AMOUR.

Mais s'il ne pouvait parler, Mauléon pouvait agir. Il entraîna rapidement Aïssa sous le berceau de chèvrefeuille qui la veille avait protégé Henri de Transtamare, et là, asseyant la belle Moresque sur un banc de gazon, il tomba à ses genoux.

— Je t'attendais, répéta Aïssa.

— Me suis-je donc fait attendre! demanda Agénor.

— Oui, répondit la jeune fille, car je t'attends non-seulement depuis hier, mais depuis le premier jour où je t'ai vu.

— Tu m'aimes donc! s'écria Agénor au comble de la joie.

— Je t'aime, reprit la jeune fille, et toi, m'aimes-tu?

— Oh! oui, oui, je t'aime, reprit le jeune homme.

— Moi, je t'aime, parce que tu es brave, dit Aïssa, et toi, pourquoi m'aimes-tu?

— Parce que tu es belle, dit Agénor.

— C'est vrai : tu ne connais de moi que mon visage; tandis que moi, je me suis fait raconter ce que tu as fait.

— Alors, tu sais que je suis l'ennemi de ton père?

— Oui.

— Alors, tu sais que non-seulement je suis son ennemi, mais, qu'entre nous, c'est une guerre à mort.

— Je sais cela.

— Et tu ne me hais point de ce que je hais Mothril?

— Je t'aime!

— En effet, tu as raison. Je hais cet homme, parce qu'il a traîné don Frédéric, mon frère d'armes, à la boucherie! je hais cet homme, parce qu'il a assassiné la malheureuse Blanche de Bourbon! je hais cet homme enfin, parce qu'il te garde plus comme une maîtresse que comme une fille. Es-tu bien sa fille, Aïssa?

— Écoute, je n'en sais rien. Il me semble qu'un jour, tout enfant, je me suis éveillée après un long sommeil, et qu'en ouvrant les yeux, le premier visage que j'ai vu était celui de cet homme, il m'a appelée sa fille et je l'ai appelé mon père. Mais lui, je ne l'aime pas; il me fait peur.

— Est-il donc méchant ou sévère pour toi?

— Au contraire : une reine n'est pas servie plus ponctuellement que je ne le suis. Chacun de mes désirs est un ordre. Je n'ai qu'à faire un signe, je suis obéie. Toutes ses pensées semblent se rapporter à moi. Je ne sais quels projets il a bâti sur ma tête, mais parfois je m'épouvante de cette sombre et jalouse tendresse.

— Ainsi tu ne l'aimes pas comme une fille doit aimer son père?

— J'en ai peur, Agénor. Écoute, quelquefois il entre la nuit dans ma chambre, pareil à un esprit, et je frissonne. Il approche du lit sur lequel je repose, et son pas est si léger qu'il ne réveille pas même mes femmes endormies sur les nattes, au milieu desquelles il passe, comme si ses pieds ne touchaient pas la terre. Mais moi pourtant, moi je ne dors pas, et derrière mes paupières que la terreur fait vaciller, je vois son effrayant sourire. Il s'approche alors, il se courbe sur mon lit. Son souffle dévore mon visage, et le baiser, baiser étrange, moitié de père, moitié d'amant, le baiser par lequel il croit protéger mon sommeil, laisse à mon front ou à ma lèvre une empreinte douloureuse comme celle d'un fer rouge. Voilà les visions qui m'assiègent, visions pleines de réalité. Voici les craintes avec lesquelles je m'endors chaque nuit, et cependant quelque chose me dit que j'ai tort de trembler, car, je te le répète, endormie ou éveillée; j'exerce sur lui un étrange empire; souvent je l'ai vu frémir quand je fronçais le sourcil, et jamais son œil si perçant et si fier n'a pu soutenir le feu de mon regard. Mais pourquoi me parles-tu de Mothril, mon brave chevalier; tu n'as pas peur de lui, toi qui n'as peur de rien.

— Non, sans doute, et je ne crains que pour toi.

— Tu crains pour moi, c'est que tu m'aimes bien, dit Aïssa avec un ravissant sourire.

— Aïssa, je n'ai jamais aimé les femmes de mon pays, où cependant les femmes sont belles, et souvent je me suis étonné de cette indifférence, mais je sais pourquoi maintenant. C'était afin que le trésor de mon cœur t'appartînt tout entier. Tu demandes si je t'aime, Aïssa; écoute et juge de mon amour : Tu me dirais de tout quitter pour toi, de tout renier pour toi, excepté mon honneur, eh bien! Aïssa, je te ferais ce sacrifice.

— Et moi, dit la jeune fille avec un divin sourire, je ferais mieux encore, car moi je te sacrifierais mon Dieu et mon honneur.

Agénor ne connaissait point encore cette ardente poésie de la passion orientale, et venait seulement de la comprendre en regardant le sourire d'Aïssa.

— Eh bien, dit-il en l'enlaçant de ses deux bras, je ne veux pas que tu me sacrifies ton Dieu et ton honneur sans que moi j'attache ma vie à la tienne. Dans mon pays, les femmes qu'on aime, Aïssa, deviennent des amies près desquelles l'on vit et l'on meurt, et qui, quand elles ont reçu notre foi, sont sûres de n'être jamais abandonnées au fond de quelque harem pour y servir les nouvelles maîtresses de celui qu'elles ont aimé. Fais-toi chrétienne, Aïssa, abandonne Mothril, et tu seras ma femme.

— J'allais te le demander, dit la jeune fille.

Agénor se releva, et en se relevant, du même coup il enleva sa maîtresse entre ses bras nerveux, et le cœur battant contre son cœur, le visage doucement caressé par ses cheveux frais et parfumés, la joie dans l'âme, l'ivresse au front, il s'en alla toujours courant vers l'endroit de la muraille où il avait posé l'échelle.

En effet, le doux fardeau ne pesait guère au jeune homme qui franchissait avec la rapidité d'une flèche les massifs d'arbres et les bordures des allées.

Déjà il apercevait le mur plus sombre, car il était perdu dans une haie d'arbres, quand tout à coup Aïssa, plus agile qu'une couleuvre, glissa des bras d'Agénor en effleurant de tout son corps le corps du jeune homme.

Mauléon s'arrêta ; la Moresque était accroupie à ses pieds; elle étendit les mains dans la direction du mur.

— Vois, dit-elle.

Et Mauléon, suivant le doigt indicateur, aperçut une forme blanche accroupie derrière les premiers échelons.

— Oh! oh! se dit en lui-même Agénor, serait-ce Musaron qui a eu peur pour moi, et qui veille sur nous? Non, non, ajouta-t-il en secouant la tête; Musaron est trop prudent pour s'exposer à recevoir par mégarde un coup d'épée.

L'ombre se dressa, et un éclair bleuâtre s'échappa de sa ceinture.

— Mothril ! s'écria Aïssa.

Réveillé par ce mot terrible, Agénor mit l'épée à la main.

Sans doute que le More n'avait pas encore aperçu la jeune fille, ou plutôt ne l'avait pas reconnue dans le groupe étrange que formait le chrétien emportant la Moresque dans ses bras ; mais aussitôt qu'il eut entendu le cri de la jeune fille, aussitôt que sa taille haute et svelte se fut dégagée de l'ombre, il poussa un cri terrible, et s'élança en aveugle contre Agénor.

Mais l'amour fut encore plus agile que la haine. Par un mouvement rapide comme la pensée, Aïssa fit tomber la visière du casque sur le visage du chevalier, et le More se trouva en face d'une statue de fer enlacée par les bras de sa fille.

Mothril s'arrêta.

— Aïssa ! murmura-t-il abattu et les bras tombans.

— Oui, Aïssa ! dit-elle avec une énergie sauvage qui doubla l'amour de Mauléon et fit passer un frisson dans les veines du More ; veux-tu me tuer ? frappe. Quant à celui-ci, tu sais bien, n'est-ce pas, qu'il n'a pas peur de toi ?

Et du geste elle désignait Agénor.

Mothril étendit une main pour la saisir, mais alors elle fit un pas en arrière et démasqua Mauléon debout, immobile et l'épée à la main.

Et son œil rayonna d'une haine si violente que Mauléon leva son épée.

Mais alors ce fut lui, à son tour, qui sentit le bras d'Aïssa arrêtant le sien.

— Non, dit-elle, ne le frappe pas devant moi. Tu es fort, tu es armé, tu es invulnérable, passe devant lui et va-t-en.

— Ah ! dit Mothril renversant l'échelle d'un coup de pied, tu es fort, tu es armé, tu es invulnérable, nous allons voir cela.

Au même instant, un sifflement aigu se fit entendre, et une douzaine de Mores apparurent la hache et le cimeterre à la main.

— Ah ! chiens d'Infidèles, s'écria Agénor, venez à moi, et nous verrons.

— A mort le Chrétien ! cria Mothril, à mort.

— Ne crains rien, dit Aïssa.

Et elle s'avança d'un pas calme et ferme entre le chevalier et ses adversaires.

— Mothril, dit-elle, je veux voir sortir d'ici ce jeune homme, entends-tu ? je veux le voir sortir sain et sauf, sans qu'il tombe, ou malheur à toi ! un cheveu de sa tête.

— Mais tu aimes donc ce misérable ? s'écria Mothril.

— Je l'aime, dit Aïssa.

— Alors, raison de plus pour qu'il meure ; frappez, dit Mothril en levant lui-même le poignard.

— Mothril, s'écria la jeune fille en fronçant le sourcil, et en faisant jaillir un double éclair de ses yeux, n'as-tu pas compris ce que j'ai dit, et faut-il que je te répète une seconde fois que je veux que ce jeune homme sorte d'ici à l'instant même ?

— Frappez ! répéta Mothril furieux.

Agénor fit un mouvement pour se mettre en défense.

—Attends, dit-elle, et tu vas voir le tigre devenir agneau.

A ces mots elle tira de sa ceinture un poignard fin et acéré, et découvrant son beau sein doré comme les grenades de Valence, elle en appuya la pointe aiguë sur la chair, qui céda sous la dangereuse pression.

Le More poussa un cri d'angoisse.

— Ecoute, dit-elle, par le Dieu des Arabes que je renie, par le Dieu des chrétiens qui sera désormais mon Dieu! je te jure que s'il arrive malheur à ce jeune homme, je me tue.

— Aïssa! s'écria le More, par grâce! tu me rends fou.

— Jette ton cangiar, alors, dit la jeune fille.

Le More obéit.

— Ordonne à tes esclaves de s'éloigner.

Mothril fit un signe, et les esclaves s'éloignèrent.

Aïssa jeta un long regard autour d'elle, comme fait une reine qui s'assure qu'elle est obéie.

Puis arrêtant sur le jeune homme ce regard à la fois humide de tendresse et brûlant de désir:

— Viens, Agénor, dit-elle à voix basse, viens que je te dise adieu.

— Ne me suis-tu pas? demanda de même le jeune homme.

— Non, car il aimerait mieux me tuer que me perdre. Je reste pour nous sauver tous deux.

— Mais tu m'aimeras toujours? demanda Mauléon.

— Regarde cette étoile, reprit Aïssa en montrant au jeune homme la plus brillante des constellations qui flamboyaient au firmament.

— Oh! je la vois, dit Agénor.

— Eh bien! répondit Aïssa, elle s'éteindra au ciel avant que l'amour s'éteigne dans mon cœur. Adieu!

Et levant la visière du casque de son amant, elle appuya

un long baiser sur ses lèvres, tandis que le More déchirait ses mains à belles dents.

— Maintenant, pars, dit Aïssa au chevalier, mais tiens-toi prêt a tout.

Et, se plaçant au pied de l'échelle qu'Agénor venait de dresser contre le mur, elle sourit en regardant le jeune homme, et en étendant la main vers Mothril comme les dompteurs de tigres qui font coucher sous un geste l'animal qu'on croyait prêt à les dévorer.

— Adieu ! lui dit une dernière fois Agénor, songe à ta promesse.

— Au revoir, répondit la belle Moresque ; je la tiendrai.

Agénor envoya un dernier baiser à la jeune fille, et sauta de l'autre côté du mur.

Un rugissement du More accompagna la proie qui lui échappait.

— Maintenant, dit Aïssa à Mothril, ne me fais pas voir que tu me surveilles de trop près, ne me laisse pas soupçonner que tu me traites en esclave, car, tu le sais, j'ai le moyen de m'affranchir. Allons ! il est tard, mon père, rentrons à la maison.

Mothril la laissa reprendre le chemin du pavillon, indolente et rêveuse. Il ramassa son long poignard, et passant une main sur son front :

— Enfant ! murmura-t-il, dans quelques mois, dans quelques jours peut-être, tu ne dompteras pas ainsi Mothril.

Au moment où la jeune fille mettait le pied sur le seuil de la porte, Mothril entendit des pas derrière lui.

— Rentrez vite, Aïssa dit-il ; voici le roi.

La jeune fille rentra et referma la porte sans se hâter davantage que si elle n'avait rien entendu. Mothril la vit disparaître ; un instant après, le roi était près de lui.

— Eh bien! dit le roi, victoire! ami Mothril, et nous l'avons emporté ; mais pourquoi as-tu quitté ainsi le conseil au moment où il allait entrer en délibération?

— Parce que, dit Mothril, je n'ai point pensé que ce fût la place d'un pauvre esclave more, au milieu de si puissans princes chrétiens.

— Tu mens, Mothril, dit don Pedro. tu étais inquiet de ta fille, et tu es rentré pour veiller sur elle.

— Eh! seigneur, dit Mothril, souriant à cette préoccupation du roi don Pedro, on dirait, sur mon honneur! que vous y pensez encore plus que moi.

Et tous deux rentrèrent, mais non sans que don Pedro jetât un regard curieux sur la fenêtre du pavillon, derrière laquelle une ombre de femme se dessinait.

FIN DU PREMIER VOLUME.

TABLE DES MATIÈRES.

I. — Comment messire Jehan Froissard fut instruit instruit de l'histoire que nous allons raconter.	1
II. — Comment le Bâtard de Mauléon rencontra entre Pinchel et Coïmbre un More auquel il demanda son chemin et qui passsa sans lui répondre.	28
II. — Comment, sans le secours du More, le chevalier Agénor de Mauléon trouva Coïmbre et le palais de don Frédéric, grand-maître de Saint-Jacques.	44
V. — Comment Musaron s'aperçut que le More parlait à sa litière, et que la litière répondait...	66
V. — Le passage de la rivière.	92
VI. — Comment Mothril devança le grand-maître près du roi don Pedro de Castille.	108
VII. — Comment le More raconta au roi don Pedro ce qui s'était passé.	123
VIII. — Comment le grand-maître entra dans l'Alcazar de Séville, où l'attendait le roi don Pedro...	134
IX. — Comment le Bâtard de Mauléon reçut le billet qu'il était venu chercher.	145
X. — Comment le Bâtard de Mauléon entra dans le château de Medina-Sidonia.	153
XI. — Comment le Bâtard de Mauléon fut chargé par Blanche de Bourbon de remettre une bague à la reine de France sa sœur.	165

XII. — Comment le Bâtard de Mauléon partit pour la France, et ce qui lui arriva en chemin...... 171
XIII. — Comment le chevalier aragonais se racheta moyennant dix mille écus d'or............. 193
XIV. — Comment le Bâtard de Mauléon remit au roi Charles V l'anneau de sa belle-sœur la reine Blanche de Castille........................ 205
XV. — Comment le Bâtard de Mauléon retoua vers le capitaine Hugues de Caverley, et de ce qui s'en suivit................................ 227
XVI. — Comment les chefs des Grandes compagnies promirent à messire Bertrand Duguesclin de le suivre au bout du monde, si son bon plaisir était de les y mener.................... 239
XVII. — Comment Agénor retrouva celle qu'il cherchait, et le prince Henri celui qu'il ne cherchait pas. 252
XVIII. — Le limier................................... 262
XIX. — Amour.................................... 272

FIN DE LA TABLE DU PREMIER VOLUME.

www.ingramcontent.com/pod-product-compliance
Lightning Source LLC
Chambersburg PA
CBHW070749170426
43200CB00007B/714